...dká
...chyně.
...ředpisů,
...poge, i to co ge k při-
... aneb společnostech pa-
...oledne i wečer připra-
...i magj.
... a podáno
od
...c. Rettigowé.
...Praze.
...Jar. ...
...45.

Malá
Kuchařka
neboli:
dobrá rada
jak se díwky buď pro budoucnost nebo pro služ-
bu cwičiti mohou.
Od
Magdal. Dobromily Rettigové.
...králowé.
...Pospíšila.

Kafíčko
a wsse
co ge sladkého.
Sto předpisů,
kterak se wsseliké nápoge, i to
co ge k přikausnutj, při bese-
dách aneb společnostech panj a
pánů, ráno, odpoledne i wečer
připrawowati magj.
Od
M. D. Rettigowé.

Altböhmische Kochkunst

Altböhmische Kochkunst

Das Beste aus dem kulinarischen Gesamtwerk der
Magdaléna Dobromila Rettigová
ausgewählt von
Georg J. Morava

Franz Deuticke · Wien

Gedruckt auf hf. Werkdruck, 100 g
Druck: Manz, 1050 Wien
Bindung: Wiener Verlag, Himberg
ISBN 3-7005-4576-2

Inhalt

Vorwort

Über die Autorin

Nachdem Franz Artmann, herrschaftlicher Beamter im mittelböhmischen Všeradice (Wscheraditz), am 31. Jänner 1785 hinter seinem Schreibpult erfuhr, daß ihm zu Hause eine Tochter geboren wurde, erwiderte er, daß er jetzt keine Zeit habe. Einerseits hielt er seinen Dienst im Kaunitzschen Schloß für wichtiger als die Familienpflichten, andererseits war jedes von seinen Kindern gleich nach der Geburt gestorben. Und so würde es auch in diesem Fall sein, meinte er.

Magdaléna wurde aber zur Ausnahme. Umso überraschender war die Strenge der Mutter, die ihr jedweden Kontakt mit den Kindern aus dem Dorf verbot und sie im Haushalt beschäftigte. Magdaléna strickte schon als Fünfjährige Strümpfe. Erst auf der Sporkschen Herrschaft in Statenice (Statenitz) bei Prag tobte sie sich mit den Töchtern der Baronin Sternthal aus.

Im Jahre 1792 starb Artmann, was für seine Familie weitreichende Folgen hatte. „Die gleichen Leute", schrieb Magdaléna in ihren späteren Erinnerungen, „die sich damals noch vor einigen Tagen vor meiner Mutter verbeugt hatten, erachteten, daß es jetzt schon nicht mehr nötig sei." Diese strebte bei der Obrigkeit eine Pension an.

Graf Clary, der Bevollmächtigte Sporks, machte ihr ein kurioses Angebot. Würde sie binnen sechs Wochen einen von den Schreibern heiraten, bekäme dieser die Stelle nach ihrem verstorbenen Mann. Die Witwe begnügte sich lieber mit einer kleineren Abfertigung und übersiedelte mit der siebenjährigen Tochter und mit einem kleinen Söhnchen in die Landeshauptstadt Böhmens.

Obwohl ihr dort die genannte Baronin eine kostenlose Wohnung im Palast zur Verfügung stellte, litten sie und ihre Kinder trotzdem Not. Magdaléna besuchte die Schule nur ab und zu, meistens räumte sie auf oder half in der Küche. In den eisigen Gemächern zog sich ihre Mutter Rheuma zu, und der kleine Bruder erkrankte so schwer, daß er starb.

Die weitere Pilgerfahrt der Artmanns führte nach Pilsen, woran Magdaléna sich ihr ganzes Leben gern erinnerte. In der dortigen Stadtschule war sie auch den weit älteren Mitschülerinnen überlegen, besonders beim Handarbeiten. Diese Episode dauerte jedoch nur eineinhalb Jahre, dann kehrte sie mit ihrer Mutter wieder nach Prag zurück.

Diesmal wohnten sie bei der Tante, mit deren Töchtern sich Magdaléna nie gut verstand. Diese pflegten sie auszulachen, daß sie zu ernst sei. Was hätten die erst gesagt, wenn sie erfahren hätten, daß sie

nachts Verse schmiedete oder die Bibel las? Nachdem sie einmal schwer krank geworden war, wünschte sie, in ein Kloster gebracht zu werden, wo sie dann für immer bleiben wollte. Diesen Plänen machte 1799 ein mehrmonatiger Aufenthalt in einem Bredaschen Schloß auf dem Lande ein Ende.

Nicht nur die Natur bezauberte sie dort, sondern auch die gräfliche Küche. Magdaléna besuchte sie jeden Tag und hörte den Erläuterungen des alten Koches zu, dem sie auch bereitwillig aushalf. In der Literatur findet sich eine Erwähnung, daß das Lehrmädchen bald den Meister überflügelte. Sie selbst bemerkte: „Es dauerte nur kurz, ich behielt aber Gefallen daran, vieles merkte ich mir, vieles schrieb ich ein, und beides blieb mir.“

Auf dem Lande, wo sie die Ferien verbrachte, wies sie die ersten Freier ab. Nachdem sie in Prag auch auf ein paar sogenannte „gute Partien“ verzichtet hatte, verliebte sie sich in den „feschen Studenten aus der Nummer 16“, womit sie die Tür in demselben Zinshaus meinte, wo sie wohnte. Es war Johann Rettig aus Ostböhmen, der schon damals in den Advokatenkanzleien praktizierte. Erst im Jahre 1807 gelang es diesem zwar armen, aber guten Mann, Magdalénas Mutter zu überreden.

In dem gemeinsamen Haushalt brach gleich nach der Hochzeit die Hölle los. Zum Zufluchtsort des jungen Paares wurde die einstige hussitische Stadt Tábor (Tabor), wo Rettig die Stelle eines Magistratssekretärs bekam. Die literarischen Ambitionen seiner Gattin gaben hier Anlaß zu ständigem Klatsch, da starben auch ihre beiden Kinder, und so begnügten sie sich nach einiger Zeit mit dem ländlichen Přelouč (Přelauč) in der Elbe-Ebene. Die deutsch erzogene Rettigová begann dort tschechisch zu schreiben, sicher unter dem Einfluß ihres aus einer Mischehe stammenden Mannes.

Mit zwei Kindern, denen es zu überleben gegönnt war, übersiedelten sie ins ostböhmische Ústí nad Orlicí (Wildenschwert). Diskutierte man in der dortigen tschechischen Gesellschaft über die Mängel des praktischen Lebens, so betonte die Gattin des geprüften Stadtrates, dessen Haushalt nicht beispielhafter geführt hätte sein können, noch die Fragen des Nationalbewußtseins in den Familien. Während des Besuches beim Königgrätzer Verleger Pospíšil entschloß sie sich, wie es nämlich damals üblich war, einen patriotischen Vornamen anzunehmen, und zwar Dobromila, zusammengestellt aus den Wörtern für das „Gute" und die „Liebende".

Rettigová, ein Buch nach dem anderen publizierend, ahnte damals nicht, daß es keineswegs ihre schöngeistigen Produkte sein würden, die ihr große Publizität einbringen sollten. Die Leser interessierten sich nicht so sehr für die süßliche Erzählung über

den Kuckuck, ihr Debüt in einer Königgrätzer Zeitschrift, sondern viel mehr für das Rezept ihrer würzigen „Spanischen Vögel", nachweislich das allererste, das sie nach einem gelungenen Schmaus niederschrieb und einem Professor aus Brünn übergab.

Das geschah schon in Rychnov nad Kněžnou (Reichenau an der Kněžna) am Fuße des Adlergebirges, wohin sie sich im Jahre 1824 mit der Familie begeben hatte. Die Tür ihres Haushaltes, durch die vorzügliche Küche weit bekannt, stand nicht still. Wahrscheinlich waren es die Besucher selbst, die ihr mit den Fragen über die Vorbereitung der köstlichen Speisen den guten Gedanken eingaben. Die Idee eines Kochbuches auf tschechisch war aus historischer Sicht eine noch außerordentlichere, da sich das Schrifttum in dieser Sprache nach einer langen Zeitspanne der erzwungenen oder freiwilligen Germanisierung erst in bescheidenen Anfängen befand.

Magdaléna Dobromila Rettigovás „Domácí kuchařka", bald ins Deutsche als „Hausköchin" übersetzt, womit auch den Familien der zweiten Landessprache das erste klassische Werk der gemeinsamen kulinarischen Kultur vermittelt wurde, erschien in Königgrätz im Jahre 1826, verlegt von Jan Hostivít Pospíšil. Die Autorin teilte in einem Brief an dessen Sohn mit:

„Obwohl meine unansehnlichen belletristischen Schriften nicht liegen blieben, schrieb ich diese aus dem Grunde – leider Gottes ist das so –, daß die Mehrheit des Volkes eher nach einem guten und schmackhaften Mittagessen hascht als nach dem schönsten Gedicht; zweitens merkte ich wohl, wie sehr für unsere Mädchen so ein Kochbuch nötig wäre und daß für ein Weib, wenn dieses kochen und wirtschaften kann, so etwas der berühmteste Teil von seiner Bildung ist..."

Zum Schluß ihrer Betrachtungen bemerkte sie: „Wehe der Ehe, wenn das Frauchen zwar alles, auch die Geographie und höhere Poesie, sogar auch die Astronomie versteht, oder zu verstehen glaubt, dabei aber keinen Teller Suppe zubereiten kann!" Daß sie nicht nur dieses beherrschte, sondern auch mehr, bewies sie mit ihren Rezepten am Pult und mit dem Kochlöffel in der Hand in der Küche des Reichenauer Piaristenkollegiums, wohin man sie eingeladen hatte. Das Festmahl zu Ehren des Ordensprovinzials war die Präsentation ihres Buches – würden wir heutzutage sagen.

Obwohl nicht nur der dortige Koch, sondern auch die anderen meinten, daß eine Frau nichts am Herd zu suchen habe, drang die „Hausköchin" auf ihrem Siegeszug bis in die entlegensten Städte der böhmischen Länder durch. Die Leute tauften diese um auf die „Retička", und über ihre Autorin verbreiteten sich Gerüchte, wie z. B. daß sie einige Zinshäuser „verkocht" habe, was man übrigens bis heute tradiert. Rettigová begann ihre Schrift, Auflage für Auflage, und zwar sowohl die tschechische als auch die deutsche, zu erweitern, wobei sie jeden Bürstenabzug korrigierte.

Zur Endstation der Rettigs wurde im Jahre 1834 Litomyšl (Leitomischl), bekannt durch sein reges Kulturleben. Es ist nicht uninteressant zu erwähnen, daß hier zehn Jahre vor ihrer Ankunft Friedrich Smetana geboren wurde, der später weltberühmte tschechische Komponist. Die populäre Frau des geprüften Stadtrates verfaßte hier im Jahre 1838 den „Dobrá rada", ins Deutsche gleich als „Guter Rath für Landwirthinnen und Landmädchen" übertragen.

Rettigová, die überzeugt war, daß sich ihr immer umfangreicher werdendes Kochbuch „mehr für die Städte und Marktgemeinden, die Pfarr- und Forsthäuser eignet, wo man Festessen bereitet", beabsichtigte mit dieser Auswahl, in den Dörfern zu wirken, was ihr tatsächlich gelang. Die bei den Jahrmärkten angebotene Broschüre war so billig, daß sie sich jeder kaufen konnte.

In ihrem Haushalt trafen sich nicht nur die Frauen der angesehenen Bürger, sondern auch deren Töchter. Aus den ursprünglichen Plauschen entwickelten sich kostenlose Kurse, vormittags im Kochen, nachmittags in Handarbeiten. „Frau Tantchen" absolvierte dann eine zahlreiche Reihe von Hochzeiten, bei denen sie oft das Festmahl organisierte. Seit dem Jahre 1839 pflegte sie

an die Bräute ihr neues, in Prag erschienenes Buch „Mladá hospodyňka v domácnosti" (Junge Hausfrau im Haushalt) zu verschenken.

Über den Beliebtheitsgrad dieses Buches, voll von praktischen Ratschlägen, zeugt eine kleine Episode. Die in einem Park spazierende Rettigová sah es in den Händen eines Mädchens. Als Autorin nicht erkannt, hörte sie von dem Mädchen unmittelbare Worte des Lobes. Jene Neunzehnjährige hieß Božena Němcová und wurde später zur populärsten tschechischen Schriftstellerin aller Zeiten. Die deutsche Version der „Hospodyňka" erschien im Jahre 1840 bei Hofmann in Znaim.

Eines Tages tauchte bei Rettigová die Gattin des Leitomischler Bürgermeisters auf, jammernd, daß sie den Kalbsschlegel in Sauerrahm verdorben hatte. Nachdem die Verfasserin der Kochvorschrift den von der Köchin begangenen Fehler entdeckt hatte, begann sie über Kalbfleisch im allgemeinen zu sprechen. Dessen Unbeliebtheit, besonders bei den Männern, rechnete sie der Eintönigkeit zu, mit der man dieses in den Haushalten zubereitete. Die „Pojednání o telecím mase" (Abhandlung vom Kalbfleisch), mit der Widmung an „jeden, dem dieses zuwiderißt", erschienen in Königgrätz und Prag im Jahre 1843 und überraschte mit achtzig originellen Rezepten.

Das war zu einer Zeit, als sich der Kaffee, ein „sonderbares, luxuriöses Getränk von exotischem Duft und seltenem Geschmack", auch den Weg in die bürgerlichen Häuser bahnte und sich nicht nur bei der Jause, sondern auch beim Frühstück durchsetzte. Frau Magdaléna siedete ihn vorzüglich, wovon ihr „Kafíčko a vše co je sladkého" (Kaffee und sonst noch, was süß ist), Prag 1843, in der zweiten Auflage als „Sladká kuchyně" (Süße Küche), ebenda 1845, zeugt. Das Buch enthält hundert Ratschläge, wie man Getränke und zu diesen passendes Gebäck zubereitet.

Nachdem ihr Gatte verstorben war, ahnte

Rettigová, daß sie bald folgen würde. Sie schrieb an ihren Verleger, daß sie für diesen Fall schon alle Sachen vorbereitet hätte und wünschte, daß man die bei ihr zu Hause befindlichen Manuskripte entweder publiziere oder in Streifen zerschneide. Mit diesen sollte das Kopfkissen für ihren Sarg vollgefüllt sein. Am 5. August 1845 erfuhr Leitomischl die traurige Nachricht.

Damit endete keineswegs die Geschichte ihres Werkes, im Gegenteil. Die besseren sozialen Umstände forderten dessen Neuauflage, und zwar sowohl in einer gekürzten als auch in einer erweiterten Fassung. Seit dem Jahre 1860, als Wien unter dem Einfluß der industriellen Revolution rapid zu wachsen begann, kamen unter den Abertausenden von Arbeitern und Handwerkern aus Böhmen auch die Köchinnen hierher. Jene, die zufällig die „Hausköchin" nicht mitgebracht hatten, konnten sie bei dem Buchhändler Gorischek, später bei Szekinski kaufen. Gerade die Kochrezepte Rettigovás waren es, die in der Reichshauptstadt heimisch wurden.

Im Jahre 1873 wurde ihr Lebenslauf in das repräsentative „Biographische Lexikon des Kaiserthums Oesterreich" von Dr. Constant von Wurzbach aufgenommen. Rettigovás Schülerin Antonie Dušánková gab im Jahre 1893 die sechzehnte deutsche Auflage der „Hausköchin" heraus, zwei Jahre später die neunzehnte tschechische, beide mit fast 1.200 Rezepten. Damals erreichte die Einwanderung aus den böhmischen Ländern mit insgesamt 103.000 Personen ihren Höhepunkt, was bedeutete, daß beinahe jeder zehnte Wiener ein Tscheche war.

Von der Popularität Rettigovás in ihrer Heimat zeugte Alois Jiráseks Lustspiel „M.D. Rettigová", uraufgeführt in Prag im Jahre 1901. Erst der Erste Weltkrieg, der Untergang der k. und k. Monarchie und infolgedessen eine Wandlung des Lebensstils brachten eine Wende. In Österreich vergaß man den Namen der populärsten böhmischen Köchin des 19. Jahrhunderts, denn sie wurde in der Tschechoslowakei im Jahre 1924 durch Marie Janků-Sandtnerová abgelöst, und diese wieder nach dem Jahre 1948 durch Juliana Fialová, in der BRD durch die Prager Deutsche Ilse Froidl. Wer Magdaléna Dobromila Rettigová war, weiß jeder Tscheche freilich bis heute.

Über den Illustrator

Sieben Jahre nach dem Ableben Rettigovás wurde in Südböhmen Mikoláš Aleš geboren. Bevor er die Prager Malerakademie besuchte, hatte ihn seine erste Studienreise nach Wien geführt. Nachdem er eine Menge Ölbilder und zeichnerische Zyklen gemalt hatte, siegte er im Wettbewerb für die Ausschmückung des Foyers des künftigen Nationaltheaters in Prag. Seine Bilderreihe „Heimat" wird mit Smetanas symphonischem Zyklus „Mein Vaterland" in Zusammenhang gebracht.

Später befaßte er sich mit Sgraffiti und vor allem mit Federzeichnungen, deren Anzahl man auf 8.000 Stück schätzt. Zu den beliebtesten gehörten seine Illustrationen zu Volksliedern, Sprichwörtern und Rätseln, derer Zusammenfassung im „Špalíček" (Schmöker) erschien. Dieser wird bis heute immer wieder nachgedruckt. Im Jahre 1912, als er sein Leben und Werk vollendet hatte, gab es keinen anderen bildenden Künstler, der das Leben im alten Böhmen noch ausführlicher und liebevoller aufgezeichnet hätte.

Für das vorliegende Buch wurden meistens Zeichnungsausschnitte verwendet. Das Porträt von Mikoláš Aleš entstammt der Feder Max Švabinskýs.

Über dieses Buch

Das erste tschechisch verfaßte Kochbuch ist anonym, man kennt nur seinen Drucker, und zwar den Prager Severyn jun., der bis zum Jahre 1544 lebte. Aus diesem schöpfte Bavor von Hustiřany (Hustiřan), dessen Werk im Jahre 1591 bei Nigryn erschien. Erst im Jahre 1661 begegnen wir der ersten Köchin. Die Vorschriften von Alžběta Ludmila von Lisov (Lissova) kann man jedoch nur im Manuskript lesen. Eine andere Frau in der böhmischen kulinarischen Szene taucht im Jahre 1712 auf. Die Prager Druckereibesitzerin Koniášová veröffentlichte das Werk eines unbekannten Autors.

Rettigová, die im Vorwort zur ersten Auflage der „Hausköchin" aus dem Jahre 1826 bemerkte, daß sie sich auf die Speisen, so „wie diese von der Großmutter und Mutter gekocht worden waren" konzentriert habe, füllte nicht nur eine zeitliche Lücke, sondern sie zeigte auch, wie sich die altböhmische Kochkunst inzwischen kultiviert hatte. Die Zeit blieb jedoch auch nach Rettigová nicht stehen, und deswegen wurde von mir als Herausgeber dieser Auswahl aus ihrem kulinarischen Gesamtwerk wie folgt verfahren:

Ich verzichtete vor allem auf solche Rezepte, die unseren Naturschutzmaßnahmen widersprechen. Dagegen vermittle ich jene, die Tierarten betreffen, welche durch die Züchtung wieder auf den Markt kommen. Auch diejenigen Kochvorschriften kamen nicht in Frage, über die Rettigová selbst geäußert hatte, daß sie zu umständlich und zeitraubend seien. Wenn ich auch Rücksicht darauf genommen habe, daß alle Rezepte heute nachkochbar sein müssen, so meine ich allerdings keineswegs, daß es in einer Mittagspause und ohne Vorkenntnisse geschehen könnte.

Ich strich fast alle Rezepte von einer nachweisbar fremden Provenienz, was z. B. das Wiener Schnitzel betrifft, das Rettigová übrigens nur als eine bescheidene Vorspeise empfohlen hatte. Weiters nahm ich in die Auswahl auch jene nicht auf, die an der Donau heimisch wurden, wie z. B. die berühmten Powidltatschkerln. Davon ausgenommen sind nur diejenigen Rezepte, die zwar den gleichen Namen tragen, sich jedoch in der Ausführung unterscheiden. Als Richtschnur dafür verwendete ich die Standardsammlung „Wiener Küche" von Olga und Adolf Hess, erschienen in der 40. Auflage in diesem Verlag.

Hatte man früher zwischen den Fleisch- und Fasttagen unterschieden, so reihte ich alle Rezepte nach den heutigen Kategorien. Die Frage nach dem Unterschied zwischen einer Vor- und einer Hauptspeise ist sicher eine der körperlichen Verfassung, des Geschmacks u. a.

Die Kapitelüberschriften und die Benennungen im Sachregister stammen von mir, ansonsten beließ ich der Sprache der Rezepte ihr Zeit- und Ortskolorit, was sicher zur Sache gehört. Einige veraltete Wörter wie z. B. „Schmetten", d. h. Rahm, Sahne, findet man im folgenden Abschnitt „Küchenlexikon". Einige nicht runde Zahlen von Gewichten und Maßen entstanden durch die Umrechnung von Loten und Seideln, die Rettigová noch verwendet hatte.

An der Vermittlung dieser Kochkunst arbeitete ich mit einer besonderen Freude, da ich dabei stets an meine mittelböhmische Großmutter und meine Mutter dachte. Dank ihrer Kost hatte ich während der Kindheit und des Heranwachsens eine solche Konstitution gewonnen, daß ich dann später alle Schwierigkeiten eines politisch Verfolgten ohne gesundheitliche Schäden überstand. Selbst zu kochen begann ich vor dreißig Jahren, natürlich im gleichen Stil. Seit meiner Ankunft in Innsbruck im Jahre 1971 führe ich die böhmische Küche auch meiner Freundin Inge vor, die als echte Tirolerin ihre Bodenständigkeit schätzt. Weil die Liebe nicht nur in meiner früheren Heimat, sondern auch in Österreich etwas mit dem Magen zu tun hat, widme ich ihr dieses Buch.

Innsbruck, 1987 Georg J. Morava

Küchenlexikon

abspritteln – verquirlen
Alkermessaft – organischer Farbstoff; heute verwendet man einen Lebensmittelfarbstoff
Arak – Arrak – Branntwein aus Reis oder Melasse
Assiette – Vorspeise
Ausbruch – die beste Weinsorte

balliren – wälzen
Bäuschel – Beuschl – Lunge und Herz
Beize – Marinade
Bertram – kamilleähnliche Staude mit brennscharfen Wurzeln
Borsdorfer Apfel – eine Apfelsorte von süßweinigem Geschmack aus der Umgebung von Meißen
Brabanter Öl – ein Pflanzenöl
Bunzelkasserolle, -topf – glasiertes Steingutgeschirr
Busserl – Plätzchen

Citronat – kandierte Zitronenschale

dünsten – dämpfen

Eidotter – Eigelb
Einbrenn – Mehlschwitze
Erdäpfel – Kartoffeln

Fasch – Gehacktes
Faschingskrapfen – Berliner Pfannkuchen
Fleckel – Fleckerl
Frikandeau – gebratene oder gedämpfte Kalbfleisch- oder Fischschnitte
Frikassée – säuerlich eingemachtes Kalb-, Lamm- oder Hühnerfleisch
Füllsel – Fülle

Gefrorenes – Speiseeis
Gekröse – Eingeweide, Gedärme
Gelbe Rüben – Karotten – Möhren
Germ – Hefe
Geröstete Leber – Geschnitzelte Leber

Geschlinge – edle Innereien, das heißt Herz, Lunge, Leber, Nieren
Geselchtes – Selchfleisch – Geräuchertes Fleisch
gestoßener Zucker – Staubzucker – Puderzucker
Graupen – Gerstel, Rollgerstel
Gries – Grieß
Gröbs – Kerngehäuse
Gugelhupf – Napfkuchen
Guntermann – Gundelkraut, -rebe

Häuptelsalat – Kopfsalat

Ingber – Ingwer

Kalbsschlegel – Kalbskeule
Kapperln – Kapern
Kapuste – Kohl – Wirsing
Karbanatel – Karbonade
Karfiol – Blumenkohl
Kasch – Brei
Kastanien – Maronen
Kittenäpfel – Quitten

Knödel – Klöße
Koch – Pudding
Köchel – Gekochtes
Kohl – Wirsing
Körbelkraut – Kerbelkraut
Koteletten – Rippchen
Krapferln – Pfannkuchen, Plätzchen
Kraut – Weißkohl
Kren – Meerrettich
Kukuruz – Mais

Lemonie – Zitrone
Lungenbraten – Lendenbraten, Filet

Mandel – 15 Stück
Marillen – Aprikosen
Melniker Wein – roter Burgunder
Meridon – Pudding
Monatrettig – Radieschen
Mundmehl, -semmel – weißes Mehl, Weißbrötchen

Nudelwalger – Nudelwalker – Nudelholz

österreicher Wein – ein guter Weißwein

Panadel – Panaden – Semmelbrei
Paradiesäpfel – Tomaten
Patzeln – Zeltchen
Pfanzel – Omelette, Eierkuchen, Pfannkuchen
Pofesen – Röstschnitten
Polentamehl – Maismehl
Pomeranze – Orange – Apfelsine
Powidel – Pflaumenmus
Provenzer Öl – Olivenöl
Putz – Kerngehäuse

Reizker – ein schmackhafter Pilz
Ribisln – Johannisbeeren

Sandel – pulverisiertes Sandelholz; heute verwendet man einen Lebensmittelfarbstoff
Schlagschmetten – Schlagobers – Schlagsahne
Schmetten – Rahm – Sahne
Schnittling – Schnittlauch
Schock – 60 Stück
Schodoh – Chaudeau – Weinschaumsauce
Schöpsenfleisch – Hammelfleisch
Schwammerln – Pilze
Seiher – Sieb
Selchfleisch – Geräuchertes
Semmel – Weißbrötchen
Senf – Mostrich
Skarnitzel – Stanitzel – Tüte
Sliwowitz – Pflaumenbranntwein
Soße – Tunke
Spenadel – Spennadel – Stecknadel
Steckrübe – Kohlrübe
Sultanrosinen – Sultaninen

Topfen – Quark
Truthahn – Indian

überkühlt – ausgekühlt
überzwerch – quer

wälsch – welsch (wälsche Nuß = Walnuß)
Wandeln – Schifferln
Wasserrübe – Weiße Rübe
Weichsel – Sauerkirsche

Zetteln – Karten
Zimmet – Zimt
Zwetschke – Pflaume

Suppen

Rindsuppen

1. Gemischte Suppe aus Grünzeug.

Für 6 Personen laß beim Rindfleisch zwei Kohlhäupeln, drei Sellerien, zwei Rosen Karfiol oder ein bischen Spargel kochen; wenn es weich ist, zerschneide den Kohl auf Nudeln, die Sellerien auf Scheiben, den Karfiol laß in kleinen Röschen, und gib es in die Suppenschüssel. Laß kleingeschnittene Herrenpilze auf Butter mit grüner Petersilie und ein bischen Pfeffer dünsten, gib sie in einen Topf, gieße eine gute Rindsuppe darüber und laß es kochen. Hierauf hacke gekochte Mägen und Lebern von Hühnern klein, laß sie mit ein bischen geriebener Semmel, kleingeschnittener grüner Petersilie und Muskatenblüte auf Butter dünsten, dann schlage dazu einige Dotter, laß es noch ein bischen dünsten und auskühlen. Indessen schneide eine Semmel in Scheiben, aus denen steche mit der dazu bestimmten Form kleine runde Stückchen aus, weiche sie ein bischen im Schmetten, dann gib immer auf eine Scheibe ein bischen von der Fasch, lege eine zweite Scheibe darüber, tunke es in ein aufgeschlagenes Ei, ballire es in geriebener Semmel und laß es in heißem Butterschmalz schön goldgelb backen; hernach füge es zu dem Grünzeug-Gemisch, gieße darüber eine gute, mit ein bischen Muskatenblüte gewürzte Rindsuppe und trage es zur Tafel.

2. Rindsuppe mit Kohlwürstchen.

Ein großer Kohl (Kapuste) wird auseinander genommen und jedes einzelne Blatt im Salzwasser gewaschen und zum Abtropfen auf ein Sieb gelegt. Nun mache einstweilen die Fülle, welche aus 250 Gramm feingehackten Schweinfleisch und 250 Gramm Rindfleisch, einer geriebenen Semmel, einem Ei mit etwas Salz und Pfeffer besteht. Die kleinen Blätter kannst du zur Fülle geben, welche dann auf die großen Blätter gegeben wird, und kleine Würstchen gerollt werden und auf 30 Gramm Butter und etwas Suppe weich gedünstet werden. Vor dem Auftragen zertheile die Würstchen in 2 Theile.

3. Erdäpfelsuppe.

Koche nicht gar weich kleine Erdäpfel, schäle sie ab und schneide sie auf dünne Scheiben, dann gib davon eine Lage auf einen tiefen Teller, bestreue sie mit kleingehacktem Selchfleisch, darauf gib abermals eine Lage Erdäpfel, dann wieder Selchfleisch, und so fahre fort, bis alles aufeinander geordnet ist; obenauf müssen Erdäpfel kommen; nun begieße es mit einigen Eßlöffeln voll guter fetter Rindsuppe, stelle den Teller auf einen Dreifuß in die Röhre und laß es oben schön goldgelb abbacken. Einige nicht ganz gekochte Erdäpfel schäle ab und reibe sie auf einem Reibeisen, dann gib sie in eine durchgeseihte Rindsuppe, füge hiezu ein bischen kleingeschnittene grüne Petersilie und laß es eine Weile kochen; hierauf gieße die Suppe in die Schüssel und trage sie auf; ebenso auch den Teller mit den gebackenen Erdäpfeln, damit sich ein Jeder nach Belieben bedienen könne.

4. Erdäpfelsuppe auf eine andere Art.

Für 6 Personen schäle 12 mittelmäßig große Erdäpfel ab, schneide sie auf dünne Scheiben und laß sie entweder auf Rindsfett, welches in kleine Stücke geschnitten sein muß, oder auf frischer Butter mit kleingeschnittener Zwiebel schön goldgelb backen; dann gieße darauf 1½ Liter guter Rindsuppe und laß es zerkochen, hierauf zerrühre es und seihe es durch. Schäle abermals 12 kleine, schöne runde, gleiche Erdäpfel ab, schneide sie auf halmdünne Scheiben und laß sie ebenfalls auf Rindsfett oder auf frischer Butter schön goldgelb backen; dann gib sie in die Suppenschüssel, die durchgeseihte Suppe würze ein wenig mit Muskatenblüte und gieße sie über die gebackenen Erdäpfel. – Im Falle man diese Suppe etwas dicker haben will, so kann man die Erdäpfel vor dem Zerkochen mit zwei Kaffeelöffel voll feinen Mehles bestauben und selbe noch ein bischen backen lassen, dann erst die Suppe darauf gießen und mit dem Zerrühren, wie oben angeführt ist, verfahren.

5. Frühlings-Kräutersuppe.

Laß Frühlingskräuter suchen, als: Guntermann, Veilchenblätter, Gänseblümchen, Brennessel, Cichorienblätter, Schafgarben, Spitzwegerich, junge Kümmelblätter, Erdbeerblätter und mehr dergleichen, klaube und putze alles rein, füge dann grüne Petersilie und Körbelkraut bei und laß es in guter Rindsuppe kochen, aber nur einige Minuten, damit es schön grün bleibe; dann seihe es ab, hacke oder schneide es mit einem krummen Messer klein, gib es wieder in die Suppe und laß noch einen Sud darüber gehen. Wie viel Personen, so viel Eierdotter gib in ein Töpfchen, dazu ein bischen frische Butter, ein bischen Muskatenblüte, rühre es mit ein bischen kühler Rindsuppe ab, gieße dann die kochende Kräutersuppe darüber, quirle sie recht ab und richte sie über goldgeld gebackene Semmelschnitzeln an; wenn diese zu fett sind, kann gebähte Semmel genommen werden. Um Eierdotter zu sparen, darf man wohl zum häuslichen Gebrauche zwei Kaffeelöffel voll Mehl zu 6 Dottern gerechnet nehmen, so gibt es Suppe für 8 bis 10 Personen, doch ganz ohne Mehl ist sie besser.

6. Brodsuppe.

Schneide vom harten Hausbrod dünne Schnitte und laß sie in heißem Butterschmalz bräunlich rösten; eben so wird auf feine Nudeln geschnittene Zwiebel recht bräunlich geröstet, nur darf sie nicht anbrennen; hernach gib beides in die Suppenschüssel und hiezu kleingeschnittenen Schnittling und grüne Petersilie; dann laß auf einer Pfanne ein bischen Rindsuppe kochen, schlage darein für jede Person ein Ei und laß sie so wie gesetzte Eier weich kochen; auf die gerösteten Brodschnitte gieße eine gute Rindsuppe, würze sie mit Ingber und Muskatenblüte, und die Eier lege vorsichtig entweder in die Suppe, oder reiche sie auf einem Teller herum. Im letzteren Falle kommt die Zwiebel und der Schnittling nicht in die Suppenschüssel, sondern die Eier werden auf den Teller geordnet, aus der gerösteten Zwiebel wird herum ein Kranz gebildet und die Eier werden mit dem Schnittling bestreut.

7. Rindsuppe mit Semmelpfanzel.

Für 3 Personen schlage in ein Töpfchen 2 ganze Eier und 2 Dotter, salze es ein wenig, gib dazu ein bischen Muskatenblüte, dann eine geriebene Semmel, einige Löffel voll süßen Schmetten, und treibe es recht ab; hierauf gieße es in ein mit Butter ausgeschmiertes, mit Semmelrinde bestreutes Reindel oder Kasserolle und laß es in der Röhre schön goldgelb backen. Wenn es auskühlt, schneide es auf kleine viereckige oder längliche Stücke, seihe eine gute Rindsuppe ab, brenne sie mit ein bischen weißer Einbrenn ein, würze sie mit Muskatenblüte, gieße sie über das geschnittene Pfanzel, laß es ein wenig aufkochen und trage es zur Tafel.

8. Rindsuppe mit Erdäpfelknöderln.

Für 6 Personen treibe auf einer Schüssel 105 Gramm Butter ab, schlage darein fünf Dotter und ein ganzes Ei, gib dazu sechs Eßlöffel voll geriebener Erdäpfel, einen Eßlöffel aufgehäuft voll feinen Mehles, ein wenig kleingeschnittene grüne Petersilie, salze es ein wenig und mische es gut durcheinander; nun koche daraus mit einem kleinen Löffel Knöderln in siedende abgeseihte Suppe ein und laß sie einige Minuten kochen, dann gieße die Suppe, welche du mit weißer Einbrenn ein wenig einbrennen kannst, in die Schüssel und trage sie auf.

9. Rindsuppe mit Mehlknöderln.

Für 3 Personen treibe 70 Gramm frische Butter ab, schlage darein 4 Dotter und 2 ganze Eier, gib dazu 3 Löffel voll Schmetten, ein wenig kleingehackte Lemonieschale, salze es gehörig und treibe es gut ab; während dem Abtreiben mische darein so viel feines Mehl, als zu einem leichten Teig nöthig ist; hierauf koche mit einem kleinen Löffel Knöderln in die siedende Suppe ein und laß sie etwa zehn Minuten kochen, dann gieße die Suppe in die Schüssel und trage sie auf.

10. Rindsuppe mit Brodknöderln.

Reibe altbackenes Hausbrod auf einem Reibeisen, laß davon drei gehäufte Eßlöffel voll entweder auf frischem Rindsmark oder in Butterschmalz schön goldbraun rösten, lege es in eine Schüssel und laß es auskühlen; röste feingeschnittene Zwiebel ebenfalls goldbraun, gib sie dazu, schlage darein zwei ganze Eier, salze es ein wenig, gib dazu drei Löffel voll guter Milch, treibe es recht glatt ab, dann gib noch einen gehäuften Eßlöffel voll geriebenen Brodes oder Semmelrinde dazu und laß es im Kühlen stehen; wenn Zeit zum Anrichten ist, so koche davon mit einem Kaffeelöffel haselnußgroße Knöderln in die klare siedende Rindsuppe ein. Willst du diese Suppe für ansehnliche Gäste anrichten, so kannst du noch ein schön gebratenes Rebhühnchen zerlegt in die Schüssel sammt dem Saft geben, die Suppe darüber gießen und auftragen. Wer kein Freund von Zwiebel ist, kann sie auslassen.

11. Rindsuppe mit Reisknöderln.

Für 6 Personen koche von 70 Gramm gut gewässertem Reis in süßem Schmetten einen festen Kasch und laß ihn überkühlen. Indessen treibe auf einer Schüssel 35 Gramm frische Butter und 35 Gramm Rindsmark ab, gib den Reiskoch darein, salze es ein wenig, schlage dazu sechs Eierdotter, treibe es gut ab, gib noch den Schnee von drei Eiweiß dazu, und sollte es zu dünn sein, so füge hiezu einen Kaffeelöffel voll Reismehl; dann nimm davon auf einen Kaffeelöffel haselnußgroße Stückchen und koche sie in die siedende Rindsuppe ein. Die Suppe würze dann mit Muskatenblüte und laß sie entweder klar oder quirle sie mit einigen Eierdottern ab.

Auch kannst du diese Knöderln in heißes Butterschmalz legen, schön goldgelb backen und dann die Suppe darüber gießen.

12. Reis-Meridon.

Dünste 140 Gramm Reis mit Suppe nicht zu weich, rühre ihn, bis er auskühlt, gebe nach und nach 70 Gramm Butter, 2 Dotter, dann den Schnee von 2 Klar; laße dies in einer mit Butter ausgestrichenen Form ¾ Stunde in Dunst sieden. Man kann auch Fleisch oder Fasten-Ragout dazu mischen. Stürze ihn auf eine Schüßel und gebe ihn zu klarer Rindsuppe oder zu Krebs-Champignons oder Petersiliensuppe.

13. Suppe mit Rindsmarkknöderln.

Für 8 Personen nimm 140 Gramm Rindsmark und theile es in zwei Hälften, die eine Hälfte laß auf einem Reindel zergehen, die andere Hälfte schneide auf kleine Würfel; in dem zerlassenen Rindsmark backe eine halbe abgeriebene, auf kleine Würfel geschnittene Semmel, die andere Hälfte Semmel schneide gleichfalls und weich sie in süßem Schmetten; das in Würfel geschnittene Rindsmark laß ebenfalls zergehen, dann seihe es durch, und wenn es auskühlt, treibe es ab; nun schlage darein zwei Dotter und ein ganzes Ei, füge hiezu die im Schmetten geweichte ausgedrückte Semmel, einen Löffel voll feinen Mehles, so auch die goldgelb gebackenen Semmelwürfel und ein bischen kleingeschnittene grüne Petersilie, mische alles gut durcheinander und koche daraus mit einem Kaffeelöffel kleine Knöderln in gute Rindsuppe ein. Vor dem Auftragen würze die Suppe mit Muskatenblüte.

14. Rindsuppe mit Lungenknöderln.

Hacke weichgekochte Lunge von einem jungen Lamm oder von einer jungen Ziege klein, hacke darein ein Stückchen rohes Kalbfleisch, gib dazu eine halbe abgeriebene, im Wasser geweichte ausgedrückte Semmel, vier gerührte Eier, ein bischen Salz, Rindsmark und grüne Petersilie, hacke alles recht fein und treibe es auf einer Schüssel noch recht ab; dann koche die Knöderln wie kleine Nocken in eine gute Rindsuppe ein; die Leber aber schneide roh auf längliche kleine Schnitzeln, laß sie mit kleingeschnittener Zwiebel schön braun braten, gib selbe in die Suppenschüssel, gieße die Suppe darüber und trage sie auf.

15. Rindsuppe mit Leberknöderln.

Für 6 Personen nimm ¼ Kilo Kalbs- oder Rindsleber, sondere sie von den Adern ab, dann hacke sie klein, gib sie in eine Schüssel, worauf du früher 70 Gramm Rindsmark abgetrieben hast, schlage darein zwei ganze Eier und zwei Dotter, füge hiezu ein bischen Majoran, ein bischen Neugewürz, zwei Zehen Knoblauch, ein bischen kleingeschnittene Lemonieschale, salze es und gib dazu so viel geriebene Semmel, als du siehst, daß nöthig ist, damit, wenn man ein Stückchen mit dem Löffel in die kochende Suppe wirft, es nicht zerrinne; dann koche die Knödelchen, indem du den Löffel immer früher in die kochende Suppe tauchest, nockengroß in die durchgeseihte Rindsuppe ein und laß sie kochen, bis sie gar sind; hierauf kannst du die Suppe mit ein bischen weißer Einbrenn dünn einbrennen, kleingeschnittene grüne Petersilie darein thun und mit Muskatenblüte würzen: auch uneingebrennt kann diese Suppe bleiben, wie es beliebt.

16. Rindsuppe mit Krebs- und Leberknöderln.

Für 6 Personen hacke von einer Henne die Brust mit zehn Krebsschweifeln und 35 Gramm Rindsmark klein, gib dazu zwei gerührte Eier und eine halbe abgeriebene, im Schmetten geweichte ausgedrückte Semmel, salze und würze es mit Muskatenblüte, dann mache daraus ganz kleine Knöderln, höchstens so groß, wie die kleinsten Haselnüsse, koche sie in der abgeseihten Rindsuppe, worin auch das Übrige von der Henne gekoch hat, und lege sie in die Suppenschüssel.

Hacke die rohe Leber von der Henne wieder mit Krebsschweifeln und 18 Gramm Rindsmark, gib es auf eine Schüssel, schlage dazu ein ganzes Ei und einen Dotter, gib dazu ein bischen Krebsbutter und zwei Löffel voll geriebener altbackener Semmelbröseln, und ist es dünn, also noch mehr, salze und würze es mit Muskatenblüte, treibe es recht ab und dann mache daraus wie ein Federkiel dünne längliche Knöderln, koche sie in derselben Suppe, gib sie zu den ersteren und gieße die Suppe, worin dies alles gekocht hat, mit Muskatenblüte gewürzt und mit einem Löffel voll Krebsbutter geziert, darüber.

17. Rindsuppe mit gebackenen Knöderln.

Koche entweder einige Kalbsbrieschen, oder geklopfte Kalbschnitzeln ohne Fett, oder ein Hühnchen, und schneide es auf kleine Stückchen; dann schneide frische junge Pilze, wasche sie in kaltem Wasser aus und laß sie mit kleingeschnittener grüner Petersilie auf Butter dünsten; wenn sie austrocknen, gib dazu das kleingeschnittene Fleisch und vier zerquirlte Eier, salze es gehörig und würze es mit Muskatenblüte, dann rühre es wie gerührte Eier und laß es ein wenig auskühlen; hierauf mache davon nach Belieben große Häufchen (z. B. wie eine kleine wälsche Nuß) auf Oblaten, welche mit einem aufgeschlagenen Ei benetzt sein müssen, ballire sie schön rund wie Knöderln, tunke sie in ein aufgeschlagenes Ei, zuletzt ballire sie in geriebener Semmel und laß sie in heißem Butterschmalz schön goldgelb backen; dann gib sie in die Schüssel und gieße darüber mit ein bischen weißer Einbrenn eingebrennte Rindsuppe. Anstatt Pilzen kann man auch Morcheln oder Championen nehmen.

18. Kuttelfleck-Suppe.

Wenn die Kuttelflecke gut gereinigt sind, so laß sie eine halbe Stunde kochen, dann gib sie auf ein Brettchen, schabe noch ein jedes Stück mit dem Messer ab und schneide alle Ränder weg; hierauf wasche die Flecke im reinen Wasser, gib sie in einen anderen Topf, gieße wieder ein reines Wasser auf, salze sie und laß sie weich kochen; hernach schneide sie auf Nudeln, und wenn sie genug weich sind, gib sie in eine mit weißer Einbrenn eingebrennte Rindsuppe, sind sie aber noch zähe, so laß sie in uneingebrennter Suppe so lange kochen, bis sie weich sind, dann erst brenne die Suppe ein, füge hiezu kleingeschnittene grüne Petersilie und trage sie auf.

19. Suppe mit gebackenem Hirn.

Für 6 Personen schneide ½ Kilo Kalbfleisch, dann Mägen und verschiedene Abfälle vom Geflügel auf kleine Stücke, gib es auf eine Kasserolle, dazu zwei Zwiebeln, einige Wurzeln Petersilie, Sellerie und gelbe Rübe, zwei Kohlhäupel, ebenfalls kleingeschnitten, und laß es mit einem Stück frischer Butter dünsten, doch muß du Acht geben, damit es nicht bräunlich werde; dann gieße darauf eine gute Rindsuppe und laß es eine Stunde kochen, hierauf seihe es durch und brenne es ein wenig mit weißer Einbrenn ein. Reinige entweder ein Kalbs- oder Lammhirn, ballire es zuerst im Mehle, dann tunke es in aufgeschlagene Eier ein, dann ballire es in geriebener Semmel und laß es in heißem Butterschmalz backen, hernach gieße darüber die zubereitete Suppe. Ist nicht Zeit zum Backen, so kannst du das gut gereinigte Hirn in der durchgeseihten Suppe kochen lassen und diese dann über kleine gebackene Semmelschnitten gießen.

20. Rindsuppe mit Pudding.

Für 12 Personen hacke 250 Gramm Schwein- und 250 Gramm Kalbfleisch mit 35 Gramm Rindsmark recht klein, ziehe alle Fasern heraus, gib dazu eine halbe abgeriebene, im Wasser geweichte ausgedrückte Semmel und 3 gerührte Eier, hacke es noch ein wenig, gib es auf eine Schüssel, schlage noch 1 oder 2 ganze Eier darein, gib dazu etwas in Suppe überkochten Karfiol oder Spargelköpfchen, dann salze und würze es mit Muskatenblüte; nun schmiere eine Serviette mit Butter, mache einen schönen Kranz von grüner Petersilie, Spargelköpfchen, Karfiolbröckchen oder Krebsschweifeln, gib die Fasch hinein, binde es locker zu und koche es eine ganze Stunde in der Rindsuppe; dann binde es los, stürze es auf einen Teller, mache herum einen Kranz von goldgelb gebackenen Semmelwürfeln und gib es zur Tafel. Dazu kommt extra eine Schüssel guter gedünsteter, mit Krebsbutter verbesserter Suppe, welche wie folgt gemacht wird.

Die Abschnitzeln von Kalb- und Schweinfleisch gib auf eine Kasserolle, dazu eine halbe kleingeschnittene Zwiebel, ein halbes Kohlhäupel oder Karfiol, eine gelbe Rübe, eine halbe Sellerie sammt dem Grünen, so auch Petersilie, und laß es schön dünsten, doch nicht braun, dann gieße gute Rindsuppe daran, laß sie etwa eine halbe Stunde kochen, seihe sie durch, brenne sie ganz wenig weiß ein, würze sie mit Muskatenblüte und gib einen Löffel voll Krebsbutter daran; hast du aber keine Krebse, so muß es nicht sein.

21. Hirnsuppe mit Pilzen.

Für 6 Personen schneide kleine Pilze recht fein und laß sie mit kleingeschnittener grüner Petersilie auf Butter dünsten. Koche in ein bischen Rindsuppe zwei Kalbshirn und passire sie durch einen dichten Seiher in ein Töpfchen. Wenn die Pilze auszutrocknen anfangen und die Butter darauf schäumt, so gib dazu einen Löffel voll feinen Mehles und laß es noch ein Weilchen dünsten; hierauf gib das Hirn dazu, mische es gut durch, gib es in einen 2 Liter fassenden Topf, gieße darauf eine gute Rindsuppe und laß es noch eine Weile kochen; hernach gieße die Suppe auf goldgelb gebackene Semmel.

22. Schwammerlsuppe mit Kalbsbrieschen.

Schneide kleine Pilze recht fein und laß sie auf Butter mit kleingeschnittener grüner Petersilie dünsten, salze sie ein wenig und würze sie ein bischen mit gestoßenem Pfeffer; wenn sie auszutrocknen anfangen, füge hiezu einen Eßlöffel voll Mehl und laß sie noch ein wenig dünsten. Koche zwei Kalbsbrieschen halb, reinige sie vom Schaume,

hacke sie klein und laß sie mit einer kleingeschnittenen Zwiebel ebenfalls auf einem Stückchen heiß zerlassener Butter dünsten; nach einer Weile gib sie sammt den Schwammerln in einen 1½ Liter fassenden Topf (für 6 Personen), gieße darauf hinlänglich eine durchgeseihte Rindsuppe und laß es noch eine halbe Stunde kochen; dann rühre in einem Töpfchen drei Dotter mit ein bischen lauwarmer Suppe ab, quirle damit die andere heiße Suppe ein und trage sie sogleich auf.

23. Gelbe Suppe mit Sulze.

Für 13 Personen schlage in einen Topf 12 ganze frische Eier, gieße darauf 3½ Deciliter überkühlte Rind- oder Hühnersuppe, würze es mit Muskatenblüte und quirle es recht ab, dann bedecke das Töpfchen mit Papier, binde es fest zu und hänge es in kochendes Wasser, doch mußt du Acht geben, daß kein Wasser darein kommt; so laß es eine ganze Stunde kochen, und nimm dann mit einem Kaffeelöffel nockerlgroße Stücke heraus in die Suppenschüssel. Hierauf schlage in einen Topf 6 Dotter, gib dazu ein Stückchen frische Butter, ein bischen Muskatenblüte, zerrühre es mit kalter Suppe, gieße darauf eine gute kochende Suppe, quirle es noch recht ab und gieße es über die Sulze. – In diese Suppe kann man auch geschnittene Hühnerlebern und Mägen geben.

24. Gestoßene Suppe.

Für 12 Personen laß eine alte Henne mit dem Rindfleisch kochen, bis sie weich ist, dann schneide die Brust heraus, das Übrige stoße im Mörser, gib es in einen Topf, gib dazu geschnittene Petersilie und Sellerie, ganze Muskatenblüte und ganzen Ingber, gieße die Suppe darauf und laß es eine Stunde kochen. Indessen hacke die Brust klein, gib sie in einen Topf, dazu ein Stückchen frische Butter, schlage darein 4 Dotter, treibe es mit ein bischen kalter Suppe ab, und gieße dann die durchgeseihte siedende Suppe, worin das Gestoßene gekocht hat, hinein, quirle es recht ab und gib es zur Tafel. Sind Schwämme, so kann man auch einige auf Butter gedünstete Herrenpilze darunter thun; auch können kleine Faschknöderln dazu kommen.

Fischsuppen

25. Gewöhnliche Fischsuppe.

Nimm 1 oder 2 Karpfenbäuschel, löse behutsam die Galle ab, damit sie nicht zerreiße, so auch den dicken bittern Darm, gib das Bäuschel in einen Topf, dazu eine auf kleine Nudeln geschnittene Sellerie, 2 ganze Petersilienwurzeln, kleingehackte Sellerie- und Petersilieblätter, eine halbe Zwiebel, und laß alles eine halbe, oder wenn das Bäuschel groß ist, drei Viertelstunden kochen; hernach nimm die Zwiebel und die ganzen Petersiliewurzeln heraus, brenne die Suppe mit weißer Einbrenn ein, würze sie mit Muskatenblüte und ein bischen Ingber, und gieße sie über würflich geschnittene, in Butterschmalz gebackene Semmel; auch kann die Semmel ungebacken würflich geschnitten darein gegeben werden.

26. Karpfensuppe auf die Art einer Wurstsuppe.

Nimm die Hälfte eines größeren oder einen ganzen kleinen Karpfen, schuppe ihn ab, öffne ihn und von dem Bäuschel löse behutsam die Galle ab; ist es ein Milchner, so gib die Milch extra, den Karpfen zerschneide auf Stückchen, löse die Gräten heraus, die Haut ziehe ab und das Fleisch hacke klein. Die Haut, den Kopf, eine ganze Sellerie, 2 Wurzeln Petersilie, eine halbe Zwiebel, eine Handvoll Erbsen, das Bäuschel und ein bischen Salz gib in einen Topf, gieße darauf so viel Wasser, als du Suppe haben willst, und laß es wenigstens eine Stunde kochen. Indessen gib zu dem gehackten Karpfenfleisch 3 oder 4 Zehen mit Salz zerriebenen Knoblauch, ein bischen Majoran, etwas Lemonieschale, ein bischen gestoßenes Neugewürz, ein bischen Ingber und ein bischen Pfeffer; wenn alles wohl gehackt und vermischt ist, so gib es in einen neuen Topf, seihe die Suppe, worin der Kopf und das Bäuschel gekocht hat, darüber, und laß es eine gute Viertelstunde kochen, dann brenne es mit brauner Einbrenn ein, koste, ob es genug gesalzen ist, und laß es noch ein wenig aufkochen; hernach gieße die Suppe entweder über gebackene Semmel- oder Brodwürfel und trage sie zur Tafel. Wenn der Karpfen ein Milchner war, so salze die Milch, ballire sie zuerst in Mehl, dann tunke sie in aufgeschlagene Eier, zuletzt ballire sie in Semmelbröseln und laß sie goldgelb bakken; hernach gib sie in die Suppe.

27. Schleiensuppe auf die Art einer Rindsuppe.

Brühe 2 oder 3 Schleien ab, wie viel du gerade Suppe haben willst (auf eine größere Schleie nimm 1⅓ Liter Wasser); wenn sie abgeschuppt, geöffnet und gebrüht sind, wasche sie in kaltem Wasser rein ab, schneide sie in Stücke, gib auf ein Reindel in Scheiben geschnittene Zwiebel, geschnittene Sellerie, ein Stück frische Butter, salze die Schleien ein wenig, lege sie darauf und laß sie schön gelblich dünsten. Wie viel Schleien du hast, so viel Liter Wasser laß kochen, gib darein eine ganze Sellerie, eine Petersiliewurzel, eine halbe Zwiebel, eine Handvoll Erbsen, und salze es ganz wenig, weil schon die Schleien gesalzen sind; wenn die Schleien gedünstet sind und die Suppe wenigstens eine Stunde gekocht hat, so lege die Schleien in einen Topf, seihe die Suppe daran und laß es eine Viertelstunde kochen. Hernach kannst du die Suppe durch ein Haarsieb durchseihen und entweder Makarony oder sonst was einkochen, die Sellerie geschnitten darein thun, mit Muskatenblüte würzen, so ist es wie eine Rindsuppe; oder nimm die Schleien heraus, lege sie in die Suppenschüssel, die Suppe brenne mit weißer Einbrenn ein, würze sie mit Muskatenblüte, zu den Schleien gib würflich geschnittene, in heißem Butterschmalz gebackene Semmel und seihe die Suppe darüber. Man kann in die Suppe noch nebst der Muskatenblüte entweder ein bischen gestoßenen Ingber geben, oder ganzen Ingber darin kochen lassen.

28. Gelbe Suppe mit Sulze.

Laß einige kleine Schleien (hast du mehrere, also nur die Köpfe) mit Sellerie, Petersilie und gelben Rüben, alles auf Scheiben geschnitten, mit einem Stück Butter und einer halben Zwiebel, ebenfalls auf Scheiben geschnitten, schön goldgelb dünsten, doch nicht braun, gieße daran Petersilienwasser Rezept Nro. 30, oder auch nur reine Schleiensuppe, und laß es aufkochen, dann seihe es durch. In einen glatten, 1⅓ Liter fassenden Topf schlage 5 Eierdotter, gib dazu ein Stückchen frische oder Krebsbutter, ein bischen Muskatenblüte, zerrühre es mit 3 Löffel voll kalter Suppe, dann gieße die klare Suppe darüber und quirle sie recht ab; sie darf nicht mehr kochen, sondern gieße sie über die Sulze, welche wie folgt bereitet wird:

Schlage in ein glattes, 4 Deciliter fassendes Töpfchen 6 ganze Eier, gieße daran 2 Deciliter gekochten, überkühlten Schmetten, würze es ein wenig mit Muskatenblüte, zerquirle es recht, dann binde das Töpfchen gut mit Papier um, hänge es in kochendes Wasser und laß es eine Stunde kochen, doch gib Acht, damit kein Wasser hinein komme; hernach binde das Papier ab und nimm aus dem Topfe mit einem Löffel nockengroße Bröckchen, lege sie in die Schüssel, gieße die abgequirlte Suppe darüber und trage sie zur Tafel. Ist die Suppe mit frischer Butter abgequirlt, so ist sie schön gelb, und kann oben mit einem Stückchen Krebsbutter, wenn selbe vorhanden ist, geziert werden; ist sie mit Krebsbutter abgequirlt, so ist sie ohnedies schön röthlich; auch kannst du, wenn Krebsschweifchen vorhanden sind, dieselben der Suppe beifügen.

29. Braune Fischsuppe mit Knöderln.

Laß auf einem Reindel ein Stück Butter heiß werden, gib darein einige Stücke Fisch, gelbe Rüben, Petersiliewurzeln, Sellerie, Braunkohl, einige Körner Neugewürz, ganzen Ingber, Muskatenblüte, Gewürznelken, Zwiebel, und laß alles schön braun dünsten, nur nicht anbrennen. Indessen bereite in einem Topfe Petersilienwasser Rezept Nro. 30, dann gieße es auf das Gedünstete und laß es eine halbe Stunde kochen; hernach seihe es durch, laß ein Stückchen Zucker braun rösten, gib ihn dazu, und sollte es herb sein, also auch ein Stückchen weißen Zucker, würze es mit Muskatenblüte und gieße es über die Knöderln, welche wie folgt gemacht werden:

Hacke ein Stückchen Karpfenfleisch klein, gib dazu ein Stück abgeriebene, in Wasser oder in Milch geweichte, ausgedrückte Semmel drei gerührte ausgekühlte Eier, und hacke alles recht klein; dann treibe ein Stückchen frische Butter ab, gib das Gehacke darein, salze es, würze es mit Muskatenblüte, Gewürznelken, Lemonieschale, gib dazu 1 oder 2 Zehen, gut mit Salz zerriebenen Knoblauch und ein bischen Majoran, arbeite alles wohl ab, oder stoße es in einem messingenen Mörser; nun mache daraus kleine Knöderln, schmiere eine Schüssel mit Butter aus, lege die Knöderln darauf, decke die Schüssel mit Papier zu und laß die Knöderln im Dunste kochen, dann gieße die braune Suppe darüber und trage sie zur Tafel. – Man kann die Knöderln auch, statt im Dunste zu kochen, in heißem Butterschmalz backen, dann in der Suppe ein wenig aufkochen lassen, so sind sie noch besser.

30. Petersilienwasser.

In 1¾ Liter Wasser gib eine auf Scheiben geschnittene Sellerie, 2 Petersilienwurzel, ein handvoll Erbsen, salze es, gib dazu grüne Petersilie, Sellerie, Porri, wenn er zu haben ist, wo nicht, also nur die Wurzeln; hast du Fische und kannst entweder ein Stückchen Fisch oder ein Bäuschel entbehren, so gib es dazu, oder auch einige Krebse, und laß es eine Stunde kochen. Dieses Petersilienwasser kannst du fast zu allen Fastenspeisen und auch zu Soßen gebrauchen; daher wenn am Festtage mehrere Speisen zubereitet werden, ist es höchst nöthig, derlei Petersilienwasser

bereit zu haben; es kann eben so wie an Fleischtagen die Rindsuppe verwendet werden.

31. Klare Fischsuppe.

Laß auf 70 Gramm Butter 1 Zwiebel, 1 Petersiliewurzel, 1 gelbe Rübe, etwas Sellerie dünsten und gieße darauf 2 Liter Wasser, salz es und laße es mit einer handvoll getrockneten Schwämmen weich kochen, dann gib 1000 Gramm Fische, Köpfe und die übrigen Abfälle von Fischen und laße es 1 Stunde sieden, dann seihe es durch eine Serviette in ein irdenes Gefäß und wenn es auskühlt entfette es. Sollte diese Suppe noch trübe sein, so kläre sie mit dem Schnee von 2 Klar.

32. Weiße Fischsuppe.

Lege einige Stücke von verschiedenen Fischen in ein Reindel, gib dazu Sellerie, Petersilie, Porri oder weiße Zwiebel, salze es ein wenig und laß es abdünsten. Gib in einen Topf eine Handvoll Erbsen, eine Sellerie, 2 Petersiliewurzeln, salze es ein wenig und laß es kochen; dann backe einige Semmelschnitten, stoße sie mit 3 hartgesottenen Dottern im messingenen Mörser, gib es in das bereitete Petersilienwasser Rezept Nro. 30, dazu die gedünsteten Fische, laß es ein wenig aufkochen und seihe es durch ein Haarsieb. Nimm 2 Deciliter kühle Fischsuppe, schlage darein 6 ganze Eier, gib dazu ein bischen Muskatenblüte, quirle es wohl ab, gieße es in ein 4 Deciliter fassendes Töpfchen, binde es mit Papier fest um, hänge es in siedendes Wasser und laß es eine Stunde kochen; hernach nimm davon nockerlngroße Stückchen mit einem Kaffeelöffel heraus, lege sie in die Suppenschüssel, zerrühre einige Eierdotter entweder mit kühler Suppe oder mit ein bischen kaltem Wasser, gib dazu ein bischen Muskatenblüte, gieße die siedende Suppe daran, quirle sie recht ab, gieße sie über die Nockerln in die Schüssel und trage sie auf.

33. Gedünstete Suppe mit Gemisch.

Gib in eine Kasserolle eine auf Scheiben geschnittene Sellerie, eine Zwiebel, 2 Petersiliewurzeln, und ist es in einer Jahreszeit, wo Spargel, Karfiol oder Kohl (Kapusten) zu haben sind, so füge auch etwas davon bei, dann Stückchen Fische, wozu sich am besten die Köpfe von Speisfischen, als: Schleien, Barschen und kleinen Karpfen eignen, gib dazu 50 Gramm Butter und einen Schöpflöffel voll Petersilienwasser Rezept Nro. 30 und laß es schön lichtbraun dünsten; wenn es bräunlich ist, füge noch 35 Gramm Butter bei, streue 2 Löffel voll feinen Mehles darüber und rühre es öfters um, damit sich am Boden des Gefäßes eine schöne lichtbraune Kruste bilde; dann gieße daran so viel Petersilienwasser, als nöthig ist (hast du Bäuschelsuppe, so ist es noch besser), und laß es unter öfterem Umrühren noch ein Weilchen kochen; hernach seihe es durch, würze es mit Muskatenblüte und gieße es über gebackene Semmelwürfel.

Diese Suppe kann statt über die Semmelwürfel auch über gebackene Karpfenmilch, oder über die Spritzkrapfen bei den Fleischsuppen, oder auch über ein anderes Gemisch, deren ich einige anführen werde, gegossen werden. Bei den Gemischen ist es schöner, wenn die Suppe klar entweder in der Terrine oder in einer Kanne aufgetragen wird, und das Gemisch extra zierlich in eine Schüssel oder auf einen tiefen Teller angerichtet wird. Auch kann diese Suppe Abends in Tassen aufgetragen werden.

34. Erstes Gemisch.

Wenn du frische Herrenpilze bekommst, so laß sie mit grüner Petersilie dünsten, und richte es wie gewöhnlich mit Pfeffer gewürzt in die Mitte eines tiefen Tellers an, belege es oben mit Spritzkrapfen, oder bestreue es wenigstens mit gebackenen Semmelwürfeln, ringsherum ziere es mit gesetzten, mit einem runden Ausstecher ausgestochenen Eiern, besprenge es mit Krebsbutter, oder bestreue es mit grüner Petersilie, und gib dazu die Suppe Rezept Nro. 33.

35. Zweites Gemisch.

Laß Karfiolbröckchen und Spargelköpfchen mit Butter und ein bischen Fischsuppe dünsten, koche 30 Krebse in Salzwasser, dann schneide ein Stück Karpfen, woraus alle Gräten ausgelöst wurden, in Würfel, und laß ihn ebenfalls mit ein bischen Petersilienwasser, Butter und grüner Petersilie dünsten; achte jedoch darauf, damit alles ein wenig, aber nicht stark gesalzen sei. Nun richte es auf einen tiefen Teller oder in eine Schüssel an: auf den Boden des Tellers gib nämlich den gedünsteten Fisch, belege ihn mit Karfiolbröckchen und Spargelköpfchen, und ziere es mit Krebsschweifchen; um den Rand gib gebackene Schnitzeln von Schleien, Hechten, Barschen, Karpfen oder sonst von einem Fisch, den du hast, oder auch gebackene Karpfenmilch; so trage es zur Tafel, und dazu gib die Suppe Rezept Nro. 33 klar entweder in einer Kanne oder in der Schüssel.

36. Drittes Gemisch.

Koche die Bäuschel von einem Milchner und einem Rogner, die Milch aber löse ungekocht ab und backe sie; wenn alles gekocht ist, gib den Rogen extra und das Andere schneide in Würfel; dann lege die Würfel auf den Boden des Tellers, den Rogen lege zierlich obenauf, herum mache einen Kranz von gebackenen Semmelwürfeln, belege sie mit schön rund ausgestochenen Selleriescheiben, und den Rand ziere mit gebackener Karpfenmilch; so trage es auf, und dazu gib ebenfalls die Suppe Rezept Nro. 33.

37. Suppe mit gemischten Knöderln.

Mache Fischknöderln nach Rezept Nro. 29 und die eine Hälfte koche in der Fischsuppe, die andere Hälfte backe im Butterschmalz. Laß ein Stück Fisch, entweder Karpfen oder Schleien, mit grüner Petersilie dünsten, dann nimm die Gräten heraus, das Fleisch hacke klein, gib es auf eine Kasserolle, dazu kleingeschnittene Petersilie, ein bischen Muskatenblüte, ein bischen Gewürznelken, Majoran und Lemonieschale, ferner noch ein Stückchen Butter und etwa

2 Löffel von Fischsuppe, damit es saftiger wäre, und laß es dünsten. Indessen backe von 4 Eiern Omeletten und steche davon halbmondförmige Blätter aus, das Übrige zerschneide auf Nudeln. Nun gib das Haschee auf den Boden eines gewärmten tiefen Tellers, bestreue es mit den Omelettennudeln, belege es mit den Knöderln, gib nämlich immer einen gebackenen, dann einen gekochten zwei- auch dreimal herum, wie viel Knöderln. sind, und den Tellerrand belege mit den halbmondförmigen Omelettchen; hast du Krebsschweifchen, so vermehre damit die Zierlichkeit, besprenge es noch mit Krebsbutter und trage es so verziert zur Tafel; in die Schüssel gib entweder die gedünstete Suppe Rezept Nro. 33, oder die Schleiensuppe Rezept Nro. 27.

38. Spargel-Suppe mit Hechten-Pfanzel.

Putze den Spargel, schneide die Köpfchen zierlich ab und lege sie ins Kalte, das Übrige schneide klein, lege es mit einem Stückchen frischer Butter auf ein Reindel, salze es ein wenig und laß es dünsten; wenn es gehörig ausgedünstet ist, gieße daran gut bereitetes Petersilienwasser Rezept Nro. 30 und laß es aufkochen; dann brenne die Suppe mit gelblicher Einbrenn ein, gib dazu ein bischen Krebsbutter und Muskatenblüte, seihe sie durch, gib darein kleingeschnittene Petersilie und gieße sie über ein Hechtenpfanzel, welches auf folgende Art bereitet wird:

Schneide von einigen Stücken Hecht die Haut ab, löse die Gräten aus, hacke das Fleisch recht klein, gib dazu eine abgeriebene, im Schmetten geweichte, ausgedrückte Semmel, treibe auf einer Schüssel ein Stückchen frische Butter ab, gib das Gehacke darein, schlage dazu ein ganzes Ei und zwei Dotter, gib dazu ein bischen Muskatenblüte,

ein bischen Salz, und treibe es wohl ab; nun schmiere eine reine Serviette oder ein leinenes Tuch mit frischer Butter, lege es mit den Spargelköpfen schön aus, gieße das Gemisch darein, binde es locker zu und laß es in der Suppe eine Stunde kochen. Hernach kannst du es entweder ganz oder zerschnitten in die Suppenschüssel geben und die bereitete Suppe darüber gießen.

39. Wurzel-Suppe.

Schneide 2 große Zwiebeln auf Scheiben, so auch 3 Petersiliewurzeln, 3 gelbe Rüben, eine große oder 2 kleine Sellerien, gib alles mit 70 Gramm frischer Butter in eine Kasserolle, dazu 2 Deciliter geklaubte gewaschene Erbsen, 2 Stückchen Ingber, 4 Gewürznelken, ein wenig Salz, 2 Schöpflöffel voll Petersilienwasser Rezept Nro. 30 und laß es hübsch braun dünsten, doch ja nicht anbrennen. Wenn es schön braun ist und die Butter zu schäumen beginnt, gib dazu 2 Löffel voll feines Mehl und noch 18 Gramm Butter, und laß das Mehl am Boden eine bräunliche Kruste bilden; dann gieße daran so viel Petersilienwasser, als Suppe nöthig ist, und laß sie aufkochen, hernach seihe sie durch und gieße sie über gebackene Semmelwürfel. Hast du einen Fisch, so laß ein Stückchen dabei dünsten, und gib in die Suppe gebackene Fischfilets. – Diese Suppe kann auch Abends in Tassen klar ohne Semmel aufgetragen werden.

Andere Suppen

40. Krebs-Meridon.

70 Gramm Krebsbutter treibe mit 2 Eiern ab, aber nicht lange, sonst verliert sie die Farbe, weiche 2 Semmelschmollen in Schmetten, zerdrücke sie ganz fein, gib dazu kleingeschnittene Krebsschweifeln und Krebsscheren, feingehackte Petersilie und Salz, verrühre alles gut und fülle es in die mit Krebsbutter ausgeschmierte Form und siede es im Dunste eine Stunde. Nachdem du es auf eine Schüssel gestürzt hast, garnire den Krebsmeridon mit Karfiolröschen, Krebsschweifchen, Morcheln oder mit kleingeschnittenen gedünsteten Spargelköpfchen. Diesen Meridon gibt man entweder in eine klare Fischsuppe oder in eine Einmachsuppe.

41. Krebs-Suppe.

Koche 30 Stück Krebse, und breche die Scheren und Schweifchen ab, die Galle nimm sauber heraus, die übrigen Schalen stosse im Mörser und laß sie in Butter dünsten, rühre jedoch beständig damit, daß sie nicht anbrennen; dann drücke die Butter durch ein leinenes Tüchel durch, auf die Schalen gieße Petersilienwasser Rezept Nro. 30 und laß es aufkochen; indessen backe einige Semmelschnitten schön goldgelb, stoße sie mit einigen hartgesottenen Eierdottern im Mörser und gib es dazu; wenn es etwa eine Viertelstunde gekocht hat; seihe es durch Haarsieb, mache eine semmelfärbige Einbrenn, füge sie hiezu, gib darein ein Stückchen Krebsbutter, ein bischen kleingeschnittene grüne Petersilie, etwas Muskatenblüte, und gieße es in die Suppenschüssel über ein Krebspfanzel. Dieses wird auf folgende Art bereitet:

Treibe ein Stückchen Krebsbutter ab, schlage darein 2 ganze Eier und 2 Dotter, gib dazu eine abgeriebene, im Schmetten geweichte Semmel, ein bischen Muskatenblüte, ein bischen Salz, ein bischen kleingeschnittene grüne Petersilie, dann die Krebsschweifchen und Scheren auf Nudeln geschnitten, treibe alles wohl ab, schmiere ein leinenes Tüchel mit frischer Butter, lege darauf ein Kränzchen von grüner Petersilie aus, gib das Gemisch darein, binde es locker zu und laß es in der Krebssuppe eine Stunde kochen; dann nimm es heraus, lege es in die Schüssel, bereite die Suppe, wie oben angezeigt ist, und gieße sie darüber. Das Pfanzel kann entweder früher oder erst auf der Tafel zerschnitten werden.

42. Krebs-Suppe auf eine andere Art.

Koche 20 Krebse, löse die Scheren und Schweifchen, schneide sie auf kleine Stücke, das übrige außer der Galle stosse im Mörser, dünste mit Butter bis diese roth ist, staube 2 Löffel voll Mehl darein, dünste es noch eine Weile, gieße Erbsenbrühe darauf, laß es recht aufkochen, und passiere es durch ein Sieb über gebackene Semmelwürfeln und das Krebsfleisch. Oder kannst du mit Butter gedünstete grüne Erbsen oder Spargel, Morchen und stiftelich geschnittene Bohnenschotten hineingeben. Oder schöpfe das rothe Fett auf Reis und laß es dünsten und drücke ihn in eine mit den Krebsscheren und Schweifchen ausgelegte Form und laße es im Dunste 1 Stunde kochen.

43. Schnecken-Suppe.

Koche 30 Stück Schnecken, nimm sie aus den Gehäusen heraus, putze sie rein, hacke sie klein und laß sie auf einem Stück Butter ein bischen abdünsten; dann gib sie in einen Topf, gieße durchgeseihtes Petersilienwasser Rezept Nro. 30 daran und laß sie kochen; laß eine geriebene Semmel auf Butter rösten, gib sie zu den Schnecken und laß es noch beiläufig eine Stunde kochen; hernach zerrühre in einem Töpfchen ein Stück frische Butter mit ein bischen Mehl, drei Eierdottern und mit einigen Löffeln süßen Schmetten, gieße daran ein bischen von der kochenden Suppe und zerquirle es recht, dann gieße es in die Suppe, zerquirle sie noch und gieße sie in die Schüssel über gebackene Semmelwürfel.

44. Erbsen-Suppe mit Pfanzerln.

Eine Petersilie- und eine Selleriewurzel sammt dem Grünen schneide auf Stücke und laß es im Salzwasser kochen; hernach zerdrücke weichgekochte Erbsen, seihe das Salzwasser daran durch, zerrühre es und laß es ein bischen aufkochen; dann seihe die Suppe durch, gib darein ein bischen Muskatenblüte und brenne sie mit ein bischen gelblicher Einbrenn ein. Die Pfanzerln mache folgends: Treibe 35 Gramm frische Butter ab, gib darein 4 Löffel voll zerrührte und durch einen Seiher durchpassirte Erbsen; salze es, schlage darein 2 ganze Eier und 2 Dotter, zerrühre es gut, füge hiezu ein bischen Majoran, eine halbe, in guter Milch geweichte, ausgedrückte Semmel und 2 oder 3 Löffel voll süßen Schmetten, mische alles gut durch und backe daraus auf einem Grübchenblech kleine Pfanzerln; dann schneide ein jedes in vier Theile, gib sie in die Suppenschüssel, und wenn sie ausgekühlt sind, gieße daran die heiße Suppe und trage sie zur Tafel.

45. Suppe von getrockneten Schwämmen.

Gib in einen Topf 2 Deciliter getrockenete Schwämme, gieße Wasser daran und laß sie weichen; indessen klaube und wässere 2 Deciliter gerissene Graupen, gib sie in einen Topf, hiezu ein Stück Butter, gieße daran einen verhältnismäßigen Theil Wasser und laß sie kochen; hernach gieße das schmutzige Wasser von den Schwämmen ab, wasche die Schwämme noch recht durch, dann gieße reines Wasser daran, aber nicht zu viel, füge hiezu ein bischen kleingehackte grüne Petersilie, salze sie und laß sie aufkochen; hernach seihe das Wasser von den Schwämmen auf die Graupen ab, die Schwämme hacke klein, gib sie auch zu den Graupen, gieße daran noch so viel Wasser, damit die Suppe weder zu dünn noch zu dicklich wäre, brenne sie ein bischen mit blasser dünner Einbrenn ein und laß sie noch aufkochen.

46. Erdäpfel-Suppe.

Schäle und zerschneide 4 große Erdäpfel, wasche sie rein ab, gib sie in einen Topf, gieße hinlänglich Wasser daran, füge hiezu einen Kaffeelöffel voll geriebene Sellerie und ebensoviel Petersiliewurzel, ein bischen kleingehacktes Sellerie- und Petersilie-Blattwerk, salze es gehörig und laß es kochen; wenn die Erdäpfel gargekocht sind, seihe das Wasser ab und brenne es mit blasser Einbrenn ein, die Erdäpfel zerdrücke in dem Topfe mit einem Kochlöffel, gieße das eingebrennte Wasser wieder daran, laß es noch aufkochen – und die Suppe ist fertig. Willst du sie noch besser haben, so laß kleingeschnittene gelbe Rübe, Petersilie und Sellerie auf Butter dünsten, röste einen würflich geschnittenen Erdäpfel, schlage dazu ein ganzes Ei, und wenn auch dieses gebacken ist, so stoße alles sammt dem Grünzeug im Mörser zu einem Brei, hernach gib es in die bereits eingebrennte Suppe, quirle sie recht ab, laß sie noch aufkochen und dann seihe sie in die Schüssel durch über gebackene Semmelwürfel.

47. Gries-Suppe.

Laß im Salzwasser ein bischen Kümmel, Petersiliewurzel, Sellerie und Grünes aufkochen, salze es und seihe es durch; dann stelle es abermals zum Feuer, und wenn es wieder zu sieden anfängt, so koche schönen Gries darin ein, doch nicht zu dick, schlage in einen Topf 2 oder 3 ganze Eier, quirle sie mit kaltem Schmetten ab, gib dazu ein Stück frische Butter, ein wenig Muskatenblüte und ein bischen gestoßenen Ingber, gieße die kochende Griessuppe daran, quirle sie recht ab und laß noch einen Sud darüber gehen; dann gieße sie in die Suppenschüssel und trage sie auf.

48. Gries-Suppe auf eine andere Art.

Röste 70 Gramm Gries mit 20 Gramm Butter gelblich, worauf du ihn mit siedendem Salzwasser nach und nach vergießt und ihn eine halbe Stunde kochen läßt, darin quirle 1 Ei mit etwas Schmetten darein.

49. Panadel-Suppe.

Laß für 6 Personen 2 Mundsemmeln im kalten Wasser einweichen, laße sie 1 Stunde kochen, salze sie, würze sie mit Muskatennuß, gib 70 Gramm frische Butter dazu und laß sie noch einkochen und glatt werden, dann quirle vor dem Anrichten 2 Dotter mit Schmetten darein.

50. Tropfteig-Suppe.

Laß ein Stück frischer Butter gelblich anlaufen, gieße darein siedendes Salzwasser, reibe etwas Muskatenuß und laß es kochen.

Mache einstweilen in einem Töpfchen von 1 Ei und 2 Löffeln Mehl einen Teig ein, so daß er, wenn man ihn mit einem Kochlöffel gut abgeschlagen hat und diesen voll in die Höhe hebt, fließt, aber, wenn man ihn in die siedende Suppe laufen läßt, nicht zerrinnt, sondern nudelartig aussieht, ist er zu dick, gibt man paar Tropfen Wasser, dann halte das Töpfchen ziemlich hoch über der kochenden Suppe und lasse den Teig indem man es hin und her bewegt so hineinfließen.

51. Semmel-Gerstel.

Laß im Wasser grüne Petersilie, Petersilie- und Selleriewurzel und ein bischen Kümmel kochen, salze es, seihe es durch, weiche eine abgeriebene Semmel in kaltem Wasser, zertreibe sie mit einem Stückchen frischer Butter und Muskatenblüte, gib dazu einige Löffel voll Schmetten, gieße die bereitete Suppe darüber, quirle sie wohl ab und laß sie ein wenig aufkochen; dann rühre einige Dotter mit kaltem Wasser oder mit ein bischen Schmetten ab, gieße es in die Suppe, quirle sie ab und trage sie in Kaffeeschalen auf.

52. Molken-Suppe.

Stelle auf die Platte ⅔ Liter ungekochte Milch und drücke darein einige Tropfen Lemoniesaft, daß sie gerinnt, hierauf seihe sie durch einen Seiher, den Topfen gib weg, in die Molke gib etwas Kümmel und laß sie wieder kochen; inzwischen zerrühre in einem Töpfchen ein Stückel frische Butter mit zwei Dottern, mit einem Kochlöffel voll schönen Mehls und ein bischen kalten Wassers; wenn dann der Kümmel in der Molke recht eingekocht hat, so gieße etwas von der siedenden Molke auf die zerrührten Dotter, quirle es recht durch, daß es nicht gerinnt, dann vermische es mit der übrigen Molke, salze es nach Belieben zu und gieße es auf in dünne Blätter geschnittenes Brod in die Schüssel.

53. Bier-Suppe.

Laß 1 Liter Bier kochen, und während des Kochens schäume es einigemal ab; schlage in einen Topf 6 Eierdotter, gib dazu ein Stück frische Butter, einen Kochlöffel voll Mehl, 35 Gramm gestoßenen Zucker, ein bischen Muskatenblüte, etwas Lemonieschale, ein wenig Schmetten, rühre es wohl ab, salze es, gieße das kochende Bier daran, quirle es recht ab und laß es noch ganz wenig aufkochen; dann gieße die Suppe entweder über Semmelwürfel in die Suppenschüssel, oder trage sie in Kaffeeschalen auf.

54. Bier-Suppe mit Brod.

Schneide oder reibe Brod, gib es in einen Topf, dazu ein wenig Kümmel, ein bischen Salz, gieße Bier daran und laß es kochen, bis das Brod ganz zerkocht ist; hernach schlage in einen Topf einige ganze Eier, gib dazu 35 Gramm gestoßenen Zucker, 2 Deciliter guten, entweder süßen oder saueren Schmetten, ein Stück Butter, rühre es wohl ab, gieße die kochende Suppe darüber, quirle es recht ab und laß sie noch ein bischen aufkochen; dann gieße sie in die Suppenschüssel und trage sie auf. Will man die Suppe besser haben, so kann man 3 Deciliter Wein dazu gießen; oder wenn man sie säuerlich haben will, so gibt man einige Löffel guten Weinessig dazu.

55. Wein-Suppe.

Laß guten österreicher Wein mit ganzem Zimmet und ganzer Lemonieschale kochen; wie viel Seidel Wein, so vielmal 3 Dotter schlage in einen Topf, und gib dazu so viel Zucker, damit es recht süß sei (auf 3 Deciliter Wein wenigstens 30 Gramm Zucker), und ein wenig Mehl, rühre es mit ein bischen kaltem Wein wohl ab, salze es ein wenig, gieße den kochenden Wein darüber, quirle es wohl ab und laß noch einen einzigen Sud unter beständigem Quirlen darüber gehen; dann gieße die Suppe so wie die Biersuppe entweder über Semmelwürfel, oder trage sie in Kaffeeschalen auf.

Vorspeisen

Eierspeisen

56. Gefüllte Eier.

Koche 9 Eier hart, zerschneide sie in Hälften, nimm die Dotter heraus, treibe 70 Gramm Butter ab, gib die Dotter darein, treibe es recht ab, füge hiezu eine abgeriebene, in Schmetten geweichte, ausgedrückte Semmel, ein bischen grüne Petersilie, ein bischen Lemonieschale, ein bischen Muskatenblüte, salze es und fülle damit die Eier; hernach schmiere eine Schüssel mit Butter aus und lege die Eier schön zierlich hinein; was von der Fülle übrig bleibt, lege auch stückchenweise dazu, und begieße es mit dem Schmetten, worin die Semmel geweicht hat; hast du Krebsbutter, so gib auf jedes Ei ein Stückchen davon, oder bloß frische Butter, und laß es in der Röhre abdünsten.

57. Gefüllte Eier auf eine andere Art.

Backe von 10 oder 12 Eiern Omelettchen bloß auf einer Seite, laß gehackte Herrenpilze mit grüner Petersilie, Salz und Pfeffer auf Butter dünsten, dann schmiere es auf die ungebackene Seite der Omeletten, rolle jede wie Strudel zusammen, lege sie in ein mit Butter geschmiertes Reindel oder eine Schüssel, quirle einige Eier mit grüner Petersilie und Schnittling ab, salze es, gieße es über die gerollten Omelettchen und laß es in der Röhre gardünsten, bis die Eier fest werden, dann trage es auf. Wenn zufällig die Röhre nicht heiß ist, kann man auch unten und oben Glut geben, so ist es gleich fertig.

58. Gefüllte Eier mit Krebsen.

Koche die Eier hart, schneide sie in Hälften, nimm die Dotter heraus, mache auf 12 Eier ein Gerührtes von 4 Eiern, hacke es klein, gib dazu die hartgekochten Dotter, treibe ein Stückchen Krebsbutter ab, gib das Gehacke darein, dann eine abgeriebene, in Schmetten geweichte ausgedrückte Semmel, ferner kleingehackte Krebsschweifchen und Krebsscheren, ein wenig Salz, ein bischen Muskatenblüte, und treibe alles wohl ab; nun fülle damit die Eier und lege sie in eine Schüssel; was von der Fülle übrig bleibt, gib stückchenweise dazu, begieße es mit Schmetten und laß es in der Röhre ein wenig eindünsten; wenn es bald gar ist, gib auf jedes Ei ein Stückchen Krebsbutter, laß es noch ein wenig in der Röhre, dann trage es zur Tafel.

59. Gerührte Eier mit Krebsen und Spargel.

Koche 30 Krebse im Salzwasser, so auch 30 Stück Spargel; dann reinige die Krebsschweifchen, die schwarze Ader ziehe heraus, von den Schalen mache Krebsbutter; wenn der Spargel gekocht ist, schneide ihn auf erbsengroße Stückchen, und die Spargelköpfchen lege extra in zerlassene Butter, laß sie aber nicht dünsten. Für 6 Personen schlage in ein Töpfchen 10 Eier, salze sie, rühre sie ein wenig, doch nicht zu viel; gib dazu 15 kleingeschnittene Krebsschweifchen und den geschnittenen Spargel, dann gieße es in zerlassene Butter und mache davon gewöhnliche gerührte Eier, aber nicht zu fest; wenn sie fertig sind, lege sie auf einen gewärmten tiefen Teller, von den anderen 15 Krebsschweifchen und von den 30 Spargelköpfchen formire herum einen Kranz, bestreue es mit gestoßenem Pfeffer, belege es mit Krebsbutter und trage es zur Tafel. Es sieht zierlich aus und ist sehr gut. Anstatt in gewöhnlicher Butter kann man die Eier auch in Krebsbutter bereiten, so ist es noch besser.

60. Eierpfanzel mit Fisch und Schwämmen.

Koche 6 Eier hart und schneide sie dünnblätterig; dann reibe eine Semmel ab und schneide sie ebenfalls auf dünne Scheiben; hernach schlage in ein Töpfchen 3 Dotter und 1 ganzes Ei, gieße daran 2 Deciliter Schmetten, quirle es recht ab und begieße damit die Semmel, damit sie es einsauge. Nimm ein Stück Karpfen oder Schleien, löse alle Gräten aus, das Fleisch schneide in Würfel und laß es mit Butter, Salz, grüner Petersilie, ein bischen kleingeschnittener Zwiebel und entweder mit Trüffeln oder Herrenpilzen dünsten, dann würze es mit Muskatenblüte. Nun schmiere die Form, oder eine Bunzelkasserolle, oder auch Steingutschüssel mit Butter aus, bestreue sie mit Semmelbröseln, gib darein eine Lage von den geweichten Semmelscheiben, darauf eine Lage Eierblätter, dann eine Lage von dem Fischragout, hernach wieder Semmel, wieder Fisch und so fort, bis alles gar ist; eine jede Lage besprenge entweder mit Krebsbutter oder mit frischer zerlassener Butter, und oben begieße es mit dem übriggebliebenen Schmetten, worin die Semmel geweicht wurde; hat aber die Semmel alles eingesaugt, so zerquirle noch ein Ei mit etwas Schmetten, salze es ein wenig, begieße damit die Eier, bestreue es mit geriebener Semmel, besprenge es noch mit Krebsbutter und mit frischer Butter und laß es in der Röhre schön gelb backen; des Schmettens darf aber nicht so viel sein, bis er über das Pfanzel schwimmt, sondern nur so viel, damit er gerade zur Hälfte lange, sonst möchte es sich kaschartig auflösen. Zur Tafel gibt man es in dem Gefäß, worin es gebacken wurde, daher es immer ein sauberes Gefäß sein muß, entweder eine Form, oder eine Steingutschüssel, oder wenigstens eine Bunzelkasserolle; denn die Zierlichkeit trägt viel bei, die Eßlust zu reizen. Wenn gerade Krebse sind, so kann man auch die Schweifchen dazu geben und die Fischlage damit belegen, so gewinnt es an Wohlgeschmack und Zierlichkeit.

61. Eier mit Schwämmen.

Quirle einige Eier mit ein wenig Salz ab, laß auf einer Omelettenpfanne ein Stückchen Butter zergehen, gieße daran die Hälfte der Eier und backe eine Omelette auf einer Seite, dann schmiere eine Schüssel mit Butter und lege die Omelette mit der gebackenen Seite darauf; mache ein Gehacke von Hechten- oder Karpfenfleisch und von Herrenpilzen oder Champignonen, und laß es mit grüner Petersilie, Salz und Muskatenblüte auf Butter dünsten; dann schmiere damit die Omelette auf einen oder zwei Finger dick, backe eine zweite Omelette wieder auf

einer Seite, lege sie mit der ungebackenen Seite darauf und mit der gebackenen nach oben, beschmiere es mit Butter und laß es in der Röhre noch ein wenig abdünsten, dann trage es zur Tafel.

62. Eier mit süßem Schmetten.

Koche 8 Eier hart, 3 schneide auf, nimm die Dotter heraus, das Eiweiß und die übrigen 5 Eier schneide auf Nudeln. Laß auf einer Kasserolle oder einem Reindel 35 Gramm Butter heiß werden, gib darein 2 Löffel voll feines Mehl und laß es zu einer ganz wenig gelblichen Einbrenn aufschäumen, dann gieße darein so viel warmen Schmetten, damit ein dicker Koch daraus werde, und rühre es auf der Glut recht glatt ab, hernach gib es auf eine Schüssel und rühre es beständig, bis es auskühlt, dann schlage darein 2 Dotter; wenn es zu dicklich wäre, so kannst du von einem oder auch von beiden Eiweiß den Schnee beifügen, salze es und rühre die Eiernudeln behutsam, damit sie nicht zerrührt werden, darein; hernach schmiere die Schüssel, mit welcher es zur Tafel kommt, mit Butter aus, gib es darein, die drei Dotter hacke zuerst ganz klein, dann passire sie durch einen Durchschlag zierlich auf das Pfanzel und laß es in der Röhre langsam backen; nach einer halben Stunde kann es gar sein. Damit die Schüssel nicht zerspringe, kann man in die Röhre ein reines Blech mit zwei Finger hoch Salz oder Asche bestreut geben und die Schüssel darauf stellen. Sind frische kleine Morcheln, so wasche sie zuerst rein, dann dünste sie mit einem Stückchen frischer Butter und grüner Petersilie, und bestreue sie mit Pfeffer, aber nur für Freunde desselben und nur ganz wenig; von diesen Morcheln mache oben auf den Eiern einen Rand um die Schüssel und laß es dann erst backen. Auch hier können die Krebsschweifchen zum Verzieren verwendet werden.

63. Eier mit sauerem Schmetten.

Koche für 6 Personen 8 Eier hart, dann behalte auch hier 2 oder 3 Dotter zurück, und das Übrige schneide würflich; treibe beiläufig 52 Gramm frische Butter mit 4 Eidottern recht faumig ab, gib dazu einen Kaffeelöffel voll feines Mehl, treibe es recht ab, gieße darein nach und nach 3 Deciliter saueren Schmetten, wozu 2 Eßlöffel voll guten Weinessig beigefügt wurden, treibe alles recht ab, zuletzt verrühre darein die Eierwürfel und salze es; nun schmiere die Schüssel mit Butter aus, gib das Gemisch hinein, die zurückgelassenen Eierdotter zierlich über das Gemisch, besprenge es mit Butter und laß es schön gelblich ausbacken; wer den Pfeffer liebt, kann es damit bestreuen, oder den Pfeffer extra auf den Tisch geben, damit sich ein Jeder nach Belieben bediene.

64. Eier mit saueren Gurken.

Von ungefähr 8 Sardellen mache Sardellenbutter, achte jedoch darauf, damit die Butter frisch sei; koche 3 Eier hart, dann hacke die Dotter extra und das Eiweiß auch extra; hernach schlage beiläufig 10 Eier in ein Töpfchen, salze sie und mache gewöhnliche gerührte Eier; nur nicht so fest: dann richte sie auf einen warmen Teller an, bestreue sie mit dem gehackten Eiweiß, von der Sardellenbutter mache herum kleine Häufchen, bestreue sie mit den gehackten Dottern, rund um den Teller richte geschnittene sauere Gurken an und trage es auf.

65. Gebackene Eier mit Senf.

Laß auf einer kleinen Kasserolle ein Stückchen Butter heiß werden, schlage ein Ei darein und richte es gleich mit einem Blechlöffel rund herum zusammen, daß es hübsch rund bleibt, und laß es rasch backen, daß es nicht hart wird; wenn der Dotter mit dem Eiweiß schon überzogen ist, so nimm das Ei auf eine am warmen Ort gestellte Schüssel heraus, schlage in die Butter gleich ein anderes Ei, und so fahre fort, bis du so viel hast, als du brauchst, und salze jedes oben ein wenig. Die Soß mache so: Röste auf der Butter eine halb dünn geschnittene Zwiebel goldgelb, gib vier Löffel voll Senf dazu, einen Löffel Estragon- oder Weinessig, ein kleines Stückchen Zucker und laß es kochen. Wenn du es zur Tafel tragen willst, so richte die Eier auf die Schüssel an und gieße die Soß darunter.

66. Eier auf besondere Art.

Gieße in ein Reindel gleiche Theile Wasser und Essig, jenachdem wie viele Eier du haben willst, salze es ein bischen, und wenn es im Sude ist, schlage darein frische Eier eins neben dem anderen und laß sie nur eine kleine Weile kochen, damit sie wie weiche Eier wären; dann gieße den Essig ab, schneide die faserigen Ränder von den Eiern weg und auf die Eier gieße kaltes Wasser, damit sie nicht hart werden. Treibe zwei gereinigte Sardellen mit einem Stück frischer Butter ab, gib es in ein Töpfchen, schlage darein zwei Dotter, gib dazu zwei Kochlöffel voll Mehl und rühre es ab, dann füge hiezu zwei Löffel voll Essig und ebensoviel Wein, ein bischen kleingehackte grüne Petersilie, und gestoßenen Pfeffer, gieße daran gesalzenes Petersilienwasser, stelle es auf die Platte und quirle es beständig, bis es dicklich wird; es darf jedoch nicht gerinnen; dann richte die Eier auf eine Schüssel an und die Soß gieße darüber.

67. Erdäpfel mit Eiern.

Koche schöne runde kleine Erdäpfel etwas mehr als halb, dann schäle und schneide sie auf Scheiben; für 6 Personen koche 6 bis 8 Eier hart und schneide sie ebenfalls in Scheiben; hernach schmiere eine Form oder eine Bunzelkasserolle mit Butter aus, belege den Boden mit Erdäpfelscheiben, dann mit Eiern, darauf gib wieder Erdäpfel und wieder Eier und so fort, bis alles gar ist, bestreue jede Lage Eier mit gestoßenem Pfeffer und besprenge sie mit zerlassener Butter; nun salze einen süßen gekochten überkühlten Schmetten, schlage darein 2 Dotter, quirle es recht ab, gieße es über die Erdäpfel und besprenge es mit zerlassener Butter; der Schmetten darf aber nur so hoch als die Erdäpfel gehen, und nicht darüber, sonst möchte es sich breiartig zerkochen und sowohl unansehnlich als geschmacklos sein; wenn es in der Röhre schön goldgelb gebakken ist, trage es auf.

68. Omeletten mit Sardellen.

Für 5 Personen schlage in einen Topf 12 Eier, salze sie, rühre sie gehörig ab, füge hiezu kleingeschnittenen Schnittlauch oder junge grüne Zwiebel und 6 reingewaschene kleingeschnittene Sardellen, rühre alles wohl ab und backe daraus Omeletteln, jedoch nur auf einer Seite, damit sie auf der anderen schön weich bleiben (kannst allenfalls 6 machen), dann rolle sie, schneide sie in Hälften, schlichte sie zierlich auf eine Schüssel und trage sie auf. Oder, wenn die Omeletteln gebacken sind, lege das erste mit der gebackenen Seite auf einen warmen Teller, die weiche Seite bestreiche mit Fischragout, und darüber lege das zweite Omelettel mit der ungebackenen weichen Seite, darauf lege wieder das dritte Omelettel mit der gebackenen Seite und die weiche Seite bestreiche wieder mit Ragout, darüber lege das vierte wieder mit der weichen Seite, und so fahre fort, bis alle sechs aufeinander sind. Das Ragout bereite wie folgt: Laß ein Stück Karpfenfleisch oder von einer Schleie mit Butter und Salz ein wenig dünsten, dann ziehe alle Gräten heraus, zerrupfe es, lege in die Butter ein bischen geschnittenen Schnittlauch oder grüne Zwiebel, gib dazu den zerrupften Fisch und von 2 Sardellen Sardellenbutter, schlage darein 8 ganze Eier, und laß es unter beständigem Rühren nur so lange auf der Glut, bis es wie weiche gerührte Eier ist, dann streiche es, wie oben angeführt wurde, auf die Omeletteln und laß sie bis zum Auftragen an einem warmen Orte stehen. Die Eier und das Ragout müssen jedoch weniger als gewöhnlich gesalzen werden, weil Sardellen darein kommen, indem es sonst zu viel gesalzen wäre.

Pasteten

69. Mürber Teig zu Pasteten.

Gib auf das Nudelbrett 570 Gramm feines Mehl und zerwalge darin 140 Gramm frische Butter und 140 Gramm Butterschmalz, dann mache darin ein Grübchen, schlage darein drei Dotter und ein ganzes Ei, salze es ein wenig, gieße dazu einige Löffel voll Wein und einige Löffel voll Wasser, und mache davon einen recht festen Teig, knete und arbeite ihn gehörig aus, und laß ihn dann mit einer Schüssel zugedeckt eine Stunde rasten.

70. Butterteig zu Pasteten.

Nimm auf das Nudelbrett 1 Liter feines gesiebtes Mehl, schneide darein 70 Gramm frische Butter, schlage darein zwei Dotter und ein ganzes Ei, gib dazu einige Löffel voll süßen Schmetten, ein wenig Salz, mache den Teig ein und arbeite ihn recht ab, dann zerwalge und überlege ihn einigemal und laß ihn im Kühlen liegen; hierauf nimm ½ Kilo Butter, wasche sie im Wasser gut durch, arbeite sie recht ab, damit sie geschmeidig werde, lege sie auf's Nudelbrett, bestaube sie mit Mehl, zerwalge sie, formire daraus einen runden Kolatschen, dann lege sie zwischen zwei zinnerne Teller und laß sie ebenfalls an einem kühlen Orte stehen. Wenn sowohl der Teig als auch die Butter recht kalt ist, zerwalge beides gleich, lege es aufeinander, überlege es dreimal, zerwalge es und mache daraus was du willst, entweder Hascheewandeln oder andere Sachen.

71. Butterteig auf eine andere Art.

Gib auf das Nudelbrett 500 Gramm Mehl, theile es in zwei Theile, den einen größer, den andern kleiner; zu dem kleineren Theile gib 140 Gramm frische Butter und arbeite sie mittelst eines Nudelwalgers in das Mehl ein, dann mache davon einen runden Fladen, lege ihn zwischen zwei Teller und stelle ihn an einen kühlen Ort. Zu dem zweiten Theile Mehl zerwalge 70 Gramm frische Butter, mache darin ein Grübchen und mache es folgends ein: drücke den Saft von einer Lemonie in einen Becher kalten Wassers, salze es ein wenig und mache damit den Teig recht fest ein; wie viel Wasser genommen werden soll, läßt sich nicht bestimmen; hierin muß man sich richten nach dem, wie das Mehl mehr oder weniger trocken ist; arbeite den Teig wenigstens eine halbe Stunde gut durch, dann lege ihn ebenfalls zwischen zwei Teller und laß ihn an einem kalten Orte recht lange ausrasten. Wenn die Zeit kommt, zerwalge sowohl die Butter als auch den Teig in gleiche Fladen, lege sie aufeinander und zerwalge es vorsichtig recht dünn, dann überlege es von oben nach unten und von unten nach oben, hierauf von der rechten Seite zur linken und von der linken Seite zur rechten. Dieses viereckige Laibchen zerwalge dreimal auf die angeführte Art, dann lege es wieder übereinander, und laß es vor jedem Zerwalgen eine Weile ausrasten; erst nach dem vierten Zerwalgen mache aus dem Teig, was du willst. – Dieser Butterteig eignet sich besonders zu kleinen Pasteten oder zu Kränzen um die Schüssel mit eingemachtem Wildpret.

72. Kleine Pasteten von Kalbslunge.

Laß die Kalbslunge mit einer halben Zwiebel, einem Lorbeerblatt, einigen Körnern Pfeffer, einigen Körnern Neugewürz und einem Stück Ingber im Salzwasser weich kochen, dann hacke sie klein; hernach laß auf einer Kasserolle eine halbe geriebene

Semmel mit 55 Gramm Butter goldgeld bakken, gibt die gehackte Lunge darein, gieße dazu ein bischen von der Suppe, worin die Lunge gekocht hat, und ein bischen Wein, füge hiezu ein bischen kleingeschnittene Lemonieschale, drücke darein den Saft von einer halben Lemonie, und wenn es recht aufgekocht hat und dick geworden ist, so fülle damit aus dem Butterteig Rezept Nro. 71 bereitete kleine Pasteten und trage sie recht warm zur Tafel.

73. Kleine Pasteten von Briesel.

Lege zwei Kalbsbrieseln auf eine halbe Stunde in ein lauwarmes Wasser, daß sie hübsch weiß werden, dann nimm sie heraus, wasche sie ab und zerschneide sie in kleine Würfel; laß auf einem Reindel eine halbe geriebene Zwiebel mit Butter aufschäumen, gib die Brieseln dazu, etwas klein zerhackte Petersilie, etwas Salz, und laß es dünsten, wobei du öfter gute Rindsuppe zugießen mußt: hierauf gib dazu eine halbe abgeriebene, eingeweichte und ausgedrückte Semmel, drücke darein soviel Lemoniesaft, wie säuerlich du es haben willst, und wenn es eingekocht hat, zerrühre darein 4 Dotter, laß es noch ein wenig aufdünsten und fülle dann die Pastete damit.

74. Kleine Pasteten von Hirn.

Laß auf 70 Gramm Butter eine halbe zerriebene Zwiebel aufschäumen, gib dazu eine halbe geriebene Semmel, und wenn es gelb zu werden beginnt, lege darein von einem Kalbskopf ein hübsches, von allen Häutchen gereinigtes und abgewaschenes Hirn, gib dazu etwas gehackte grüne Petersilie, etwas gestoßenen Pfeffer, salze es und laß es eine Weile dünsten, hierauf verrühre dazu drei früher im Töpfchen zerquirlerte Eier, sowie auch auf Butter gedünstete und klein zerhackte Herrenpilze oder Championen, und fülle damit die Pasteten.

75. Kleine Pasteten von kaltem Kalbsbraten.

Schneide kalten Kalbsbraten oder auch Überbleibsel vom Geflügel ganz fein, röste geriebene Semmel schön goldgelb (und zwar den achten Theil; hast du nämlich 7 gehäufte Löffel voll Fleisch, so röste einen gehäuften Löffel voll Semmel); wenn sie geröstet ist, gib das gehackte Fleisch darein, vermische es wohl, gib dazu ein bischen Lemonieschale, ein wenig Neugewürz, gieße daran einen Theil Rindsuppe, einen Theil österreicher Wein, säuere es mit Lemoniesaft oder einigen Löffeln voll guten Weinessig und laß es eindünsten; dann fülle damit aus dem Butterteig Rezept Nro. 71 bereitete kleine Pasteten und trage sie warm zur Tafel.

76. Kleine Pasteten mit Haschee von Rebhühnern.

Mache einen Butterteig nach Rezept Nro. 71; wenn du ihn zum viertenmal federkieldünn zerwalgt hast, so schneide davon mit einem Krapfenrädchen kleine Scheiben aus; die Hälfte der Scheiben laß ganz, aus der anderen Hälfte steche jedoch mit einem noch kleineren Rädchen die Mittelstücke heraus; nun bestreiche die ganzen Scheiben oben mit aufgeschlagenem Ei, aber sehr vorsichtig, damit das Ei nirgends auf den Seiten herabrinne, sonst möchte es dem Gebäck im Aufgehen hinderlich sein, dann lege darauf die in der Mitte ausgestochenen Scheiben, bestreiche sie wieder vorsichtig bloß oben mit aufgeschlagenem Ei, und laß sie in gut durchgewärmter Röhre backen, denn daran ist bei diesem Gebäck sehr viel gelegen; hernach fülle die Pasteten mit folgendem Gemisch, welches schon früher bereitet sein muß: Von zwei gebratenen Rebhühnern schneide alles Fleisch ab und hacke es klein; das Andere stoße in einem messingenen Mörser mit einem Stück Selchfleisch und einer halben Zwiebel, und laß es mit einem Stück Speck auf einer Kasserolle dünsten; wenn es röthlich zu werden anfängt, so gieße die Suppe und Wein löffelweis nach und laß es zu einer dicken Soß eindünsten; hernach seihe es in ein anderes Reindel durch, gib darein das gehackte Rebhühnerfleisch, würze es ein wenig mit gestoßenem Pfeffer, füge hiezu einen kleinen Löffel voll geriebener Semmel, drücke darein von einer halben Lemonie den Saft, wenn es nöthig ist, salze es ein wenig, und rühre es gut durch; nun fülle damit, so lange es noch recht warm ist, die Pasteten und trage sie geschwind zur Tafel. – Die ausgestochenen Mittelstücke kann man ebenfalls mit aufgeschlagenem Ei bestreichen, backen und selbe dann als Deckel zu den Pasteten benützen.

77. Fasten-Pastete.

Einige Stück Karpfen und Hecht schneide in Würfel, laß auf Butter und kleingehackter grüner Petersilie einige kleingeschnittene Champignonen abdünsten, füge hiezu das geschnittene Fleisch, salze es und laß es noch zusammen dünsten; mache von 35 Gramm Butter eine blasse dünne Einbrenn, gieße daran ein bischen Fischsuppe oder Petersilienwasser Rezept Nro. 30, drücke darein den Saft von einer halben Lemonie und laß es dicklich einkochen, dann gib das gedünstete Gemisch darein, füge hiezu zwei gereinigte zerriebene Sardellen, von einer Lemonie die kleingeschnittene Schale, und im Falle du Krebsschweifchen, Spargelköpfchen oder Karfiol hast, so füge alles kleinzerlegt auch dazu, schließlich verrühre darein zwei mit ein bischen Wasser abgesprittelte Dotter, damit es recht dicklich wäre, und laß es kalt werden. Nun schmiere kleine Wandelformen mit Butter und streue sie mit geriebener Semmel aus, zerwalge Butterteig Rezept Nro. 71 oder mürben Teig Rezept Nro. 69 recht dünn, lege die Formen damit aus, dann fülle sie mit dem Gemisch, die Ränder bestreiche mit aufgeschlagenem Ei, von dem Teig mache kleine Deckeln, drücke sie an die Formenränder, bestreiche sie ebenfalls mit Ei und laß die Pasteten langsam backen; hernach richte sie zierlich auf eine Schüssel an und trage sie warm zur Tafel.

78. Kleine Pasteten von Sardellen.

Reibe eine halbe Semmel ab und weiche sie in Wein ein; laß auf einem Reindel die Hälfte von einer großen Zwiebel auf Butter aufschäumen, siehe aber zu, daß sie nicht roth wird, gib dazu die eingeweichte Semmel und laß es zu einem dicken Brei einkochen; putze gehörig 105 Gramm Sardellen und treibe sie mit 70 Gramm Butter ab, verrühre es mit dem Brei, gib dazu etwas gehackte Lemonieschale, ein bischen zu Staub zerriebenen Majoran und zerrühre darein zwei Dotter, laß es aber nicht mehr lange beim Feuer; jetzt mache eine gerade Zahl runde Kolatscherln von Butterteig nach Rezept Nro. 70 oder 71, die Hälfte davon lege auf ein reines Blech, beschmiere sie oben mit zerschlagenem Ei, gib auf jedes ein Stückchen von der Fülle, belege sie mit den andern Kolatscherln, beschmiere sie wieder behutsam nur oben mit dem Ei und laß sie in gut ausgeheizter Röhre backen.

Verschiedene Sulzen

79. Sulze von Kalbskopf und Füßeln.

Hacke den geputzten Kalbskopf mitten entzwei, nimm das Hirn heraus, den Kopf gib in einen Topf, gieße reines Wasser darauf, gib dazu einige von den Knochen abgezogene Füße und die zerhackten Knochen, und laß es halb abkochen, bis das Fleisch von den Knochen geht; dann löse das Fleisch von den großen Knochen ab, lege es in einen andern reinen Topf, seihe die Suppe daran, gib dazu Zwiebel, Knoblauch, Ingber, Neugewürz, Pfeffer, Gewürznelken, Lemonieschale, Lorbeerblatt und ein Stückchen Thymian, salze es, gieße Essig daran (wenigstens daß der dritte Theil guter Weinessig ist) und laß es ganz weich kochen; hernach nimm das Fleisch heraus, die Suppe laß noch sieden, schlage darein 2 ganze Eier sammt den Schalen und laß es wieder ein wenig kochen; dann laß ein Stück Zucker braun rösten, gib es dazu, und laß es noch aufkochen; nun seihe es durch ein Haarsieb durch, binde eine Serviette auf die vier Füße eines umgekehrten Stuhles, gieße die Sulze hinein und laß sie in ein untergestelltes Gefäß durchfiltriren. Indessen schneide das Fleisch auf kleine Würfel, dann gieße in eine Form ein bischen von der durchfiltrirten Sulze und laß sie kalt werden, darauf lege verschiedene Zierarten von Lemonieschale oder gekochtem Eiweiß, rothen Rüben u. dgl. aus, darüber gieße gemächlich wieder ein bischen von der reinen Sulze und laß sie wieder auskühlen, dann lege darauf das würflich geschnittene Fleisch, und gieße mit der reinen Sulze die Form voll; das Fleisch muß schön in die Mitte der Form gelegt werden und nicht am Rande anliegen, so erscheint alles wie hinter dem Glase; hernach laß es kalt werden. Wenn du es auftragen willst, so tunke die Form in heißes Wasser, stürze die Sulze geschwind auf eine Schüssel und laß sie wieder ganz kalt werden, dann ziere sie herum entweder mit Lemoniescheiben oder mit frischen Lemonieblättern und gib sie zur Tafel; Essig und Öl, Pfeffer und Salz gib dazu; man kann auch Kren oder Senf dazu geben. Bleibt von der reinen Sulze etwas übrig, so kann man sie zu verschiedenen Soßen gebrauchen.

80. Gesulzte Kalbschnitzeln.

Schneide von einer Kalbschulter oder, im Falle mehrere Gäste sind, vom Kalbschlegel zwei Finger breite, einen Finger lange Schnitzeln, klopfe sie, ziehe sie entweder mit länglich geschnittenem Speck oder mit geselchter Zunge durch, lege sie auf eine mit Butter ausgeschmierte Pfanne, gib dazu die Abschnitzeln vom Speck oder Schinken, was du eben hast, eine große Zwiebel, Sellerie, Petersilie, gelbe Rübe, alles geschnitten, ein Stück Ingber und einige Körner Pfeffer, salze es ein wenig, decke es gut zu und laß es dünsten, gib jedoch Acht, damit es nicht röthlich werde, und gieße öfters Rindsuppe löffelweis nach, bis die Schnitzeln weich sind; dann nimm sie heraus, reinige sie von dem Grünzeug und laß sie auskühlen. Hernach gieße in eine tiefe Schüßel beiläufig auf einen Finger hoch nach Rezept Nro. 80 zubereitete Sulze, und laß sie kalt werden, dann schlichte darauf die Schnitzeln, gieße daran wieder von der überkühlten Sulze so viel, bis die Schnitzeln ganz bedeckt sind, und laß es, wenn es möglich ist, beim Eis oder an einem kühlen Orte fest werden; hernach ziere es mit nudelförmig geschnittener Lemonieschale, Kapperln und mit Lemonieblättern (im Falle du die letzteren hast). Auf die Tafel gib dazu Essig, Öl und Pfeffer.

81. Kalbs-Fricandeau mit Aspik.

Schneide aus einem Kalbschlegel das eingerundete Stück Fleisch heraus, ziehe es immer in einer Reihe mit Speck und in der andern Reihe mit geselchter gekochter Zunge recht durch, salze es, lege es in eine mit Speckblättchen belegte Kasserolle, gib dazu ein aufgehacktes Kalbsfüßel, eine Zwiebel, Petersilie, gelbe Rübe, und eine halbe Sellerie, alles geschnitten, gieße darauf 7 Deciliter Suppe, 4 Deciliter Wein, einen Löffel Bertramessig, und laß es zugedeckt kochen, bis es weich ist; dann nimm das Fleisch heraus, lege es in eine tiefe Schüssel und laß es auskühlen; den Saft laß noch aufsieden, schlage darein ein abgespritteltes Ei sammt der Schale und laß noch einigemal den Sud darüber gehen; nun gieße es in eine reine Serviette und laß es in ein Gefäß durchfiltriren. Wenn es auskühlt, gieße es löffelweis über das Fleisch, bis das Fricandeau oben ganz glasirt und der Saft überall herum versulzt ist, und laß es dann noch recht fest werden. Auf die Tafel gib es mit Lemoniescheiben geziert.

82. Gesulztes Spanferkl.

Wenn das Ferkel abgebrüht und geputzt ist, schneide das Köpfchen ab, theile davon das Unterkinn, spalte das Köpfchen und nimm das Gehirn heraus; dann theile das Ferkel in zwei Hälften, zerschneide es in zierliche Stückchen und lege es in kaltes Wasser, damit alles Blut sich ablöse. In einen 2 Liter fassenden Topf gib 6 abgebrühte, von den Knochen abgelöste Kalbsfüßeln, salze ein wenig und laß sie hübsch weich kochen; dann ordne das Ferkel in eine große Kasserolle oder in einen Topf, seihe darauf die Suppe von den Kalbsfüßeln durch, gieße dazu 4 Deciliter österreicher Wein und 4 Deciliter guten Weinessig, gib dazu 20 Körner Neugewürz, 10 Körner Pfeffer, von einer halben Lemonie die Schale, eine auf Scheiben geschnittene Petersiliewurzel und eine gelbe Rübe, und laß es kochen, bis das Ferkel genug weich ist; hernach nimm es heraus, die Suppe seihe auf eine reine Kasserolle durch, schlage darein ein ganzes, rein abgewaschenes Ei sammt der Schale, verrühre es gut und laß es kochen; dann röste hübsch braun 20 Gramm Zucker, gib ihn darein und laß es noch kochen; nun binde eine Serviette an die vier Füße eines umgestürzten Stuhles, stelle eine große Schüssel darunter und gieße die Suppe in die Serviette, so fließt sie rein durch wie Wein. Hernach tauche eine runde Form in kaltes Wasser, gieße hinein etwas von der reinen Suppe und laß sie beim Eis kalt werden, dann lege herum einen schönen Kranz von zerschnittenen grünnen Lemonieblättern; in Ermangelung deren mache einen Kranz von Lemonieschale, oder schneide zierlich die Öhrchen, die Zunge und andere Abfälle vom Kopfe, und belege damit die Sulze; darauf gieße abermals etwa zwei Halme hoch von der abgekühlten Suppe und laß es wieder kalt werden. Nun ordne darauf die zierlich geschnittenen Stücke des Ferkels, laß aber zwischen ihnen und dem Rande der Form einen fingerbreiten Raum, und wenn die Form etwa bis auf einen Centimeter voll ist, gieße darauf von der abgekühlten Suppe so viel, biß die Form voll ist, und laß es über die Nacht entweder beim Eis oder an einem andern kühlen Orte fest werden. Wenn du es auftragen willst, tauche einige Stunden früher die Form in heißes Wasser, stürze die Sulze schnell auf eine Schüssel und laß sie wieder kalt werden; dann schmücke die Schüssel ringsherum mit grünen Lemonieblättern; oder gieße zu diesem Zwecke auf eine große Schüssel etwa zwei Halme hoch von der dünnen Sulze und laß sie kalt werden, hernach schneide daraus kleine Quadratchen, bilde davon um das Ferkel einen Kranz, belege es mit frischen Kapperln und trage es auf die Tafel.

Das ganze Spanferkel geht jedoch nicht in die Form; was übrig bleibt, kannst du in eine tiefe Schüssel anrichten und von der dünnen Sulze darauf gießen; wenn es kalt geworden ist, nimm davon nach Belieben; denn was in der Form ist, bereitet man nur für die Gäste. Im Falle von der dünnen Sulze noch etwas übrig bleibt, so zerschneide die weichgekochten Kalbsfüßeln auf kleine Stückchen, richte sie in eine Schüssel an und gieße darauf die Sulze; so verbraucht man es auch in der Häuslichkeit. Hast du aber wenig Sulze, so kannst du die Füßen backen. Eine gute Köchin darf nichts unbenützt lassen.

83. Gesulzte Schnitzeln vom Hasen.

Salze einen ganzen Hasen ein und laß ihn mit 140 Gramm in Blätter geschnittenen Speck und drei zerschnittenen Zwiebeln weich dünsten; dann schäle das Fleisch von beiden Seiten des Rückens ab und laß es auskühlen, die Schlegeln zerschneide auf Stückeln, zerstoße sie im Mörser und während des Stoßens gieße löffelweise von dem Saft zu, worin der Hase gedünstet hat, darauf drücke es durch ein Sieb aus und mische etwas geschnittene Lemonieschale dazu. Wenn das Rückenfleisch ausgekühlt ist, zerschneide es der Quere nach in gleiche dünne Blätter, ebenso schneide drei hartgesottene Eier in Scheiben und 70 Gramm Pistazien der Länge nach. Nun tauche die Form im kalten Wasser ein, gieße darein auf zwei Halme hoch Aspik und laß ihn fest werden, dann belege ihn zierlich mit den Eierscheiben und Pistazien, darauf gib eine Schichte von der Fasche, dann eine Schichte Schnitzeln, gieße wieder flüssigen ausgekühlten Aspik daran, und wenn er fest wird, belege es wieder in derselben Ordnung wie vorher, darauf begieße es wieder mit Aspik und laß es gänzlich fest werden. Wenn du es zur Tafel tragen willst, tauche die Form im kalten Wasser ein, stürze die Sulze auf eine Schüssel und laß sie wieder fest werden, dann verziere sie herum mit Lemonieblättern und auf jedes Blatt mache ein Häufchen wie ein großer Knopf von roth gefärbter Butter, es sieht dann so aus wie Rosen.

84. Gesulzter Truthahn.

Putze einen schönen Truthahn rein und weide ihn aus, breche ihm das Brustbein, binde ihn mit Spagat um, gib ihn in einen großen Topf, füge hiezu zwei gereinigte aufgehackte Kalbsfüßeln und ½ Kilo Kalbfleisch vom Halse, zwei Zwiebeln, eine gelbe Rübe, eine Petersilie und eine Sellerie, alles geschnitten, einige Körner Pfeffer und Neugewürz, ein Stück Ingber und einige Lorbeerblätter; nun gieße darauf 1⅓ Liter weißen Wein, drücke darein von 4 Lemonien den Saft, salze es, aber nicht zu viel, bedecke es mit einer gut anliegenden Stürze, verklebe es mit einem mit Wasserteig beschmierten Papier, damit der Dunst nirgends verschwinden könne, und laß es kochen. Wenn es beiläufig drei Stunden gekocht hat, so nimm den Truthahn, im Falle er gehörig weich ist, heraus, von der Brust schneide schöne dünne Schnitzeln, aus den Schenkeln ziehe die Beine heraus und das Fleisch schneide ebenfalls auf Schnitzeln, die Flügel zertheile in Glieder und den Rücken zerhacke überzwerch in kleine Stücke. Die Suppe von dem Truthahn seihe durch, schöpfe davon alles Fett ab, schlage darein 2 ganze Eier sammt den Schalen, verrühre es gut und laß es noch aufkochen; dann füge hiezu etwa 18 Gramm mit ein bischen Wasser braun gerösteten Zucker, gieße es in eine auf die vier Füße eines umgekehrten Stuhles angebundene Serviette und laß es in ein untergestelltes Gefäß durchfiltriren. Hernach richte den Truthahn in eine große Form oder in eine große tiefe Schüssel an, und zwar so, damit das weiße Fleisch wechselweise mit dem rothen gelegt werde, gieße darauf die durchgeseihte Sulze und laß es an einem kühlen Orte fest werden. Diese kostbare Speise ziere mit Austern und Lemoniescheiben.

85. Gesulzter Auerhahn.

Einen gut gereinigten und eingesalzenen Auerhahn ziehe auf der Brust reich mit Speck durch und lege ihn in ein irdenes Gefäß. Gib in einen Topf zwei Zwiebeln, eine gelbe Rübe, beides geschnitten, 20 Körner Pfeffer und 20 Körner Neugewürz, ein Stück Ingber, zwei Lorbeerblätter und ein Stück Thymian, gieße darauf 7 Deciliter Essig und 4 Deciliter Wein, laß es aufkochen und dann auskühlen; hernach gieße es auf den Auerhahn und laß ihn darin zehn Tage liegen, wende ihn aber jeden Tag um. Dann

gieße die Hälfte der Lake ab, zu dem Auerhahn gib vier gereinigte aufgehackte Kalbsfüßeln, 500 Gramm Rindfleisch und 500 Gramm Kalbfleisch, gieße dazu so viel Wasser, damit der Auerhahn ganz bedeckt wäre, und laß ihn zugedeckt so lange dünsten, bis er vollkommen weich ist; hernach nimm ihn heraus, schneide ihn auf zierliche Schnitte und richte ihn entweder in eine Form oder auf die Schüssel an. In die Suppe gieße noch 4 Deciliter Wein zu und laß es noch recht aufkochen; dann verkoste, ob es genug sauer und gesalzen ist, füge hiezu, was noch nöthig ist, seihe es durch, verrühre darein von vier Eiweiß den Schnee, laß es noch aufkochen, zuletzt gieße es in eine zu den vier Füßen eines umgekehrten Stuhles angebundene Serviette und laß es in ein untergestelltes Gefäß durchlaufen; wenn dann die Sulze auskühlt, gieße sie über den Auerhahn und laß es an einem kühlen Orte fest werden. Im Falle von der reinen Sulze etwas übrig bleibt, so kannst du selbe gut verwenden, indem du das Fleisch und die Kalbsfüßeln, welche bei dem Auerhahn mitgedünstet haben, zierlich zerschneidest, in ein Gefäß anrichtest und die Sulze darüber gießest.

86. Gesulzter Karpfen.

Schuppe und öffne den Karpfen, nimm das Bäuschel heraus, die Schuppen wirf aber nicht weg, theile den Fisch in Stücke, lege die Schuppen in den Kessel, den Fisch dazu, dann Zwiebel, Knoblauch, Lorbeerblatt, Rosmarin, Pfeffer, Neugewürz, Ingber, Gewürznelken, Lemonieschale, Salz, gieße daran einen Theil Weinessig, einen Theil Erbsenwasser (laß nämlich eine Hand voll Erbsen in 1 Liter Wasser etwa eine Stunde kochen), und laß es etwas über eine Viertelstunde kochen; hernach nimm den Fisch heraus, die Suppe laß noch kochen, schlage darein 1 oder 2 ganze Eier sammt den Schalen, rühre es recht ab, gib dazu ein Stückchen bräunlich gerösteten Zucker und laß es noch ein wenig aufkochen; nun binde eine Serviette auf die vier Füße eines umgekehrten Stuhles, gieße es darein und laß es in ein untergestelltes Gefäß durchfließen; hernach gieße ein wenig von der Sulze in eine

Form, und wenn sie kalt ist, belege sie mit zierlich geschnittener Lemonieschale oder mit hartgekochtem Eiweiß, lege den Fisch darauf schön in die Mitte, die laue Sulze gieße darüber und stelle es entweder zum Eis oder sonst an einen kalten Ort. Einige Stunden zuvor, ehe es aufgetragen wird, tunke die Form in heißes Wasser, ziehe sie schnell heraus, stürze die Sulze auf die Schüssel und laß sie wieder kalt werden, dann ziere die Schüssel entweder mit frischen Lemonie- oder sonst schönen Blättern, oder mit Lemoniescheiben, und trage es zur Tafel.

Kleine Fleischspeisen und anderes

87. Kuttelflecke.

Putze die Kuttelflecke und koche sie eine halbe Stunde ohne Salz, dann wasche sie nochmals in kaltem Wasser rein durch, gib sie in einen Topf, salze sie, gieße reines Wasser darauf und laß sie ganz weich kochen, hernach schneide sie auf Nudeln. Wenn du willst, so kannst du bei den Kuttelflecken ein Stück geselchtes Fleisch kochen lassen; dann hacke das Fleisch ganz klein, mache eine weiße Einbrenn, gib darein feingeschnittene Zwiebel, laß sie aufschäumen, wirf die geschnittenen Kuttelflecke und das gehackte Fleisch darein, gieße dazu einen verhältnismäßigen Theil Rindsuppe, füge hiezu grüne kleingehackte Petersilie und würze es mit Muskatenblüte und Ingber. Beim Anrichten mache um die Schüssel einen Kranz von gebackenen Semmelwürfeln.

88. Haschee von Kuheuter.

Nimm ein Stück weichgekochtes Kuheuter, ein Stück gekochtes oder gedünstetes Kalbfleisch, Kapperln, grüne Petersilie, Lemonieschale, hacke alles recht klein, dann gib es auf ein Reindel, dazu geriebene Semmel halb so viel als Fleisch ist, und ein Stück frische Butter, gieße darein einen Theil Rindsuppe, einen Theil Wein und einen Theil Weinessig, doch nur so viel, damit es gehörig feucht und nicht sehr suppig wäre, würze es ein bischen mit Muskatenblüte und salze es, zuletzt drücke darein den Saft von einer Lemonie und laß es aufkochen; ein Stück von dem Kuheuter schneide auf Blättchen, tunke sie zuerst in Mehl, dann in aufgeschlagene Eier, zuletzt in geriebene Semmel ein und laß sie im Schmalz schön goldgelb backen. Beim Anrichten lege es zierlich auf das Haschee. – Das gebackene Kuheuter kann man zu allen Grünspeisen als Beleg gebrauchen.

89. Eingemachtes Kuheuter.

Laß ein Kuheuter weich kochen, dann schäle die Fetthäutchen ab, das Euter schneide auf zwei Halme dicke Blättchen, tunke sie in zerlassene Butter ein, ballire sie in geriebener Semmel und laß sie in heißem Butterschmalz goldgelb backen; hernach gieße daran einen Theil Rindsuppe, einen Theil Wein und einen Theil Weinessig, gib dazu Lemonieschale und Muskatenblüte, laß es aufkochen, und wenn du es auftragen willst, so drücke noch den Saft von einer Lemonie daran.

90. Gebackenes Kuheuter.

Laß ein Kuheuter weich kochen, dann schäle die Fetthäutchen ab, das Euter schneide auf Blättchen, tunke sie in Butter, ballire sie in Semmelbröseln und brate sie auf dem Rost. Beim Auftragen kannst du Lemonieschnitte dazu geben; es ist gut wie Karbanateln.

91. Kalbsgeschlinge.

Das Kalbsgeschlinge kann auf verschiedene Art bereitet werden, und zwar: Koche das Herz und die Lunge weich, hacke es klein, gib es auf ein Reindel, gib ein Stück Butter, ein bischen geriebene Semmel, ein bischen Lemonieschale, gieße daran ein wenig Suppe und österreicher Wein und laß es aufdünsten; gesalzen wird es aber erst dann, wenn es schon halb gedünstet ist; die Leber kannst du indessen auf kleine Stücke schneiden und mit Zwiebel auf Butter dünsten lassen. Wenn du es auftragen willst, so drücke darein den Saft von einer Lemonie, würze es mit Neugewürz und Muskatenblüte, richte es in die Schüssel an und die Leber lege oben zierlich herum.

Oder: Koche die Leber auch mit, schneide dann alles in Stücke, gib es auf ein Reindel, wo früher ein bischen Zwiebel mit Butter gedünstet hat, streue darüber ein bischen Kümmel, ein bischen Lemonieschale und Neugewürz, mache eine lichtbraune Einbrenn, gieße daran die Suppe von dem Geschlinge und ein bischen Essig, quirle es ab, gieße es über das Geschlinge, laß es aufkochen und trage es zur Tafel.

92. Pfanzel vom Kalbsgekröse.

Wasche ein Kalbsgekröse zuerst recht in Salz, dann noch in einigen Wässern, und laß es weich kochen; hernach hacke es klein und gib es in eine Schüssel, worin du früher 35 Gramm frische Butter abgetrieben hast, gib dazu ein bischen kleingeschnittene Lemonieschale, ein bischen grüne Petersilie, ein Stück kleingeschnittene Zwiebel und ein bischen gestoßene Muskatenblüte, verrühre darein 6 ganze Eier und 6 Löffel voll Schmetten, salze es gehörig, zuletzt füge hiezu 2 geriebene Semmeln und mische es noch recht durch; nun gieße es in eine mit Butter ausgeschmierte, mit geriebener Semmel ausgestreute Kasserolle und laß es goldgelb backen; dann stürze das Pfanzel auf die Schüssel, zerschneide es zierlich und belege damit einen Spinat oder eine andere Grünspeise.

93. Gebratenes Kalbsgeschlinge.

Laß eine Kalbslunge sammt dem Herzen im Salzwasser weich kochen, und koche dabei auch 750 Gramm fettes Schweinfleisch, dann hacke alles so fein wie in die Würste, die Leber hacke roh wie zu Leberknödeln, gib alles auf eine Schüssel, dazu 2 im Wasser geweichte, ausgedrückte Semmeln, von einer halben Lemonie die kleingeschnittene Schale, 12 Gewürznelken, 15 Körner Neugewürz, 15 Körner Pfeffer, alles feingestoßen, ferner 6 Zehen mit Salz zerriebenen Knoblauch und einen Kaffeelöffel voll Majoran, salze es gehörig und mische alles wohl untereinander; nun schneide 70 Gramm frisches Schweinfett in Würfel, laß es auf einer Bratpfanne zergehen, und wenn die Würfel gelblich zu werden beginnen, so gib das Gehacke hinein, oben benetze es wieder mit heißem Schweinfett und laß es in einer heißen Röhre schön braun braten. Auf die Tafel gib dazu eine Schüssel mit gut bereitetem Sauerkraut. Es schmeckt wie Leberwürste, und ist in größeren Haushaltungen eine ausgiebige Speise. Bei wenigen Personen kann man von allem bloß die Hälfte nehmen, und die andere Hälfte der Lunge und Leber zu anderen Sachen, als zu Haschee, Leberknödeln und dergleichen verwenden; so kann man ein Kalbsgeschlinge vielfach benützen.

94. Kalbsgekröse mit Frikasse.

Putze früher recht im Salz ein Kalbsgekröse, dann laß es im Salzwasser recht weich kochen und hierauf zerschneide es in Stükke. In ein Töpfchen gib 3 Eierdotter, ein Stückchen Butter, einen Kaffeelöffel voll feinen Mehles, mache es mit kaltem Wein an und gib dazu kleingeschnittene Lemonieschale; in einem anderen Töpfchen koche halb Rindsuppe und halb Wein mit einer halben Zwiebel, 2 Zehen Knoblauch, 2 Lorbeerblättern, einem Stückchen Thymian, seihe es durch, quirle es mit den Eierdottern recht ab, gib dazu ein Stück Zucker und laß es unter beständigem Rühren ein bischen aufkochen, dann würze es mit Muskatenblüte und gieße es über das Gekröse. Wenn du es auftragen willst, so drücke daran den Saft von einer halben oder ganzen Lemonie, je nachdem du es sauer haben willst; so halte es auch mit dem Zucker nach Belieben.

95. Kalbsgekröse mit Schmettensoß.

Koche und schneide ein reingeputztes Kalbsgekröse so wie zuvor und gib es mit einem Stückchen Butter auf ein Reindel; dann gib in ein Töpfchen 3 Eierdotter, einen Kaffeelöffel voll Mehl, ein Stückchen Butter, zertreibe es mit 2 Löffeln voll kaltem Schmetten, gib dazu etwas kleingeschnittene Lemonieschale, würze es mit Muskatenblüte, salze es ein bischen und gib dazu ein Stückchen gestoßenen Zucker, dann gieße darein 2 Deciliter kochenden Schmetten und 1 Deciliter Rindsuppe, quirle es recht ab, gieße es über das Gekröse und laß es nur ein wenig aufwallen, aber ja nicht lange kochen, sonst rinnt es zusammen und wird unansehnlich.

96. Pfanzel von Kalbsnieren.

Vom Nierenbraten schneide die Niere weg und laß sie kalt werden, dann schneide sie klein, gib sie in einen Topf, schlage darein 5 ganze Eier, salze es, gib dazu 3 vollgehäufte Löffel geriebener Semmel, ein bischen kleingeschnittene grüne Petersilie und mische es gut durch; hernach schmiere eine Kasserolle mit Butter und streue sie mit geriebener Semmel aus, gieße das Gemisch hinein und laß es in der Röhre schön goldgelb backen; dann stürze das Pfanzel auf die Schüssel und trage es entweder als eine selbständige Speise auf, oder zerschneide es und belege damit was immer für eine Grünspeise.

97. Gefüllte Zwiebeln.

Höhle so viel weiße spanische Zwiebeln von gleicher Größe aus, als du nöthig hast, lege sie in eine mit frischer Butter ausgeschmierte Kasserolle, stelle sie in eine warme Röhre zum Durchwärmen und mache die Fülle. Schneide z.B. auf 12 Zwiebeln eine gebratene Kalbsniere und ein Stückchen Braten, so auch das Ausgehöhlte aus den Zwiebeln ganz fein; gib auf eine Kasserolle 35 Gramm frische Butter, 35 Gramm frischen, würflich geschnittenen Speck, gib die geschnittene Zwiebel dazu und laß es rösten; wenn die Zwiebel anfängt gelb zu werden, so füge hiezu 3 gehäufte Eßlöffel voll geriebener Semmel und laß alles goldgelb rösten; dann gib dazu das geschnittene Fleisch, einige Eßlöffel voll Rindsuppe, etwas Wein, 2 Eßlöffel voll guten Weinessig oder den Saft von einer Lemonie, etwas kleingeschnittene Lemonieschale, würze es ein wenig mit feingestoßenem Neugewürz und Pfeffer, und laß es dünsten, bis es die rechte Dicke hat; nun fülle damit die durchgewärmten Zwiebeln so, daß die Fülle überall hoch darüber ist, stelle sie wieder in die Röhre, und wenn die Zwiebeln anfangen von unten gelblich zu werden, so gieße etwas Wein und Rindsuppe darunter; siehe jedoch öfters nach, damit es beim Safte bleibe, bis es gar ist; hernach richte die Zwiebeln auf einen warmen Teller an, den Saft vermische mit Lemoniesaft, gieße ihn darunter, garniere die Zwiebeln herum mit geschälten gebratenen Erdäpfeln und trage sie auf gleich nach

der Suppe statt Hascheewandeln. Um den Wohlgeschmack zu erhöhen oder zu ändern, kann man gedünstete, auf dünne Blätter geschnittene frische Trüffeln, Kapperln oder Sardellen beifügen. Eine umsichtige Hausfrau oder Köchin muß ändern und beifügen, was sie gerade hat, um derlei Sachen zu verbessern.

98. Pfanzel von Kalbsleber.

Löse die Haut von der Hälfte Kalbsleber ab und laß sie etwa 1 oder 2 Stunden in Milch eingeweicht, dann wasche sie ab, schabe sie auf einem Hackbrett ab, die Adern und Fasern nimm heraus, die Leber zerhacke recht mit 25 Gramm Rindsmark und gib sie auf eine Schüssel, schlage darein 4 ganze Eier, vermische jedes recht mit der Leber, gib dazu eine abgeriebene, in guter Milch eingeweichte und ausgedrückte Semmel, etwas geschnittene grüne Petersilie, etwas Majoran, Lemonieschale und gestoßenes Neugewürz nach Belieben, salze es und mische es ordentlich durch; jetzt schmiere ein Reindel mit Butter aus, bestreue es mit geriebener Semmel, gib das Gemisch hinein und backe das Pfanzel, dann stürze es aus, schneide es in Sterne oder anders und benütze es zu einer Grünspeise.

99. Gedämpfte Kalbsleber.

Von einer schönen Kalbsleber ziehe das feine Häutchen ab und schneide auch alle Fasern unten weg; dann schneide schönen Speck, wälze ihn im Salz und feingestoßenem Pfeffer und spicke damit die Leber in vier Reihen; nun schmiere eine Kasserolle mit Butter aus, lege auf den Boden Petersilie, Sellerie, gelbe Rübe, die Abschnitzeln vom Speck, alles kleingeschnitten, dann Ingber, Pfeffer, Neugewürz, alles ungestoßen, auch einige Lorbeerblätter und ein bischen Thymian, lege die Leber darauf mit der gespickten Seite nach oben, decke es wohl zu und laß es so lange dünsten, bis das Grünzeug schön lichtbraun wird, doch darf es nicht anbrennen, dann gieße daran 3 Deciliter österreicher Wein. Auf ein anderes Reindel gib die Abschnitzeln von der Leber, ein Stückchen Kalbfleisch und eben dasselbe Grünzeug und Gewürz wie bei der Leber, so auch ein Stückchen Speck oder geselchtes Fleisch, und laß es dünsten, bis es oben braun wird, dann gieße daran einige Schöpflöffel voll guter Rindsuppe, gib dazu ein bischen braune Einbrenn und einige Löffel voll Weinessig, und laß es aufkochen, hernach seihe es zu der Leber durch und laß es noch ein wenig aufkochen; auf den eisernen Deckel lege glühende Kohlen, damit die Leber einen Glanz bekomme; dann richte dieselbe auf eine Schüssel an, gieße die durchgeseihte Soß darunter und trage sie auf. – Man kann auch in der nämlichen Kasserolle, wo die Leber dünstet, die Soß bereiten. Die Leber wird nicht gesalzen, nur der Speck.

100. Semmelschnitte mit Leberpüré.

Radire eine schöne Kalbsleber recht fein, damit darin keine Häutchen bleiben; gib auf eine Kasserolle zwei kleingeschnittene Zwiebeln und 140 Gramm Speck, ebenfalls kleingeschnitten, und laß es mit einem Stückchen Butter aufschäumen, dann lege darein die Leber und laß sie dünsten; siehe jedoch öfters nach und gieße löffelweise eine fette Suppe zu, damit es nicht anbrenne; salze es, würze es mit gestoßenem Pfeffer oder Paprika und füge hiezu ein bischen kleingeschnittene grüne Petersilie. Schneide Semmeln auf Scheiben und laß sie auf Butter goldgelb backen, dann weiche sie ein wenig mit heißer Suppe, bestreiche sie mit dem gedünsteten Leberbrei und trage sie auf.

101. Falsche Austern.

Schneide vier Kalbsbrieschen recht klein, lasse auf einem Reindel kleingeschnittene Zwiebel mit Butter aufschäumen, gib es darein und laß es dünsten. Auf einem andern Reindel laß ebenfalls eine kleingeschnittene Zwiebel mit Butter aufschäumen, jedoch so, daß sie weiß bleibt, gib dazu 3 Kochlöffel voll feinen Mehles, gieße darein beiläufig 2 Deciliter guter Milch, und rühre es so lange, bis es dicklich wird; hernach gib dazu die gedünsteten Kalbsbrieschen und 140 Gramm gereinigter, mit 35 Gramm Butter gut zerriebener Sardellen, und mische alles gehörig durcheinander. Nun reinigė eine nöthige Anzahl Austerschalen, in eine jede gib ein Häufchen von dem Gemisch, bestreue sie mit geriebener Semmel und besprenge sie mit zerlassener Butter, dann ordne sie auf eine Schüssel, stelle sie in die Röhre und laß sie darin beiläufig zehn Minuten, bis sie durchgewärmt sind, hernach belege sie mit Lemonienscheiben und trage sie zur Tafel.

102. Faschirte Semmeln.

Nimm so viel ganz kleine Semmeln, als du nöthig hast, reibe die Rinde ab, schneide oben einen Deckel aus und nimm die Krume vorsichtig heraus, hernach benetze die Semmeln und die Deckel mit Schmetten, doch nicht zu viel, damit sie nicht zerfallen, backe sie in heißem Butterschmalz und laß sie dann auf einem lauwarmen Orte stehen. Hacke 2 oder 3 Hühnerbrüstel mit einem Stück Rindsmark fein, nimm die Adern heraus, gib dazu 2 gerührte Eier, den vierten Theil einer abgeriebenen, im Wasser geweichten ausgedrückten Semmel, ein bischen Muskatenblüte, ein bischen Salz, und hacke alles recht fein oder stoße es im Mörser; dann mache daraus ganz kleine Knöderln, höchstens so groß wie die kleinsten Haselnüsse, und koche sie in der Rindsuppe.

Sodann schneide jungen Spargel (und Morcheln) auf kleine Stückchen und koche beides in der Suppe, worin die Knöderln gekocht haben; die Suppe brenne mit weißer Einbrenn ein und würze sie mit Muskatenblüte. Hernach schneide ein Kalbsbriesel ganz klein, so auch Krebsschweifeln, gib beides auf ein Reindel, dazu die Knöderln, den Spargel (und die Morcheln), seihe darauf einen Theil von der eingebrennten Suppe, laß es ein wenig aufkochen, mische alles wohl untereinander und gib dazu ein bischen Krebsbutter. Nun stelle die Semmeln in eine tiefe Schüssel, fülle sie mit dem Gemisch, decke die gebackenen Deckel darüber, gieße ein bischen von der Soß unter, stelle es auf eine Weile an einen warmen Ort und trage es zur Tafel. Lange darf es nicht stehen, sonst möchten die Semmeln zerfallen. – Man kann auch statt Spargel Karfiol, statt Kalbsbriesel Hühnermägen und Leber nehmen.

103. Gedämpfte Kalbsbrieseln.

Gib in eine Kasserolle ein Stück geschnittenen Speck und eine in Scheiben geschnittene Zwiebel, lege darauf gut gereinigte Brieseln, salze sie und laß sie auf beiden Seiten dünsten, dann nimm sie heraus, zerschneide sie in Stückeln, rühre in den Saft etwa einen Kochlöffel voll Mehl, etwas Rindsuppe, etwas Lemoniesaft ein, die Brieseln lege wieder hinein, gib dazu noch etwas zerhackte grüne Petersilie und laß es aufkochen.

104. Kalbsherz und Briesel.

Putze das Kalbsherz und Briesel ab und laß beides im Salzwasser weich kochen, dann zerschneide es zierlich und lege es in eine Kasserolle; gib in ein Töpfchen 3 Dotter, ein Stückchen frische Butter, 2 Kaffeelöffel voll Mehl, etwas Muskatenblüte, etwas kleingeschnittene Lemonieschale, ein bischen Zukker, und zerrühre es mit 2 Deciliter Wein, dann seihe es durch, gieße dazu etwas von der siedenden Suppe, worin das Herz und Briesel gekocht haben, quirle es ab, gieße in die Kasserolle auf das geschnittene Fleisch, und laß es nur ein wenig aufdünsten, dann gib es auf die Schüssel und trage es zur Tafel.

105. Gebackene Kalbsohren mit Briesel.

Gib auf ein Reindel ein Stück Butter, kleingeschnittene Zwiebel und grüne Petersilie, eine halbe Sellerie, eine gelbe Rübe und eine Petersilienwurzel, auch alles klein geschnitten, lege darauf 4 Kalbsohren und 2 Briesel, salze es, gieße darauf etwa 2 Deciliter Wasser, decke es zu und laß es kochen; sollte es einkochen, gieße etwas Suppe zu; dann nimm die Brieseln heraus, denn diese werden eher weich als die Ohren, und laß es noch kochen; wenn dann die Ohren auch genug weich sind, zerschneide die Brieseln auf kleine Würfel und die Ohren auf Nudeln. Gib auf ein Reindel eine abgeriebene, in Milch eingeweichte Semmel und laß sie auf der Platte zu einem dicken Brei einkochen, dann mische hinein die geschnittenen Ohren und Brieseln und laß es auskühlen; jetzt schlage darein 4 Dotter, würze es etwas mit Muskatenblüte, gib dazu einen Löffel voll Saft, worin die Ohren und Brieseln gekocht waren, und zuletzt mische darein den Schnee von 2 Eiweiß. Befeuchte gewöhnliche Oblaten mit abgeschlagenem Eiweiß, auf jede Oblate gib einen Löffel voll von diesem Gemisch, wickle es ein und die Enden drücke zusammen, damit die Fülle nicht herauslaufen könnte, die Rollen tunke im aufgeschlagenen Ei ein, ballire sie in geriebener Semmel ein, lege sie gleich in heißes Schmalz und lasse sie goldgelb bakken. – Man kann sie zu jeder Grünspeise benützen.

106. Ragout von Kalbslunge und Herz.

Reinige die Kalbslunge und das Herz von allen Häutchen, wasche beides gut ab und laß es im Salzwasser ungefähr eine halbe Stunde kochen, hernach schneide das Herz in dünne Blätter und die Lunge in kleine Würfel. Laß auf einer Kasserolle eine halbe kleingeschnittene Zwiebel und zwei Schalotten mit einem Stück Butter aufschäumen, lege das geschnittene Fleisch darein, füge hiezu ein bischen kleingeschnittene grüne Petersilie, ein Lorbeerblatt, ein bischen kleingeschnittene Lemonieschale, würze es ein wenig mit Muskatenblüte, salze es und laß es weich dünsten, wobei du wechselweise 2 Deciliter Wein und 2 Deciliter Suppe nachgießen mußt. Hierauf mache von 35 Gramm Butter eine bräunliche Einbrenn und brenne damit den eingedünsteten Saft ein, füge hiezu 35 Gramm Kapperln und laß es noch aufdünsten; dann richte es auf die Schüssel an und mache herum einen Kranz von goldgelb gebackenen Semmelwürfeln.

107. Kalbshirn.

Laß ein Kalbshirn in kaltem Wasser eine Weile stehen, bis es weiß wird, dann gieße darauf heißes Wasser, häutle es gut ab und lege es in ein Reindel, dessen Boden mit Zwiebelscheiben und dünnen Speckschnitten belegt ist, füge hiezu einige Pfefferkörner, salze es ein wenig, decke es zu und laß es dünsten; mitunter mußt du jedoch ein bischen Rindsuppe nachgießen, damit sich das Hirn nicht anlege; hierauf nimm es ganz heraus und lege es in eine mit Butter ausgeschmierte Schüssel. Laß auf einem Reindel ein Stückchen Butter zergehen, rühre hinein beiläufig drei Kochlöffel voll feinen Mehles und viel siedender Milch, bis sich daraus eine dickliche Soß bildet, und rühre sie fortwährend, bis sie sich zieht und glänzet, dann gieße sie in ein Töpfchen, zerquirle darein 2 frische Dotter und begieße damit das Hirn überall gleich, bestreue es mit gerösteter Semmel, besprenge es noch mit zerlassener Butter und stelle es in die Röhre; wenn es eine gehörige Farbe bekommt, gieße darunter ein bischen Suppensulze und trage es auf.

108. Kalbshirn auf eine andere Art.

Reinige das Hirn wie vorhin von allen Häutchen und lege es in kaltes Wasser. Auf ein Reindel gib ein Stückchen Butter, dünngeschnittene Zwiebel, Petersilie, einige Pfefferkörner, 2 Gewürznelken, und laß es dünsten, wobei du immer in einer Weile ein bischen Rindsuppe nachgießen mußt; wenn es recht zerkocht ist, seihe es auf ein anderes Reindel durch, lege das Hirn darein, salze es und laß es beiläufig eine Viertel Stunde kochen; hierauf nimm das Hirn ganz heraus, lege es in die Schüssel, mache herum einen Kranz vom gekochten zerlegten Karfiol, Krebsschweifchen und Krebsscheren, und im Falle du selbe nicht hast, also von goldgelb gebackener, halbmondförmig geschnittener Semmel, den Saft verdicke mit ein bischen Mehl, drücke darein etwas Lemoniesaft, gieße es über das Hirn und trage es zur Tafel. Hast du zufällig Trüffeln, so reinige sie, schneide sie auf dünne Scheiben und laß sie auf einem Stück Butter mit drei Schalotten (kleine weiße Zwiebel) und grüner Petersilie, beides kleingeschnitten, ferner mit einigen Löffeln voll guter Rindsuppe und einem Gläschen Wein abdünsten, dann brenne sie mit ganz weißer Buttereinbrenn dicklich ein und füge sie dem oben erwähnten Safte bei. Dadurch wird der Wohlgeschmack dieser Assiette sehr befördert.

109. Kalbshirn mit Majonesensoß.

Reinige das Hirn wie vorher, gib es in siedendes gesalzenes Wasser und lasse es beiläufig eine Viertel Stunde kochen, dann lege es in die Schüssel und bestreue es mit geschnittenem Schnittling.

Die Soß hiezu mache folgends: Zwei frische und zwei hartgekochte, durch ein Sieb durchpassirte Dotter treibe mit frischem Olivenöl so lange ab, bis es dicklich wird, dann gib dazu 4 Löffel voll französischen Senf, ein bischen Essig, Salz und Pfeffer, mische es noch gut durcheinander, hernach gieße es in eine Sauciere und trage es zugleich mit dem Hirn zur Tafel. Daß die Soß bereits fertig sein muß, bevor das Hirn gargekocht ist, versteht sich von selbst.

110. Falsche Muscheln.

Laß auf einem Reindel ein Stück Butter zergehen und gib darein so viel feinen Mehles, damit sich eine dünne Einbrenn bilde; hierauf gieße hinein gleich so viel guter Milch, damit daraus ein dicklicher Brei werde, dann rühre darein 2 Dotter und von 2 Eiweiß den Schnee. Laß auf kleingeschnittener Zwiebel ein Hirn abdünsten, hacke ein Stück kalten Kalbsbraten und zwei harte Eier recht klein, und vermische beides mit dem Hirn. Zerreibe 3 oder 4 gereinigte Sardellen und laß sie mit 18 Gramm Kapperln in Wein recht durchkochen. Nun schmiere rein gewaschene Muschelschalen mit frischer Butter aus, in eine jede gib zuerst ein Stückchen von dem Brei, darauf ein Stückchen von dem Fleisch- und Eiergemisch, besprenge es mit dem Wein, worin die Sardellen gekocht haben, obenauf gib wieder ein Stückchen Brei, bestreue es mit geriebener Semmel und besprenge es mit frischer Butter; hernach gib die Muscheln auf ein Blech und stelle sie auf eine Weile in die Röhre, dann ordne sie auf eine Schüssel und trage sie zur Tafel.

111. Gewinde mit Fasch.

Mache wie vorhin aus 2 Deciliter Schmetten einen dicklichen Brei und laß ihn auskühlen. Gib auf ein Reindel ein Stück Butter und kleingeschnittene Zwiebel, lege darauf ein Stück Kalbfleisch und laß es weich dünsten; dann schneide das Fleisch recht klein, so auch vier hartgekochte Eier und drei gereinigte Sardellen, und vermische alles mit dem ausgekühlten Brei; nun schneide aus Oblaten viereckige Stücke, auf ein jedes gib ein Stückchen von dem Gemisch, rolle sie ein, tunke sie zuerst im aufgeschlagenen Ei, dann ballire sie in geriebener Semmel und laß sie entweder im Butter- oder Schweineschmalz schön goldgelb backen; hernach ordne die Gewinde auf eine Schüssel, ziere sie mit Lemoniescheiben und grüner Petersilie, und trage sie zur Tafel.

112. Kalbschnitzeln mit Sardellen.

Schneide von kaltem Kalbschlegel recht dünne Schnitzeln; für 6 Personen treibe 105 Gramm Sardellen mit 105 Gramm Butter ab, gib dazu ein bischen Majoran, beiläufig zwei Zehen mit Salz zerriebenen Knoblauch, und rühre darein eine halbe geriebene Semmel; nun bestreiche jeden Schnitzel mit dem Gemisch recht dick, schmiere eine Schüssel mit Sardellenbutter aus, ordne die Schnitzeln hinein, und im Falle von dem Gemisch etwas übrig geblieben ist, so verdünne es mit ein bischen Suppe, gieße es über die Schnitzeln, stelle sie auf eine Weile in die Röhre und dann trage sie auf.

113. Kalbschlegel mit Majonesensoß.

Der Schlegel wird gut abgehäutelt, aufgeschnitten und der große Knochen herausgenommen, in ein Tuch gewickelt und mit der Nudelwalke so lange geschlagen, bis er weich ist, dann nimmt man das Fleisch aus dem Tuche, salzt es, bindet es zu einer Wurst und gibt es in eine andere Serviette, rollt es hübsch zusammen, bindet es von beiden Enden fest und rollt Spagat um die ganze Wurst, dann gibt man es 1½ Stunden in eine Kasserolle kochen, gibt die Hälfte Wasser, die Hälfte Essig darauf. – 280 Gramm Sardellen werden geputzt, mit dem Saft von einer Lemonie im Mörser gut gestoßen, dann auf eine Schüssel passirt, abgetrieben, langsam 280 Gramm Öl und von 3 Lemonie der Saft eingerührt. Dann wird die Wurst auf Blättchen zerschnitten, jedes in der Majonese eingetunkt und in einen Topf gelegt, wo es wenigstens 8 Stunden liegen muß. Dieses dient als Vorspeise am besten.

114. Hirnwürste.

Wasche zwei Kalbs- oder Schwein-Gehirne ab, löse davon alle Fasern ab und zerhacke die Gehirne, gib es auf eine Schüssel, füge dazu eine abgeriebene, in Milch eingeweichte und ausgedrückte Semmel, laß 70 Gramm zerschnittenes Schweinefett zergehen, und wenn es auskühlt, gib es auch zu dem Gehirn, salze es gehörig, gib dazu noch 35 Gramm geschälte, kleinzerhackte Mandeln, kleingeschnittene Schale von einer halben Lemonie, etwas Muskatenblüte und rühre es gut durch, dann fülle es mittelst einer Spritze in reingeputzte Schöpsendärmer. Diese in Fett gebratenen Würsteln eignen sich vortrefflich besonders zum Spinat.

115. Gerollte Erdäpfelkuchen mit Selchfleisch.

Zerreibe 6 gekochte ausgekühlte Erdäpfel, schlage darein zwei ganze Eier, salze es und verrühre darein so viel Mehl, damit daraus ein zwar gelinder aber doch fester Teig werde. Koche 280 Gramm Selchfleisch ohne Fett, dann hacke es klein und gib es in eine Kasserolle auf eine kleingeschnittene, mit Butter goldgelb geröstete Zwiebel, füge hiezu ein bischen kleingeschnittene grüne Petersilie und mische es gut durch. Nun mache von dem Teig gleiche erdäpfelgroße Kügelchen, zerwalge sie dünn, gib auf ein jedes Stück ein Häufchen des Gehackes, dann rolle sie wie Strudel zusammen, lege sie auf eine mit Butter ausgeschmierte Kasserolle oder Pfanne, beschmiere sie auf den Seiten recht mit Butter, damit sie beim Herausnehmen nicht aneinander kleben bleiben, gieße ein bischen gute Milch darunter, zuletzt beschmiere sie auch oben mit zerlassener Butter und laß sie in der Röhre goldgelb backen.

116. Nieren auf eine andere Art.

Schneide Schweins-Nieren dünnblättrig, einstweilen laß auf einer Kasserolle Butter oder frisches Schweinsfett mit feingehackter Zwiebel gelb werden, laß die Nieren 1 Stunde darauf dünsten, gebe recht viel Paprika und Kümmel dazu, gieße gute Suppe nach, daß der Saft nicht auskocht, sind sie genug weich, staube sie mit Mehl ein, salze sie zuletzt, gieße Suppe nach, daß sich eine dickliche Sauce bildet, laß es aufkochen. Auf diese Art sind sie sicherer weich zu machen.

117. Ragout von Hasen und Sardellen.

Das Fleisch von dem Vorderhasen schneide in kleine Stücke, gib auf ein Reindel ein Stück Butter, kleingeschnittene Zwiebel und zwei Schalotten, gestoßenes Lorbeerblatt, Thymian und Pfeffer, lege das Fleisch darauf, salze es ein wenig und laß es dünsten; die Beine von dem Hasen stoße im Mörser und laß mit Zwiebel und einem Stück Thymian kochen; den Absud davon benütze dann zum Nachgießen des Fleisches, wenn es während des Dünstens auszutrocknen beginnt. Wenn das Fleisch genug weich ist, füge hiezu zwei Löffel voll geriebener gebakkener Semmel, zwei ein wenig ausgewässerte geschnittene Sardellen, 35 Gramm Kapperln, ein bischen kleingeschnittene Lemonieschale, einige Löffel voll Wein, und laß es noch aufkochen.

118. Karbanateln vom Hasen.

Wenn der Hase abgezogen und abgehäutelt ist, so schneide alles Fleisch ab, löse alle Fasern heraus, wasche es rein und hacke es fein. Zum Fleisch von einem ganzen Hasenrücken gib 70 Gramm Sardellen und 70 Gramm Kapperln, beides feingeschnitten, salze und mische es recht untereinander, dann formire daraus thalergroße, auf einen Finger dicke Karbanateln; hernach schmiere eine große flache Kasserolle mit Butter aus, lege darauf die Karbanateln eines neben dem andern, bestreue sie mit geschnittenem Schnittling, Kapperln und entweder mit frischen oder trockenen Trüffeln, oder auch mit getrockneten Herrenpilzen, und laß sie dünsten, kehre sie jedoch öfters um, bis sie auf beiden Seiten schön bräunlich sind, dann gieße einige Löffel voll Wein unter und laß es noch dünsten, bis die Karbanateln den Wein eingesaugt haben; nun lege sie auf eine andere Kasserolle, in den Saft streue einen Löffel voll feinen Mehles und laß es bräunlich eintrocknen, dann gieße daran 2 Deciliter österreicher Wein und 2 Deciliter gute Rindsuppe, und laß es zu einer gehörigen Soß aufkochen; ist es zu dick, so kannst du Suppe und Wein zugießen; hernach seihe es auf die Karbanateln durch und laß es noch einmal aufsieden; dann richte die Karbanateln auf eine Schüssel an, die Soß gieße darüber, bestreue es mit goldgelb gerösteten Semmelwürfeln und die Schüssel ziere mit halbmondförmig geschnittenen Lemoniescheiben. In einer Haushaltung wird nicht der hintere, sondern der vordere Theil von einem Hasen zu diesen Karbanateln benützt; für 3 bis 4 Personen reicht hiezu das Fleisch von einem Hasenvordertheile: in diesem Falle nimmt man aber weniger Kapperln und Sardellen. Von zwei Vorderhasen kann man eine gehörige Schüssel solcher

Karbanateln herstellen. Ebenso werden die Karbanateln von Wildpret gemacht, nur daß man immer das zärtere Fleisch dazu wählen und alle Fasern herauslösen muß.

119. Kalter Kapaun oder Truthahn in der Soß.

Gib auf eine Kasserolle 140 Gramm frisches Provenzer Öl mit 105 Gramm gut gereinigten Sardellen und stelle es auf die heiße Platte; wenn es recht durchgewärmt ist, nimm es von der Platte weg und zerreibe die Sardellen mit einem Blechlöffel, so zergehen sie; dann hacke zusammen ein bischen grüne Petersilie, zwei Schalotten, eine Zehe Knoblauch und 35 Gramm Kapperln, gib es in das Öl und laß es abermals durchwärmen, aber ja nicht kochen, sonst verliert es die Farbe, gieße dazu 2 Löffel voll Estragon-Essig und drücke darein von 2 Lemonien den Saft, laß es noch eine Weile auf der Platte stehen, und die Soß ist fertig. Ein schöner, in Salzwasser oder in Rindsuppe gekochter Kapaun oder Truthahn wird auf die Schüssel gelegt, so lange er noch heiß ist, mit der Soß begossen und mit einer Stürze bedeckt; er muß jedoch einigemal in der Soß umgewendet werden, damit der Geschmack von allen Seiten sich hineinziehe; wenn er auskühlt, schneide ihn zierlich und die Soß gieße darüber.

120. Blutwürsteln von Gänseblut.

Fange das Gänseblut in einen Topf auf und quirle es mit dem Kochlöffel, daß es sich nicht setzt; zerhacke ein Stück fettes Schweinfleisch und gib es mit dem Blut auf eine Schüssel, füge dazu eine halbe abgeriebene, in Milch eingeweichte ausgedrückte Semmel, ein Stück kleingeschnittenes zerlassenes Schweinefett, würze es nach Belieben mit Neugewürz, Pfeffer und Gewürznelken, salze es, mische es recht durch und fülle es in reine Lammsdärmer, worauf die Blutwürsteln zuerst gekocht und dann gebacken werden. Kannst sie entweder auf das Kraut oder Kohl geben.

121. Gänseklein (junge Gans) mit Knöderln.

Das gut gereinigte Gänseklein laß mit demselben Grünzeug, welches man gewöhnlich zum Rindfleisch gibt, weich kochen; die Leber aber hacke roh zu einem Brei, sondere davon alle Äderchen aus, treibe auf einer Schüssel 70 Gramm Butter ab, gib die Leber hinein, schlage darein 2 ganze Eier und 2 Dotter, gib dazu 6 Löffel gute Milch, ein bischen kleingeschnittene Lemonieschale, salze es und verrühre darein soviel geriebene Semmel, damit es weder zu dick noch zu dünn wäre; hernach mache davon kleine runde Knöderln und lege sie auf ein Brett, mache von 70 Gramm Butter eine blaße Einbrenn, die Suppe von dem Gänseklein seihe durch und laß sie abklären, dann gieße sie nach und nach auf die Einbrenn und verrühre es gehörig, damit daraus eine glatte Soß werde. Nun wasche das Gänseklein in kaltem Wasser ab, hacke es in zierliche Stücke, den Magen und das Herz zerschneide in einige Theile, gib alles sammt der Soß auf eine Kasserolle und laß es aufkochen. Wenn die Zeit kommt, so koche die Knöderln in Salzwasser ein, laß sie aber nicht lange kochen; dann richte es auf eine Schüssel an, das Fleisch in die Mitte und die Knöderln herum.

122. Gänseklein (junge Gans) mit Nudeln.

Koche das Gänseklein wie vorhin und mache von 2 Eiern kleine Nudeln. Wenn das Gänseklein genug weich ist, seihe die Suppe ab und laß sie abstehen, dann gieße sie in eine Kasserolle, laß sie kochen, und wenn sie im Sud ist, koche die Nudeln in die Suppe ein, das Gänseklein zierlich geschnitten laß auf einem Ort in Bereitschaft stehen, dann gib es auf die Schüssel und die gekochten Nudeln darauf. Auch eine Henne weich gekocht und auf diese Art zubereitet bietet eine sehr schmackhafte Speise dar.

123. Gedämpfte Gansleber.

Sobald du die Leber aus der Gans herausnimmst und von der Galle gereinigt hast, lege sie gleich in die Milch und laß sie darin 25 Stunden weichen; dadurch wird sie hübsch weiß und lauft auf; dann ziehe davon das Häutchen ab, lege sie auf ein Reindel, worauf du früher eine Zwiebel mit Butter hast aufschäumen lassen, und laß sie zugedeckt bei gelindem Feuer dünsten; du mußt umwenden und öfter löffelweis Rindsuppe zugießen, daß sie immerwährend in hinlänglichem Saft wäre; wenn sie genug ist, salze sie, bestreue sie etwas mit gestoßenem weißem Pfeffer, gib sie auf eine Schüssel und gieße darauf den Saft, worin sie gedünstet war.

124. Semmelschnitte mit Leberpüré auf eine andere Art.

Schneide abgeriebene Semmeln in dünne Scheiben, bestreiche sie mit frischer Butter, ordne sie auf einen mit frischer Butter bestrichenen Teller, stelle sie in eine warme Röhre und laß sie ein wenig abrösten. Nimm die Brust von einem gebratenen Fasan oder von 2 Rebhühnern und schneide sie recht fein; in eine Kasserolle gib etwa 35 Gramm Butter, 35 Gramm feingeschnittenen Speck, einen Eßlöffel voll geriebener Semmel und laß es schön goldgelb rösten; hernach gib dazu das kleingeschnittene Fleisch, so auch 2 oder 3 radirte und feingehackte Rebhühner- oder Fasanenlebern (in Ermangelung deren kannst du ein Stück Gans- oder Kapaunerleber nehmen), gieße darauf einige Löffel voll guter fetter Rindsuppe und laß es dünsten, dann würze es mit gestoßenem Pfeffer, füge etwas feingeschnittene, goldbraun geröstete Zwiebel bei und salze es so viel als nöthig; nun bestreiche damit die abgerösteten Semmeln, besprenge sie mit zerlassener frischer Butter und laß sie noch schnell in einer heißen Röhre durchwärmen; dann trage sie entweder mit Lemonievierteln oder ohne dieselben sogleich nach der Suppe auf die Tafel.

125. Kalte Schnitzeln von verschiedenen Überbleibseln.

Wenn nach einer Gasterei gebratene Hühner oder Kapaunen, auch Rehbraten oder ein anderer Wildpretbraten übrig bleibt, und auch einige Gäste, die man eben gut bewirthen wollte, noch zurückbleiben, so können diese Überbleibsel anstatt einer Sulze unter den kalten Speisen auf folgende Art zubereitet werden: Schneide die Hühner wie auch das übrige Fleisch auf kleine Schnitzeln, und zwar so, daß aus einer halben Hühnerbrust etwa 10 bis 12 Stückchen sind, und richte die sämmtlichen Schnitzeln nach der Menge entweder auf einen Teller oder in die Schüssel an; hernach zerreibe zwei Borsdorfer Äpfel, gib sie sogleich in ein Gefäß und drücke darauf von einer halben Lemonie den Saft, damit sie nicht schwarz werden, dann hacke klein einige Estragonblätter, 4 Schalotten, 18 Gramm Kapperln und 4 gereinigte Sardellen, zuletzt stoße in einem messingenen Mörser zwei hartgekochte Eierdotter, und treibe sie mit zwei Löffeln voll französischen Senf und mit einigen Löffeln Weinessig ab; nun vermenge alle diese Sachen zu einer dicklichen Soß, begieße damit die Schnitzeln und ziere sie mit kleiwürflich gehacktem Aspik.

126. Semmelschnitte mit Sardellen und Eiern.

Reibe die Rinde von den Semmeln ab, schneide sie in dünne Scheiben, bestreiche sie mit frischer Butter, ordne sie auf einen mit Butter bestrichenen Teller, belege sie mit weich gerührten Eiern, auf eine jede Scheibe lege eine in zwei Hälften getheilte reingeputzte Sardelle, bestreue sie zuerst ein wenig mit gestoßenem Pfeffer, dann mit geriebener Semmelrinde, besprenge sie mit zerlassener frischer Butter, stelle sie in eine heiße Röhre, laß sie schnell durchwärmen und gib sie auf die Tafel.

127. Wels marinirt.

Brate Welsschnitzeln, wie unter Rezept Nro. 152 angeführt ist, und laß sie kalt werden. Gib auf eine Kasserolle zwei in Scheiben geschnittene Zwiebeln, zwei geschnittene Schalotten, 20 Körner Pfeffer, zwei Gewürznelken, ein Stück Ingber, zwei Lorbeerblätter, ein Stückchen Thymian, von einer halben Lemonie die geschnittene Schale, 35 Gramm Kapperln, ein bischen Salz, gieße daran 4 Deciliter guten Weinessig und 3 Deciliter Wasser, und laß es aufkochen; hernach lege die Welsschnitzeln darein, und wenn sie nicht ganz untertaucht wären, so gieße noch Essig zu, binde das Gefäß um und stelle es an einen kühlen Ort. Auf diese Art zubereiteter Wels hält lange aus.

Fische, Schalentiere und ähnliches

128. Barsche auf eine leichte Art.

Reibe die Schuppen von den getödteten Barschen auf dem Reibeisen ab, dann öffne die Fische und wasche sie rein aus. Gieße Wasser in eine Kasserolle, gib darein recht viel Salz, etwa acht Zehen kleingehackten oder mit Salz zerriebenen Knoblauch, und laß es ungefähr eine Viertelstunde kochen, dann lege die Barsche darein und laß sie wieder beiläufig eine Viertelstunde kochen; nimm sie heraus, laß sie gut abtrocknen, richte sie auf die Schüssel an, bestreue sie mit geriebener Semmel und begieße sie mit heißer Butter. Sie sind sehr gut.

129. Barsche mit Soß.

Gieße in ein Reindel einen Theil Brunnenwasser und einen Theil Essig, gib dazu eine in Scheiben geschnittene Zwiebel, zwei Lorbeerblätter, ein Stückchen Thymian, einige Körner Pfeffer und Neugewürz, ein Stück Ingber, zwei Gewürznelken, salze es und laß es eine Viertelstunde kochen; hernach lege darein auf dem Reibeisen abgeriebene, gut gereinigte Barsche und laß sie eine Weile kochen, dann nimm sie heraus, die Suppe seihe durch und stelle sie wieder zum Feuer. Verrühre in einem Töpfchen ein Stück frische Butter mit zwei gereinigten, im Mörser gestoßenen Sardellen, füge hiezu eine halbe abgeriebene, im Wein geweichte Semmel, ein bischen kleingeschnittene Lemonieschale und ein bischen Mehl, verrühre es, sprudle es mit der Suppe, worin die Barsche gekocht haben, ab, und laß es ein bischen aufkochen; dann richte die Barsche auf die Schüssel an, gieße die Soß darüber und um die Schüssel lege Lemoniescheiben.

130. Karbanatel oder Würstel von Karpfen.

Schuppe und öffne einen Karpfen, schneide den Kopf ab, das Fleisch löse von der Haut ab, ziehe die Gräten heraus, hacke das Fleisch ganz klein, gib dazu einige Zehen Knoblauch, Majoran, Lemonieschale, grüne Petersilie, Muskatenblüte, 4 oder 5 gerührte Eier, hacke alles recht zusammen, salze es, treibe ein Stückchen Butter ab, gib dazu eine abgeriebene, im Wasser geweichte, gut ausgedrückte Semmel, dann das Gehacke, treibe es recht ab und mache daraus entweder Würstel oder Karbanatel; in die Karbanatel gib statt des Beinchens Petersilienschnittchen, tunke die Würstel oder Karbanatel zuerst in aufgeschlagene Eier, dann in geriebene Semmel, und backe sie schön goldgelb in heißem Butterschmalz. Diese Speise kann man entweder so trocken auf den Tisch geben, und Lemonieviertel dazu, oder man kann sie zur Belegung verschiedener Grünspeisen gebrauchen; oder lege die Hautabschnitzeln und den Kopf von den Karpfen in ein Reindel oder eine Kasserolle, gib dazu Zwiebel, Thymian, Lemonieschale, einige

Körner Pfeffer und Neugewürz, ein Stückchen Ingber, ein Stück Butter, einige Löffel voll Wasser und laß es auf gelinder Glut schön bräunlich dünsten, dann gieße daran Petersilienwasser Rezept Nro. 30, ein wenig österreicher Wein und ein bischen Weinessig, laß es aufkochen, brenne es ein wenig mit brauner Einbrenn ein, seihe es durch, gib dazu ein Stück bräunlich gerösteten Zucker, kleingeschnittene Lemonieschale, und laß es noch ein wenig aufkochen; hernach lege die gebackenen Würstel oder Karbanatel darein und laß sie abermals aufkochen; ist es zu wenig sauer, so gieße Weinessig zu, dann gib dazu auch ein Stückchen weißen Zucker und einige Kapperln, so ist es schmackhafter. Vor dem Auftragen kann um die Schüssel ein Rand von Butterteig oder von Lemoniescheiben gemacht werden.

131. Karpfen blau gesotten.

Öffne den Karpfen, ohne ihn zu schuppen, nimm das Bäuschel heraus, schneide den Karpfen in Stücke, lege ihn auf eine flache Schüssel mit den Schuppen nach oben, und begieße jedes einzelne Stück mit siedendem gesalzenen Weinessig, so wird der Fisch gleich schön blau; hernach lege ihn in einen Kessel oder in eine Kasserolle, gib dazu Zwiebel, Knoblauch, Ingber, Pfeffer, Neugewürz, Gewürznelken, Lemonieschale, Lorbeerblatt, und gieße daran den gekochten Essig so wie auch etwas reines Wasser; ist des Essigs zu wenig, so gieße noch die Hälfte Essig und die Hälfte Wasser zu; nun verkoste es; ist es nicht genug gesalzen, so salze es zu, bedecke das Gefäß mit Löschpapier und einem Deckel, und laß es etwa eine halbe Stunde in einem Sude kochen; hernach nimm es von der Glut weg und stelle es an einen kühlen Ort, damit es sie sulzt. Zum blauen Fisch kann man entweder bloß Essig und Öl, oder auch noch geriebenen Kren geben. Dieser Fisch wird unter den kalten Speisen aufgetragen. – So kann man auch den Hecht und andere Fische sieden.

132. Schwarzer Karpfen.

Schuppe und öffne den Karpfen, nimm das Bäuschel behutsam heraus, damit die Galle nicht lädirt werde, in den Karpfen gieße Weinessig, wasche ihn damit recht aus und hebe das mit Essig ausgewaschene Blut auf; man muß sich nach der Größe des Karpfens richten; ist er ein Kilo schwer, so sind 2 Deciliter Weinessig genug; ist er 2 Kilo schwer, so kann es etwas mehr sein. Aus dem Bäuschel löse die Galle vorsichtig ab und bereite es zur Suppe; den Fisch zerschneide in gleiche Stücke, dann lege die Kopfstücke zu unterst in einen kupfernen Kessel oder in ein wohl glasirtes Reindel, die übrigen Stücke lege darauf, gib dazu eine in Scheiben geschnittene Sellerie und zwei Zwiebeln, länglich geschnittene Petersiliewurzeln und gelbe Rüben, ferner Pfeffer,

Neugewürz, Ingber, Gewürznelken, alles ungestoßen, einige Zehen Knoblauch, salze es, füge hiezu auch einige wälsche Nußkerne und Lemonieschale, lege darauf ein Stück frische Butter, gieße daran so viel kaltes Bier als nöthig ist, damit es untertauche, und decke es zu; wenn es auf der Glut kocht, so muß das Feuer nur um den Kessel herum gegeben werden, damit der Fisch nicht anbrenne; wenn er etwa halb gekocht ist, so reibe Pfefferkuchen und streue ihn über den Fisch. Nun laß ein Stück Zucker auf einem Reindel schön braun rösten, gieße den Essig mit dem Blute daran und laß es ein wenig aufkochen, dann gieße es über den Fisch und laß es noch aufkochen, damit sich alles wohl vermische und die Soß die gehörige Dicke bekomme; hernach nimm den Fisch von der Glut weg und laß ihn ein wenig überkühlen, dann nimm ihn aus der Soß heraus, richte ihn zierlich auf eine Schüssel an, die Soß seihe durch und gieße ein wenig davon über den Fisch, doch nicht so viel, damit es über die Schüssel rinne, und laß die übrige Soß so wie den Fisch bis zum Auftragen an einem lauen Orte stehen; mit den Sellerie- und Zwiebelscheiben kannst du den Fisch oben zieren, so auch mit den Nußkernen, geschnittener Petersilie und gelber Rübe. Willst du den Fisch noch besser haben, so gieße daran während des Kochens 4 Deciliter Melniker Wein, passiere das Grünzeug und statt dessen gebe geschälte Nüsse und Mandeln und Rosinen; dies muß jedoch früher geschehen ehe du den Fisch in die Soß legst. Sollte die Soß zu dünn sein, so mache eine Butter-Einbrenn, und laße sie glatt und dicklich einkochen.

133. Schwarzer Karpfen auf eine andere Art.

Gieße in eine eiserne Pfanne nach Verhältniß des zu kochenden Fisches gleiche Theile Essig und Wasser, gib dazu Sellerie, gelbe Rübe, Petersilie, Kohlrübe, Knoblauch, Zwiebel, Thymian, Lorbeerblätter, Ingber, Pfeffer, Neugewürz, 5 bis 6 Gewürznelken, und laß alles eine Viertelstunde kochen, dann erst gieße das von dem Karpfen aufgefangene Blut hinein und füge hiezu noch 24 fein gestoßene Nußkerne. Nun lege den Fisch hinein, salze und bestreue ihn ziemlich stark mit geriebenem Brod, stürze darauf einen reinen Teller und auf diesen lege ein Platteisen als Beschwerer, damit der Fisch nicht zerkochen kann. Wenn der Fisch einige Minuten gekocht hat, gieße von selbem die gewonnene Soß in einen reinen Topf ab, dann gieße sie wieder über den Fisch und laß ihn weiter kochen. Dieses wiederhole dreimal, um das Brod recht gut zu vermengen. Wenn der Karpfen hinlänglich gekocht hat, so gieße die Soß in einen Topf, gib dazu ein Stückchen Butter, ungefähr so groß wie ein halbes Hühnerei, und 5 Stückchen Zucker, wie man ihn gewöhnlich zum Kaffee hackt, und laß sie gute zwei Stunden fortwährend kochen, damit sie die gehörige Dicke und Schwärze bekomme. Der Karpfen wird von der Glut weggenommen und bis zum Anrichten an einem warmen Orte stehen gelassen. Nüsse, Butter und Zucker sind auf einen 1½ Kilo schweren Karpfen berechnet.

134. Schwarzer Karpfen noch auf eine andere Art.

Schuppe einen 3 Kilo schweren Karpfen ab, öffne und wasche ihn mit Weinessig aus, gieße das Blut mit dem Essig in ein reines

Gefäß, den Karpfen zertheile wie gewöhnlich und lege ihn in das Blut. Gieße in einen Kessel 2 Liter Bier und 3 Deciliter Weinessig, gib darein drei mittelmäßige auf Scheiben geschnittene Zwiebeln, etwa 10 Zehen Knoblauch, von einer halben Lemonie die Schale, 2 Lorbeerblätter, ein Stückchen Thymian, ein Stückchen Rosmarin, 6 wälsche Nußkerne, 6 gedörrte Zwetschken, 30 gedörrte Weichseln, 2 Stückchen Ingber, 20 Körner Pfeffer, 20 Körner Neugewürz, 20 Gewürznelken, ein Stück Rinde vom Hausbrod, Sellerie, Petersilie und gelbe Rübe, laß es aufkochen und brenne es ein wenig mit dünner brauner Einbrenn ein; wenn es eine Weile gekocht hat, lege den Karpfen darein und laß ihn garkochen; wenn er bald gar ist und die Soß dicklich zu werden beginnt, so gieße dazu 4 Deciliter rothen, am besten Melniker Wein; hernach laß auf einem Reindel oder auf einer Kasserolle 70 Gramm Zucker braun rösten, gieße das Blut darein und laß es aufkochen, dann gieße es auch zu dem Fisch und laß es noch ein wenig aufkochen; nun richte den Fisch zierlich auf eine Schüssel an, bestreiche jedes Stück mit heißem Butterschmalz, drücke daran den Saft von einer Lemonie, gieße die durchgeseihte Soß darunter, belege den Fisch mit den Nüssen, Sellerie- und Zwiebelscheiben, und trage ihn zur Tafel.

135. Karpfen mit gelber Soß.

Wenn der Karpfen geschuppt und gerissen ist, reinige ihn von allem Blute, schneide ihn auf gleiche Stücke und aus den Kopfstücken nimm die inneren Flossen weg; hernach lege den Fisch auf ein Reindel, gib dazu 5 weiße, auf Scheiben geschnittene Zwiebeln und ein großes Stück Butter, ferner eine halbe Sellerie, ein Lorbeerblatt, ein bischen Lemonieschale, einige Körner Pfeffer und Neugewürz, salze es gehörig und laß es dünsten. Wenn der Fisch genug gedünstet ist, gib ihn sammt dem reinen Fett auf eine Schüssel, das Übrige im Reindel bestaube mit Mehl, gieße daran Erbsenbrühe und etwas Essig, und laß es noch recht kochen; dann seihe es durch, gib dazu 2 oder 3 Stückchen Zucker und länglich geschnittene Lemonieschale, lege den Fisch sammt dem Fett wieder hinein und laß ihn ein wenig ausbacken. Es ist vorzüglich darauf zu achten, daß beim ersten Dünsten immer nur löffelweis Erbsenbrühe zugegossen wird, damit die Zwiebel nicht anbrenne.

136. Gebratener Karpfen mit sauerem Schmetten.

Schuppe und öffne den Karpfen, nimm das Bäuschel heraus, den Karpfen wasche in kaltem Wasser ab, salze ihn in- und auswendig, lege auf eine Bratpfanne kreuzweis zwei Späne oder Kochlöffel, gib darauf frische Butter, Zwiebelscheiben, ganzen Pfeffer, Neugewürz, Ingber und ein bischen Thymian, lege den Karpfen darüber, gieße daran ein bischen Wasser und ein bischen Weinessig, belege den Karpfen mit Butter und laß ihn in der Röhre braten; während des Bratens begieße ihn mit gutem saueren Schmetten. Der Karpfen darf nicht gewendet werden; zuletzt belege ihn wieder mit Butter und laß ihn schön resch braten; dann lege ihn vorsichtig auf die Schüssel, die Soß seihe durch, gieße sie unter den Karpfen und trage ihn auf.

137. Karpfen mit Wein und Sardellen.

Reiße, schuppe und wasche einen Karpfen aus, salze ihn ein wenig und schmiere ihn in- und auswendig mit Sardellenbutter; nun schmiere eine Bratpfanne, welche etwas länger als der Karpfen ist, mit Butter, lege darauf einige reine, mit Butter geschmierte Späne, bestreue sie mit geschnittener Zwiebel, lege den Karpfen darüber, gib dazu 16 Körner Pfeffer, 2 Körner Neugewürz und 2 Stückchen Ingber, stelle den Karpfen in eine heiße Röhre und laß ihn backen; wenn er bald gargebacken ist, so gib in ein Töpfchen einen Kaffeelöffel voll feines Mehl, gieße darein 1 Deciliter Wein, zerrühre es gut, gieße dazu 2 Deciliter saueren Schmetten, sprittle es recht ab, begieße damit den Karpfen, belege ihn wieder mit Sardellenbutter und laß ihn noch so lange in der Röhre, bis er oben schön gelblich wird; dann lege ihn behutsam auf eine lange Schüssel, gieße die durchgeseihte Soß darunter und trage ihn auf. Man kann auch nur einige Stücke Karpfen so zubereiten, oder auch nur die Köpfe von anderen Fischgattungen.

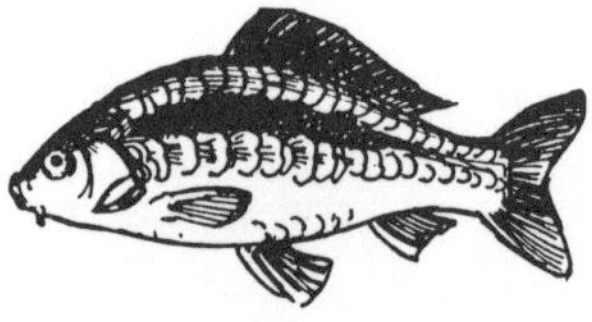

138. Faschirter Karpfen.

Für eine große Tafel nimm etwa 1000 Gramm Karpfenfleisch, schneide davon die Häutchen ab und löse die Gräten aus, dann hacke das Fleisch ganz fein, gib dazu 2 abgeriebene, in Milch geweichte ausgedrückte Semmeln, 4 oder 5 gerührte Eier, einige Zehen mit Salz zerriebenen Knoblauch, ein bischen gestoßenen Pfeffer und Gewürznelken, und hacke alles recht klein zusammen; hernach treibe 70 Gramm frische Butter wohl ab, gib das Gehacke hinein, salze es gehörig, schlage dazu noch 2 ganze Eier und treibe alles recht ab; nun schmiere eine längliche Bratpfanne mit Butter und lege sie mit Papier aus, welches mit Butter bestrichen wurde, gib die Fasch hinein, bedecke es mit ebenso geschmiertem Papier und laß es eine oder anderthalb Stunden im Dunste kochen, dann lege es auf eine Schüssel, bestreue es mit gerösteten Semmelbröseln und belege es mit grüner Petersilie. Hiezu gib auf den Tisch eine Soß, welche folgends zubereitet wird: Treibe 70 Gramm rein gewaschene Sardellen mit frischer Butter recht ab, gib sie in ein Töpfchen, gieße daran einen Theil österreicher Wein, einen Theil guten Weinessig, 2 Theile Petersilienwasser Rezept Nro. 30 oder sonst eine Fischsuppe, brenne es mit brauner Einbrenn ein, gib dazu ein Stückchen gerösteten und ein Stückchen weißen Zucker, Lemonieschale, Gewürznelken, und laß es ein wenig aufkochen; hernach gieße es in eine Sauciere, und gib es auf die Tafel zu dem faschirten Fisch. Man kann auch eine Weichsel- oder Hagenbutten-Soß dazu machen.

139. Fisch-Ragout.

Einige Stücke Karpfen und einige Stücke Hecht lege mit frischer Butter auf ein Reindel, gib dazu eine Petersilie und Sellerie, wie auch die Wurzeln, eine halbe Zwiebel, salze es ein wenig und laß es auf gelinder Glut dünsten. Koche einige Rosen Karfiol und frische Morcheln im Petersilienwasser; ferner koche ein Mandel Krebse, löse die Scheren und Schweifchen aus, und von den Schalen mache Krebsbutter; den Karfiol zerlege in Stückchen, die Morcheln zerschneide, lege beides auf ein Reindel und gib dazu die Krebsschweifchen; nun gieße ein bischen von der Suppe, worin alles gekocht hat, auf das gedünstete Fischfleisch und laß es ein wenig aufkochen, dann zerrupfe das Fischfleisch in Stückchen, lege es zu Karfiol, brenne die Soß, worin das Fischfleisch gedünstet hat, ein wenig mit weißer Einbrenn ein, und wenn es zu dicklich ist, gieße von der anderen Suppe zu, seihe es auf das Ragout durch, gib dazu ein bischen Krebsbutter und Muskatenblüte, und laß es ein wenig aufkochen; dann richte es in eine tiefe Schüssel an, mache herum einen Kranz von Butterteig und trage es zur Tafel. Man kann auch statt Karfiol Spargel und statt Morcheln Herrenpilze geben; auch kann man mit diesem Ragout gebackene Semmeln füllen, dann selbe in die Soß stellen und zur Tafel tragen.

140. Fisch-Ragout auf eine andere Art.

Hast du einen Hecht und Barsche, öffne sie, schabe sie und putze sie gehörig ab, die Köpfe schneide ab, gib auf ein Reindel ein Stück Butter, eine Zwiebel, eine Petersiliewurzel, eine gelbe Rübe, eine halbe Sellerie, lege die Fischköpfe darauf, gib dazu etwas Salz und laß es dünsten, gieße jedoch nach und nach löffelweise Erbsenwasser zu, daß es nicht austrocknet. Aus den Fischstücken ziehe die Grätchen aus, zerhacke das Fleisch, gib es auf eine Schüssel, worin du 35 Gramm Butter abgetrieben hast, gib dazu 3 Dotter, etwas Lemonieschale, eine abgeriebene, in Milch eingeweichte und ausgedrückte Semmel, salze es etwas, rühre es gut durch, mache daraus kleine Knöderln und laß sie im heißen Butterschmalz backen; ebenso backe rohe auf kleine Würfeln geschnittene Erdäpfel; worauf dieselben eben so wie die Knöderln bei Seite gestellt werden. Sodann laß auf einem Stückchen Butter Herrenpilze, Champignonen oder Morcheln dünsten, was gerade bei der Hand ist, gib dazu etwas gehackte Petersilie, dann die gebackenen Knöderln und Erdäpfel, so wie auch die Hechtenleber, einen Löffel voll geröstete Semmelbröseln, drücke darein den Saft von einer halben Lemonie, ebenso den Saft, worin die Fischköpfe gedünstet waren, und stelle es auf die Seite. Alles übrige Fleisch von den Fischen koche im Salzwasser, dann schneide es auf Stückchen, füge es zu dem Ragout bei, und wenn es aufkocht, belege es mit Lemonieschnitten und gib es zur Tafel.

141. Hecht mit Lemoniesoß.

Schuppe und öffne den Hecht, theile ihn, schneide ihn in Stücke und laß ihn im Salzwasser abkochen; hernach laß ein Stückchen frische Butter zergehen, lege den Hecht darein, mache eine weiße Einbrenn, gieße etwas von der Suppe, worin der Hecht gekocht hat, daran und laß es aufkochen; dann seihe es duch ein Haarsieb über den Hecht, gib dazu auf Nuderln geschnittene Lemonieschale, würze es mit Muskatenblüte und vor dem Auftragen drücke daran den Saft von einer Lemonie.

142. Hecht mit sauerem Schmetten.

Siede den Hecht nach Rezept Nro. 131 blau ab, gib in ein Töpfchen einen Löffel voll feines Mehl, ein Stückchen frische Butter, und rühre es mit 2 Deciliter dicken saueren Schmetten schön glatt ab, würze es mit Muskatenblüte und Ingber, gieße darein 2 Deciliter von der Suppe, worin der Hecht gekoch hat, quirle es recht ab und laß es aufkochen; dann seihe es über den Hecht durch, gib dazu von 3 Sardellen Sardellenbutter, richte es auf der Schüssel an, bestreue es mit Kapperln und geschnittener Lemonieschale und trage es zur Tafel.

143. Gebratener Hecht mit Sardellen.

Wenn der Hecht gerissen, geschuppt und rein gewaschen ist, salze ihn und lege ihn schön rund gebogen mit dem Schweife zum Kopfe in eine Pfanne auf Spänchen, damit er nur in der Luft sitze, und laß ihn unter fleißigem Begießen mit Butter braten, dann mache Sardellenbutter und bestreiche damit den Hecht, bis er gar ist; hernach lege ihn vorsichtig auf eine Schüssel, begieße ihn mit dem Safte und trage ihn zur Tafel.

144. Hecht mit Sardellen gespickt.

Schuppe und öffne kleine Hechte, wasche, salze und spicke sie mit Sardellen durch, dann schneide sie in Stückchen, doch ungetheilt; hernach nimm einen dünnen Speck, stecke daran immer eine Semmelschnitte, dann ein Stück Hecht, so wie beim Aal, und wenn alles aufgespießt ist, brate es bei gelinder Glut und begieße es fleißig mit zerlassener Butter, worin einige Sardellen zerrieben wurden; wenn es schön gebraten ist, lege es zierlich auf eine Schüssel, belege mit goldgelb im Butter gerösteten Semmelbröseln, ziere es herum mit Lemoniespalteln und trage es auf. Willst du es mit einer Soß haben, so zerreibe einige Sardellen mit Butter, gib dazu Lemonieschale und Muskatenblüte, quirle es mit Wein recht ab, gieße es über den mit gerösteten Semelbröseln belegten Hecht und laß es in der Röhre ausdünsten, dann drücke daran den Saft von einer Lemonie und trage es zur Tafel.

145. Hecht mit Sardellensoß.

Schuppe und öffne den Hecht, theile ihn, zerschneide ihn auf Stückchen, lege ihn in ein Reindel, gieße Wasser daran, gib dazu ein bischen grüne Petersilie, salze es ein wenig und laß es kochen; dann lege den Hecht in zerlassene Butter auf ein Reindel, wasche einige Sardellen rein, entgräte sie, stoße sie mit einigen hartgekochten Eierdottern, einigen gebackenen Semmelschnitten und mit der Hälfte einer gekochten Sellerie, welche bei dem Hechte kochen kann, in einem messingenen Mörser, gieße etwas von der Suppe, worin der Hecht gekocht hat, daran, und laß es aufkochen; hernach seihe es über den Hecht durch, würze es mit Muskatenblüte und trage es auf.

146. Hecht mit Knöderln.

Hacke einige Stückchen Hecht ganz klein, gib dazu 2 bis 3 gerührte Eier, eine halbe abgeriebene, im Wasser geweichte ausgedrückte Semmel, und hacke alles zusammen recht klein; dann treibe ein Stückchen frische Butter ab, gib das Gehacke darein, füge hiezu Lemonieschale. Muskatenblüte, salze es und mache daraus kleine Knöderln; den Hecht laß im Salzwasser kochen, dann nimm ihn heraus, lege ihn auf ein Reindel in ein bischen zerlassene Butter, in der Suppe koche die Knöderln, gib sie zu dem Hecht, mache ein bischen weiße Einbrenn, gieße die Suppe daran und laß es aufkochen, hernach seihe es über den Hecht durch und würze es mit Muskatenblüte. Wenn frischer Spargel oder Morcheln zu haben sind, so kann man sie dabei kochen lassen und dann unter die Knöderln mischen, oder man kann ein Stückchen Krebsbutter dazu geben.

147. Ein Igel vom Hecht.

Ziehe die Haut von einem kleinen Hecht ab, löse die Gräten aus, das Fleisch hacke fein, treibe auf einer Schüssel einen Löffel voll Krebsbutter ab, lege das Fleisch darein, schlage dazu 4 ganze Eier, gib dazu die kleingeschnittenen Schweifchen und Scheren von 30 Krebsen, ferner eine halbe abgeriebene, in guter Milch geweichte ausgedrückte Semmel, treibe es recht untereinander, salze es und würze es mit Muskatenblüte; nun schmiere eine Serviette mit Butter, gib das Gemisch hinein, binde es locker zu und hänge es in kochendes gesalzenes Petersilienwasser, worein du auch den Kopf und die übrigen Abfälle von dem Hecht, so wie die ausgedrückten Schalen von der Krebsbutter geben kannst. Indessen mache eine weiße Einbrenn, gieße etwas von der Suppe, worin die Fasch kocht, daran, laß es aufkochen und würze es ein bischen mit Muskatenblüte; hernach binde die Fasch los, lege sie auf eine Schüssel, begieße sie mit zerlassener Krebsbutter, bestecke sie dicht mit geschälten, nudelartig geschnittenen Mandeln, die Soß gieße darunter, und wenn noch Krebsschweifchen vorhanden sind, so ziere damit die Schüssel ringsherum, oder lege im Salzwasser gekochte Krebse schön herum.

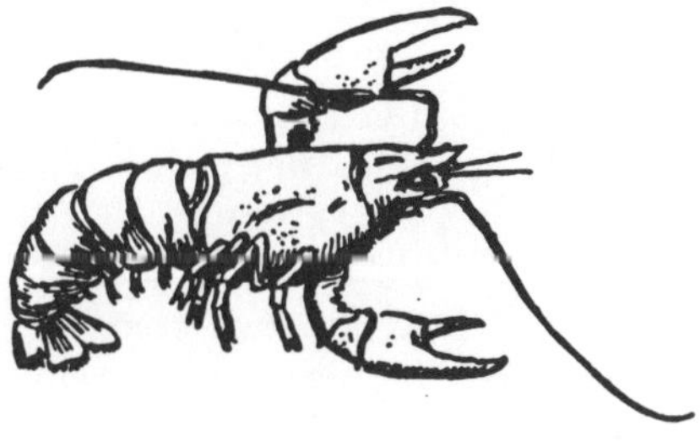

148. Hecht mit Krebsen.

Schuppe, öffne und zerschneide den Hecht, und laß ihn im Salzwasser kochen; koche Krebse ebenfalls im Salzwasser, dann löse die Schweifchen und Scheren aus, und von den Schalen mache Krebsbutter. Wenn der Hecht gekocht ist, lege ihn auf ein

Reindel in zerlassene Butter, mache ein bischen weiße Einbrenn, gieße die Suppe daran und laß es aufkochen; hernach seihe es über den Hecht durch, gib dazu Muskatenblüte und Krebsbutter, so auch die Krebsschweifchen und Scheren; im Falle du noch ganz schöne gekochte Krebse hast, kannst du sie ebenfalls dazu geben, und laß es noch ein bischen aufkochen; dann richte die Krebse um die Schüssel herum in einen Kranz, den Hecht in die Mitte und die Soß gieße darüber.

149. Hecht mit Austern.

Siede den Hecht blau nach Rezept Nro. 131, dann lege ihn auf eine warme Kasserolle oder auf die Schüssel mit welcher er aufgetragen wird, und bereite die Soß: Mache von 4 Sardellen und von 35 Gramm Butter eine Sardellenbutter, gib sie in ein Töpfchen, dazu die mit dem Hecht gekochte, feingehackte Hechtenleber und einige Austern, ein bischen im Wein geweichte Semmel, Muskatenblüte und Lemonieschale, zertreibe alles wohl mit kaltem Wein, dann gieße darein die siedende rein durchgeseihte Suppe vom Hechte, quirle es recht ab und laß es aufkochen; hernach gieße es über den Hecht und drücke entweder den Saft von einer Lemonie darüber, oder ziere den Schüsselrand mit Lemonievierteln. – So kann man auch Barsche, Schleien und andere Weißfische bereiten. Wer kein Freund von Hechtenleber ist, kann sie auslassen, und mit geschnittenem Filets, abwechselnd mit den Lemonievierteln, die Schüssel zieren; will man die Soß gelblich haben, so kann man sie mit einigen Eierdottern einquirlen; es ist auf beiderlei Art gut. Hat man einen blaugesottenen oder marinirten Aal, so kann man auch um den Schüsselrand davon Filets legen.

150. Gedünsteter Schill.

Theile den Schill in Viertel, dann nimm eins von den hintern Vierteln, wasche es rein ab und salze es, gib auf ein Reindel Butter, Zwiebel, Lorbeerblätter, ein Stückchen Rosmarin, 3 Gewürznelken, ein Stückchen Muskatenblüte, einige Körner Pfeffer, lege den Fisch darauf, gieße daran ein wenig Erbsenbrühe, etwas Wein und Essig und laß es zugedeckt dünsten; dann brate den Schill entweder auf dem Spieß oder auf der Pfanne unter beständigem Begießen mit Butter, Schmetten und Bestreuen mit Semmelbröseln; indessen gib ein Stückchen Butter auf ein Reindel, dazu etwas Semmelbröseln und Mehl, laß es aufschäumen, und gieße darauf die Suppe, worin der Fisch gedünstet hat; sollte es wenig säuerlich sein, so drücke darein noch den Saft von einer Lemonie; hernach gib den Schill auf eine Schüssel, gieße die Soß darunter, herum lege Lemoniescheiben, und trage es auf.

151. Gebratener Schill mit Sardellen.

Von 100 Gramm Sardellen und 140 Gramm frischer Butter mache Sardellenbutter, dann schmiere damit einen abgeschuppten, gereinigten und eingesalzenen Schill inwendig aus, lege ihn auf eine mit frischer Butter stark ausgeschmierte Pfanne und laß ihn schnell braten, wobei du ihn aber stets mit Sardellenbutter bestreichen und löffelweis mit österreicher Wein untergießen mußt; dann richte den Schill auf die Schüssel an, gieße den Saft darunter, den Fisch bestreue mit gebackener geriebener Semmel und belege ihn herum mit Lemoniescheiben.

152. Wels gebraten.

Aus einem schönen Stück Wels vom Schweife schneide überzwerch dicke Schnitzeln, salze sie und bestreue sie auf beiden Seiten mit Salbei-Gemisch, gib auf eine Kasserolle ein Stück Butter, lege die Schnitzeln darauf und brate sie auf beiden Seiten so lange, bis sie weich sind und der Fettstoff ausgebraten ist; dann richte sie auf die Schüssel an und belege sie herum mit Lemonievierteln.

153. Gebratener Aal.

Dem todten Aale schneide die Haut um den Kopf an und ziehe sie herab, öffne ihn, zerteile auf schöne Spalten und salze; hernach nimm einen dünnen Bratspieß, stecke daran zuerst ein Stückchen Semmel, dann ein Salbeiblatt, darauf ein Stückchen Aal, dann wieder ein Blättchen Salbei, Semmel und Aal u. s. f., bis alles gar ist, und brate es langsam beim gemächlichen Feuer. In Ermangelung eines schicklichen kleinen Spießes kann man es so auf ein hölzernes Spießchen stecken; dann binde es entweder auf einen Spieß, oder lege es in eine Bratpfanne, laß es langsam braten und begieße es fleißig mit zerlassener Butter. Wenn der Aal schön gebraten ist, richte ihn auf eine Schüssel an und trage ihn zur Tafel; hiezu gib Lemoniespalten, damit sich ein Jeder nach Belieben Saft daran drücken kann. Wer will, kann den Aal auch sammt der Haut braten; er ist aber zu fett.

154. Aal auf eine besondere Art.

Tödte den Aal, die Haut aber ziehe nicht ab, sondern schneide ihn auf gleiche Stücke, salze ihn, gieße daran ein bischen Essig und laß ihn so eine Stunde liegen. Gieße Wasser in eine Kasserolle, gib darein zwei Lorbeerblätter, ein Stück Thymian, eine Handvoll Salbeiblätter, 20 Kerner Pfeffer, 2 Gewürznelken, 7 Wachholderbeeren, gieße dazu ein Gläschen Wein, salze es ein bischen und laß es eine Viertelstunde kochen, dann lege darein den Aal sammt dem Essig und laß ihn wieder ungefähr eine Viertelstunde kochen, hernach nimm ihn heraus, lege ihn auf die Schüssel und laß ihn kalt werden. Indessen bereite die Soß: Zerrühre auf einer Schüssel 4 hartgesottene Eierdotter, in einem Töpfchen treibe mit einer Drahtruthe Essig mit gutem Provenzeröl ab, dann vermenge die Sachen nach und nach, füge hiezu einen Löffel voll Senf, einige gereinigte, zerriebene

Sardellen, ein bischen kleingehackte grüne Petersilie, Majoran, Schnittling, Estragonblätter und Schalotten, mische alles gut durch, schließlich gib dazu ein Stück auf Pomeranzenschale abgeriebenen Zucker und drücke darein den Saft aus der Pomeranze. Diese Soß wird extra in einer Sauciere zu dem Aal auf die Tafel gegeben.

155. Gebratene Salzheringe.

Ziehe einige Salzheringe ab, lege sie in die Milch und laß sie darin 6 bis 8 Stunden liegen, dann nimm sie heraus, trockne sie ab, lege sie auf ein längliches, mit Butter beschmiertes Papier, rolle sie zusammen, schlage das Papier herum überall um, daß der Dunst nirgends entweichen kann, lege sie in eine Pfanne auf ein Stück Butter und laß sie eine Viertelstunde lang in der Röhre braten; dann gib das Papier weg, richte die Salzheringe auf eine Schüssel an und gieße den eigenen Saft daran.

156. Salzheringe eingelegt.

Ziehe die Haut von drei Milchner-Salzheringen ab, lege diese in Milch und laß sie darin über die Nacht liegen; den anderen Tag wasche sie rein ab, die Salzhering-Milch gib in ein Töpfchen, die Salzheringe theile in zwei Hälften, ziehe die Grätchen aus, die Salzheringe schneide auf Stücke und lege sie in ein tiefes Gefäß; nun zerrühre die Milch mit zwei Löffeln voll Provenzer Öl, füge hiezu löffelweis so viel Weinessig, bis du hinlängliche Soß zur Bedeckung der Salzheringen hast, und rühre sie so lange, bis sie dicklich wird; hernach schneide eine große Zwiebel klein, bestreue damit die Salzheringe, gieße die Soß darüber, binde das Gefäß um und bewahre es zum Gebrauche auf. Im Nothfalle bietet es ein gutes Nachtmahl.

157. Stockfisch abgeschmalzen mit Kren.

Wenn der Stockfisch schön weiß geweicht ist, so zerschneide ihn auf größere Stücke, lege ihn in einen Topf, bestreue ihn mit Salz, gieße reines Wasser darauf, decke ihn zu und laß ihn kochen, bis er gehörig weich ist, dann seihe das Wasser ab, löse die Häutchen ab, bestreue den Stockfisch mit geriebener Semmelrinde, schmalze ihn mit goldgelb gerösteter Zwiebel recht ab, und auf die Tafel gib dazu entweder einen guten Schmettenkren oder Senf in einer Soßschale.

158. Stockfisch mit Soß.

Koche den Stockfisch im Salzwasser weich, schäle die Häutchen ab, mache eine weiße Einbrenn, gieße etwas von der Suppe, worin der Stockfisch gekocht hat, daran, und laß es aufkochen, dann seihe es über den Stockfisch durch, gib dazu entweder einige mit Butter abgetriebene Sardellen, oder einen rein gewaschenen, abgezogenen, auf kleine Stücke geschnittenen Salzhering, ferner ein bischen Muskatenblüte, laß es noch aufkochen und trage es auf.

159. Stockfisch mit Soß auf eine andere Art.

Verrühre in einem Töpfchen ein Stückchen Butter mit drei Kochlöffeln voll Mehl, gib dazu etwas geschnittene Lemonieschale, etwas gestoßene Muskatenblüte, drei abgeputzte und mit einem Stückchen Butter zerriebene Sardellen, 2 Deciliter österreicher Wein, 1 Deciliter Petersilienwasser Rezept Nro. 30, zerrühre es, stelle es zum Feuer und rühre öfter damit. Inzwischen laß ein schönes Stück abgewaschenen Stockfisch im Salzwasser kochen, und wenn er gar ist, nimm ihn heraus, laß das Wasser davon abtrocknen, dann lege ihn auf eine Schüssel, gieße die gekochte Soß darunter und bestreue ihn mit gerösteter Semmel.

160. Stockfisch mit Sardellen.

Koche den Stockfisch im Salzwasser weich, dann zerlege ihn auf Blättchen, schmiere die Form mit frischer Butter und streue sie mit goldgelb gerösteten Semmelbröseln aus, lege darein eine Schichte Stockfischblättchen, bestreue sie mit gerösteten Semmelbröseln, kleingehackten Sardellen, Lemonieschale und Muskatenblüte, dann gib wieder eine Schichte Stockfischblättchen, bestreue sie wieder, und so fahre fort, bis alles gar und die Form weniger zwei Finger voll ist; nun gieße daran ein wenig Schmetten und laß es eindünsten; hernach gib es sammt der Form auf den Tisch. Willst du es aber stürzen, so mußt du die Form früher mit Butter schmieren und selbe mit einem mit Butter bestrichenen Papier ausfüttern, hernach den Stockfisch ebenso schlichten, mit Schmetten begießen und schön gardünsten lassen, dann es behutsam stürzen und das Papier vorsichtig, damit es nicht zerfalle, abnehmen.

161. Stockfisch mit Senf.

Koche den Stockfisch im Salzwasser weich, dann nimm ihn vorsichtig heraus; gib auf ein Reindel Butter und feingehackte Zwiebel, und laß es mit etwas Semmelbröseln goldgelb rösten, dann gieße darauf so viel Senf, wie viel Soß du haben willst, und laß nur noch einen Sud darüber gehen; hernach gieße es über den Stockfisch und trage ihn gleich auf.

162. Geräucherter Fisch.

Nimm den geräucherten Fisch, was immer für eine Gattung, gieße darauf siedendes Wasser und decke ihn zu, damit er erweiche; indessen mache eine Buttersoß, gib dazu etwas grüne Petersilie und etwas Schmetten, ziehe von dem Fische die Haut ab, gieße die Soß darüber, gib dazu etwas Muskatenblüte und laß es aufkochen.

163. Geräucherter Lachs im Papier gebraten.

Schneide von einem schönen Stück geräucherten Lachses dünne Schnitzeln, gib dazu einen Löffel voll Provenzeröl, den ausgedrückten Saft von einer Lemonie, 70 Gramm Championen, 140 Gramm abgeputzte Sardellen, einige Schalotten, etwas grüne Petersilie, einige Bertramblätter, Majoran und Schnittling, alles sehr klein zerhackt, und laß es zugedeckt etwas mitsammen dünsten, aber rühre es öfters um; dann tunke darein die Schnitzeln ein und trachte, damit jedes Schnitzel mit diesem Gemisch recht viel bedeckt werde. Hierauf lege sie auf einen halben Bogen nur dünn mit Butter bestrichenen reinen Papiers in eine viereckige blecherne Bratpfanne, die Hälfte des Papiers lege dann über die Schnitzeln, daß es wie ein Brief in der Größe eines Viertelbogens aussieht, die Ränder schlage überall um, damit der Saft nirgends herausfließen könnte, und laß sie so lange braten, bis das Papier auf beiden Seiten braun wird, dann nimm sie behutsam auf eine Schüssel heraus und gieße darunter den eigenen Saft.

164. Gebackene Krebse.

Koche Krebse im Salzwasser, dann schäle die Schweifchen ab, die Galle nimm heraus

und die Schalen verwende zur Krebsbutter; nun schneide eine Karpfenmilch auf eben so große Schnittchen, wie die Krebsschweifchen sind, bestreue sie mit Salz und entweder mit gestoßenem Pfeffer oder mit Muskatenblüte, dann steche immer ein Krebsschweifchen und ein Milchschnittchen auf kleine Spießchen, und willst du es vermehren, so gib noch immer ein mit Schmetten benetztes Semmelschnittchen dazwischen. Wenn alles gar und aufgestoßen ist, so wende es zuerst in der Krebsbutter, dann im Mehl, hernach in aufgeschlagenen Eiern und zuletzt in geriebener Semmel um, lege es sogleich in heißes Butterschmalz und laß es schön goldgelb backen. Diese Spießchen gib am Festtage gleich nach der Suppe statt oder mit den Hascheewandeln auf die Tafel.

165. Krebse mit Soß.

Koche 15 Krebse im Salzwasser, dann nimm sie heraus, breche die Scheren und die Schweifchen ab, von den Schalen mache Krebsbutter, gieße gute Rindsuppe daran, seihe es durch, drücke dazu so viel Lemoniesaft, als du es säuerlich haben willst, gib dazu ein bischen Muskatenblüte, brenne es mit blasser Einbrenn ein, gieße es auf die Krebse und laß es noch ein wenig verkochen.

166. Krebse mit Schmettensoß.

Wasche die Krebse in mehreren Wässern von allem Schmutz und Schleim rein ab, und aus den Schweifchen ziehe das schwarze Äderchen heraus, dann lege die Krebse entweder in eine kupferne Pfanne oder in ein großes Reindel, oder in einen Topf, gieße daran kochendes Bier, salze es, gib dazu ein bischen Kümmel, ein bischen grüne Petersilie, ein Stückchen frische Butter, und laß es kochen, bis die Krebse schön roth sind; hernach kannst du sie nur so auf eine Schüssel aufschlichten, ein bischen von der Suppe untergießen und mit grüner Petersilie geziert auf den Tisch geben. Willst du sie jedoch besser haben, so schlage in ein Töpfchen 2 bis 3 Eierdotter, gib dazu einen Kochlöffel voll feines Mehl, ein Stückchen Butter, rühre es mit 2 Deciliter guten, süßen Schmetten ab, füge hiezu ein Stückchen gestoßenen Zucker, gieße daran die Suppe, worin die Krebse gekocht haben, quirle es ab und laß es aufkochen, dann gieße es über die Krebse und gib es schnell zur Tafel, damit es nicht auskühle.

167. Faschierte Krebse mit Karfiol oder Spargel.

Hacke ein Stückchen Hechten- oder auch Karpfenfleisch, gib dazu eine halbe abgeriebene, im Wasser geweichte ausgedrückte Semmel, 3 gerührte Eier, ein bischen Muskatenblüte, und hacke alles recht klein. Koche ein ganzes oder ein halbes Schock Krebse, löse die Schweifchen und die Scheren aus, die Schildchen aber wasche rein aus, lege sie extra, und die übrigen Schalen zerstoße und mache daraus Krebsbutter; dann drücke die Butter aus, die gestoßenen Schalen gib auf eine Kasserolle, gieße daran etwas von der Suppe, worin die Krebse gekocht haben, füge hiezu grüne Petersilie, Sellerie- und Petersiliewurzel, dann die Abschnitzeln von dem gehackten Fisch, ferner einige Stücke Karfiol oder Spargel, salze es und laß es kochen. Nun mache die Fasch: Treibe ein Stückchen Krebsbutter ab, gib das Gehacke darein, treibe es noch recht ab und füge hiezu die kleingehackten Krebsscheren; hernach fülle damit die Krebsschildchen und drücke recht an; wenn alle gefüllt sind, lege sie auf ein Reindel oder eine Kasserolle ein neben dem anderen, seihe die Suppe daran und laß sie kochen; dann mache ein bischen weiße Einbrenn, brenne die Soß damit ein und würze sie mit Muskatenblüte. In der übrigen Suppe oder im Salzwasser laß entweder Spargel oder Karfiol kochen, dann richte alles auf eine Schüssel zierlich an, gieße die Soß darüber und trage es zur Tafel. – Diese Speise kann man auch an einem Fleischtage machen, wo anstatt Hechtenfleisch eine Hühnerbrust oder Kalbfleisch genommen, und das Übrige in der Rindsuppe gekocht wird; es ist noch besser.

168. Krebs-Krapfen.

Koche ein halbes oder ganzes Schock Krebse, wie viel du gerade brauchst, löse die Scheren und Schweifchen aus, und von den Schalen mache Krebsbutter; dann treibe 3 oder 4 Löffel voll Krebsbutter ab, gib die kleingehackten Krebsschweifchen und Scheren darein, füge hiezu 50 Gramm abgebrühte geriebene Mandeln, 50 Gramm gestoßenen Zucker, eine abgeriebene, im Schmetten geweichte ausgedrückte Semmel, 3 ganze Eier und 3 Dotter, salze es ein wenig, würze es mit Muskatenblüte, und treibe alles wohl ab. Nimm auf ein Nudelbrett 500 Gramm Mehl, schneide darein 35 Gramm Butter, zerwalge es, schlage darein 2 ganze Eier, 2 Dotter und mache es an, salze es ein wenig,

gib dazu ein bischen feingestoßenen Zucker und arbeite den Teig recht ab, dann zerwalge ihn wie einen Nudelteig und mache daraus 2 Blätter; nun mache auf das eine Blatt Zeichen mit einem runden Modell, bestreiche den Rand mit Eiweiß, lege darauf Häufchen von der bereiteten Fülle, das zweite Blatt decke darüber, steche die Krapfen aus und laß sie in heißem Butterschmalz schön goldgelb backen, dann bestreue sie mit Zukker und trage sie zur Tafel. Oder schmiere eine Schüssel mit frischer Butter, lege die Krapfen darein, gieße süßen Schmetten darüber und laß es in der Röhre ausdünsten; eine Viertelstunde vor dem Auftragen bestreue es mit Zucker, besprenge es mit Krebsbutter und laß es noch aufschäumen.

169. Krebswandeln.

Treibe 140 Gramm Krebsbutter ab, schlage darein 8 Dotter, gib dazu Germ, 6 Löffel süßen Schmetten, ein bischen gestoßenen Zucker und treibe es recht ab, dann füge hiezu 50 Gramm feines Mehl, ein wenig Salz und rühre es eine halbe Stunde ab; nun schmiere die Wandelformen mit Krebsbutter, streue sie mit feingeriebener Semmelrinde aus, gieße sie mit dem Teig halb voll und laß die Wandeln schnell backen; in einer heißen Röhre sind sie in 10 Minuten fertig; oder schmiere eine Melonenform mit Butter aus und gieße darein die Hälfte des Teiges, mische kleingeschnittene Krebsschweifchen, einige gerührte Eier und ein bischen Muskatenblüte untereinander, belege damit den Teig, darüber gieße den übrigen Teig und laß es oben und unten schön backen. Es kann so trocken zur Tafel gegeben werden, wie auch die Wandeln, oder man macht eine gute Schwammensoß darüber. Koche gedörrte Herrenpilze in Petersilienwasser Rezept Nro. 30 oder in Fischsuppe, dann seihe sie ab und hacke sie mit grüner Petersilie ganz klein; mache ein wenig weiße Einbrenn, gieße die Suppe, worin die Schwämme gekocht haben, und süßen Schmetten daran, und laß es ein wenig aufkochen, dann seihe es durch, gib die gehackten Schwämme darein, würze es mit Muskatenblüte, gieße es über die Wandeln oder Melone und trage es zur Tafel.

170. Krebswandeln auf eine andere Art.

Koche ein halbes Schock Krebse, löse die Scheren und die Schweifchen aus, und von den Schalen mache Krebsbutter; dann treibe ein Stückchen Krebsbutter ab, gib darein die gehackten Krebsschweifchen, 2 abgeriebene, in Schmetten geweichte, wohl ausgedrückte Semmeln, 6 ganze Eier, 3 Dotter, 35 Gramm geschälte geriebene Mandeln, 70 Gramm Zucker, und treibe alles recht ab; nun schmiere die Modelle mit Butter, streue sie mit geriebener Semmelrinde aus, fülle sie mit dem Gemisch etwas über die Hälfte und laß die Wandeln schön gelb backen, dann stürze sie, bestreue sie mit Zucker und trage sie zur Tafel. Man kann auch eine Melonenform schmieren und das Gemisch darin backen, in den kleineren Modeln sieht es aber zierlicher aus.

171. Krebswandeln von Gries.

Koche aus 4 Deciliter Schmetten einen dicken Grieskoch; zugleich koche ein halbes Schock Krebse, die Scheren und Schweifchen löse aus, und von den Schalen mache Krebsbutter; dann treibe 2 Löffel voll Krebsbutter ab, gib den ausgekühlten Grieskoch darein, treibe ihn recht ab, schlage darein 6 ganze Eier, gib dazu 70 Gramm gestoßenen Zucker, 35 Gramm geschälte kleingeschnittene Mandeln, ein bischen Muskatenblüte, salze es ein wenig und treibe alles recht ab; hernach zerwalge ein Stück Butterteig ganz dünn, schmiere die Form mit Butter aus, lege den Butterteig darein, gieße darauf ein wenig von dem Gemisch, bestreue es mit den Krebsschweifchen, welche zuvor mit Mandeln und Zucker vermischt werden, darüber gieße das übrige Gemisch, mache oben ein Gitter von Butterteig und laß es in der Röhre schön backen; dann stürze es, bestreue es mit Zucker und trage es zur Tafel.

172. Nocken mit Krebsschweifchen.

Treibe 70 Gramm Butter ab, schlage darein 3 ganze Eier und 3 Dotter, rühre darein so viel Mehl, als zu einem Nockenteig nöthig ist, und salze es ein wenig; nun mache die Nocken, lege sie in kochenden Schmetten und laß sie ein wenig aufsieden, bis sie sich heben, dann schmiere eine tiefe Schüssel oder Kasserolle mit Butter, lege darein eine Schichte Nocken, bestreue sie mit geschnittenen Krebsschweifchen, geschnittenen Mandeln und gestoßenem Zukker, besprenge sie mit Krebsbutter, darauf gib wieder eine Lage Nocken, bestreue und besprenge sie wieder, und so fahre fort, bis alles gar ist; oben bestreue es abermals mit Mandeln und Zucker, besprenge es mit Krebsbutter, dann quirle ein Ei mit Schmetten ab, gieße es über die Nocken und laß es in der Röhre gardünsten; hernach bestreue sie nochmals mit Zucker und trage sie zur Tafel.

173. Krebspfanzel.

Wasche 15 bis 30 Krebse ab, jenachdem sie groß sind, gieße darauf kochendes Wasser, salze sie so viel als nöthig und laß sie sieden; hernach löse die Schweifchen und Scheren aus und hebe sie auf, die Galle und das Schwammige gib weg, die Schalen aber stoße im Mörser eben so fein, wie auf Krebsbutter, gib sie in einen Topf, gieße darauf 7 Deciliter süßen Schmetten, sprudle es recht ab und seihe es durch ein feines Haarsieb in einen anderen Topf, dann schlage darein 4 ganze Eier und 2 Dotter, sprudle es wieder recht ab, gieße es in eine Kasserolle und laß es auf einer Platte oder auf Kohlen kochen, damit es gerinne; es muß aber fortwährend gerührt werden, damit es sich nicht am Boden ansetze und anbrenne; wenn es wie ein Topfen geronnen ist, salze es ein wenig, gieße es in eine Serviette, binde es zu, lege es zwischen zwei Brettchen, beschwere es mit einem Stein und laß es austropfen; hernach schneide es auf kleinfingerdicke Schnittchen, balliere sie zuerst in Mehl, dann in aufgeschlagenen Eiern, zuletzt in geriebener Semmel, und hacke sie schön goldgelb in heißem Butterschmalz. Willst du sie ein wenig süß haben, so gib in den Schmetten, wenn du die Eier darein thust, ein bischen Zucker; auch kannst du die Krebsschweifchen und Scheren fein geschnitten dazu geben. Mit diesen gebackenen Krebsschnittchen kann man am Festtage eine Schüssel gelbe Rüben oder grüne Erbsen belegen. Nach der Menge der Krebse muß verhältnißmäßig entweder mehr oder weniger Schmetten und Eier genommen werden.

174. Krebs-Pudding.

Schneide eine oder anderthalb Semmel würflich, die Hälfte davon weiche in süßem Schmetten, die andere Hälfte backe in Krebsbutter; koche ein halbes Schock Krebse, die Schweifchen löse aus, von den Scheren breche immer eine Spitze ab und lege sie seitwärts, und aus den übrigen Schalen mache Krebsbutter; hernach gib von der Butter 2 Löffel voll auf eine Schüssel und treibe sie mit den im Schmetten geweichten Semmelwürfeln gut ab, schlage dazu 4 Dotter, verühre darein die kleingeschnittenen Krebsschweifchen, so wie die gebackenen Semmelwürfel, füge hiezu einen Löffel voll gestoßenen Zucker und entweder 20 Gramm kleine Rosinen oder 10 Gramm bittere und 10 Gramm süße Mandeln, salze es ein bischen, und schließlich verrühre darein von zwei Eiweiß den Schnee und ein bischen gestoßene Muskatenblüte. (Im Falle du Rosinen gibst, so füge auch ein bischen kleingeschnittene Lemonieschale bei; bei den Mandeln muß sie jedoch ausgelassen werden, außer du möchtest 20 Gramm süße Mandeln geben.) Nun schmiere eine Serviette mit Butter, lege darauf einen schönen Kranz von den Krebsscheren aus, gieße das Gemisch hinein, binde es locker zu und laß es in ein wenig gesalzenem Wasser eine Stunde kochen; dann binde es aus, stürze es auf die Schüssel und begieße es mit Schmettenkrem, wie bei den Buchteln Rezept Nro. 461 angeführt ist, oder gib den Krem extra in einer Sauciere auf den Tisch.

175. Schlampe Schnecken mit Kren.

Wasche die Schnecken rein ab und koche sie im Salzwasser, dann trage sie trocken in einer Serviette auf den Tisch und gib dazu saueren Kren. Man reibt den Kren, gibt ihn in eine Soßschale, gießt daran Weinessig, und wenn man will, kann man ein bischen Zucker darein geben, oder man gibt bloß ein wenig Salz.

176. Gefüllte Schnecken.

Koche ein Schock Schnecken im Salzwasser, dann ziehe sie aus den Häuschen heraus, schneide die Schweifchen ab, die Haut ziehe ab und das Faserige gib weg; hernach reibe die Schnecken mit Salz, gieße daran ein wenig Fischsuppe oder Petersilienwasser Rezept Nro. 30 und laß sie ganz weich kochen. Die Häuschen laß noch ein wenig aufkochen, dann putze sie mit Salz und reinem Wasser, lege sie auf ein Brett mit der Öffnung nach unten, damit alles Wasser herausfließe, und mache die Fülle. Auf ein Schock Schnecken treibe 280 Gramm Butter ab, gib darein 280 Gramm mit Butter zerriebene Sardellen, welche früher rein gewaschen und entgrätet werden müssen, füge hiezu Lemonieschale, Muskatenblüte, ein bischen Majoran, 3 bis 4 Zehen mit Salz zerriebenen Knoblauch, einen verhältnißmäßigen Theil geriebener Semmel, und ist es nöthig, so salze es ein wenig zu. Nun fülle die Schnek-

ken: gib nämlich in jedes Häuschen zuerst ein Stückchen Fülle, dann eine Schnecke und obenauf gib wieder so viel Fülle, damit das ganze Häuschen voll ist, als wenn die Schnecke noch darin wäre. Wenn die Schnecken gefüllt sind, schlichte sie auf eine Schüssel mit der Fülle nach oben, was von der Fülle übrig bleibt, gib dazu, gieß daran etwas von der Suppe, worin die Schnecken gekocht haben, stelle die Schüssel auf einen Dreifuß in die Röhre und laß es ein wenig ausdünsten, dann trage es zur Tafel. – Diese Speise kann sowohl an Fleisch- als auch an Fasttagen aufgetragen werden, sie wird immer vollkommen sein. Ist es jedoch an einem Fleischtage, so werden die Schnecken das zweitemal statt im Petersilienwasser oder Fischsuppe, in der Rindsuppe gekocht.

177. Schnecken mit Weinsoß.

Koche 15 Schnecken im Salzwasser, dann nimm sie aus den Häuschen heraus, schneide die Schweifchen ab, die Schnecken putze rein, treibe sie mit Salz und wasche sie im warmen Wasser ab, gib sie in ein Töpfchen, gieße daran Petersilienwasser Rezept Nro. 30 und laß sie weich kochen; die Häuschen reibe recht im Salz ab, wasche sie und stürze sie, damit das Wasser ausrinne, und mache die Fülle. Treibe 140 Gramm Butter ab, gib dazu 105 Gramm abgetriebene Sardellen, von einer halben Lemonie die geschnittene Schale, 3 Zehen mit Salz zerriebenen Knoblauch, ein bischen Majoran, Muskatenblüte und eine geriebene Semmel; ist es wenig gesalzen, so salze es ein bischen zu, und treibe es recht ab. Nun fülle die Schnecken: gib nämlich in jedes Häuschen zuerst ein Stückchen Fülle, darauf eine Schnecke und obenauf wieder Fülle: dann richte die Schnecken auf eine Schüssel mit der Fülle nach oben an, laß ein bischen Semmel goldgelb rösten, gieße dann die Hälfte von der Suppe, worin die Schnecken gekocht haben, und die Hälfte österreicher Wein, füge hiezu 35 Gramm mit Butter abgetriebene Sardellen und laß es ein wenig aufkochen, hernach gieße es über die Schnecken und laß sie etwa eine Viertelstunde in der Röhre dünsten. Diese Fülle ist hinlänglich, 20 bis 25 Schnecken zu füllen; Wein und Suppe gibt man nach Verhältniß der Schnekken, damit ein wenig Soß den Boden decke.

178. Schneckenschweifchen.

Hacke Zwiebel klein und laß sie in Butter dünsten, bis sie schön goldgelb wird, dann gib darein die Schneckenschweifchen, laß sie ein wenig aufdünsten, und ist es nöthig, salze es ein bischen zu; hernach gib sie auf einen Teller, mache herum einen Rand von goldgelb gerösteten Semmelbröseln und trage sie auf.

179. Austern.

Die Austern werden gewöhnlich nur roh mit Lemoniesaft genossen; wer jedoch will, kann sie auf folgende Art zubereiten: Öffne 12 schöne holsteiner Austern, reiße die untern Schalen ab, die Austern lege in eine kleine zierliche Schüssel auf 140 Gramm Sardellenbutter, füge hiezu einen Löffel voll Schmetten und laß sie schnell abdünsten, sonst möchten sie hart werden und den Geschmack verlieren, dann bestreue sie oben ein wenig mit geriebener durchgesiebter Semmel, besprenge sie mit Butter und fahre darüber mit einem glühenden Spatel, damit sie eine schönere Farbe bekommen.

Fleischspeisen

Vom Rind

180. Gedünstetes Rindfleisch mit Speck.

Klopfe ein schönes Stück Rindfleisch vom Schlegel und ziehe es mit grobgeschnittenem Speck durch; schneide eine Zwiebel, 1 Petersilienwurzel, eine Sellerie und eine gelbe Rübe auf Scheiben, belege damit den Boden eines großen, mit Butter ausgeschmierten Gefäßes, gib dazu 12 Körner Pfeffer und 1 Stück Ingber, lege das geklopfte, gewaschene und ein wenig gesalzene Fleisch darauf, gieße daran 2 Deciliter Wasser oder ungesalzene Suppe, decke es wohl zu und laß es entweder auf Kohlen oder auf einer Platte dünsten; kehre es jedoch öfters um, und wenn der Saft eingesotten ist, so gieße löffelweise gute fette Suppe nach, und laß es so lange dünsten, bis es weich und der Saft recht dicht und braun eingedünstet ist; dann lege das Fleisch in ein anderes Gefäß, schöpfe von dem Safte das überflüssige Fett ab und seihe ihn wieder auf das Fleisch durch, gib dazu einige zerriebene Sardellen (für je 500 Gramm Fleisch eine Sardelle gerechnet), gieße daran 2 Deciliter rothen Wein, gib dazu einen Löffel voll Kapperln, brenne es mit brauner dünner Einbrenn ganz wenig ein und laß es noch ein bischen aufkochen, aber nicht lange, damit die Soß nicht zu dick werde; sollte sie jedoch zu dick sein, so gieße ein bischen Rindsuppe nach; dann richte das Fleisch auf eine Schüssel an, ziere es mit abgeriebener, goldgelb gebackener Semmel und Lemonieschnitten, und gib es auf den Tisch.

181. Gulaschfleisch auf eine andere Art.

Klopfe recht 1000 Gramm weiches Rindfleisch vom Schlegel, schneide daraus zwei Finger breite, drei Finger lange und einen kleinen Finger dicke Stücke, und wasche es in reinem Wasser durch; gib auf eine Pfanne würflich geschnittenes Rindsnierenfett oder Speck, zwei kleingeschnittene Zwiebeln, lege das Fleisch darauf, salze es, bestreue es ein wenig mit gestoßenem Pfeffer, decke es gut zu und laß es dünsten; wenn es auszutrocknen beginnt, so gieße löffelweis Rindsuppe nach, damit es nicht anbrenne. Wenn das Fleisch weich ist, gib es so in den Saft auf die Schüssel, mache herum einen Kranz von gerösteten Erdäpfeln und trage es zum Abendmahl auf.

Oder: Wenn das Fleisch weich ist, gieße darauf ein bischen Weinessig und dann so viel Rindsuppe, als zu einer Soß nöthig ist, gib dazu ein bischen Mehl, gieße darein ein bischen saueren dicken Schmetten, füge hiezu ein bischen kleingeschnittene Lemonieschale und laß es ein wenig kochen; dann gib es auf die Schüssel und mache herum einen Kranz von gerösteten Erdäpfeln, oder gib die Erdäpfel extra, oder mache einen

Kranz von eingelegten, auf Scheiben geschnittenen saueren Gurken.

Oder: Wenn das Fleisch weich ist, gieße darauf einen Theil Rindsuppe, einen Theil rothen oder österreicher Wein, ein bischen guten Weinessig, gib dazu ein bischen braune Einbrenn, ein bischen Lemonieschale, aus einigen Sardellen Sardellenbutter, laß es aufkochen und trage es auf.

Oder: Wenn das Fleisch weich ist, gieße darauf Rindsuppe und ein bischen Weinessig, gib darein so viel braune Einbrenn, als nöthig ist, damit die Soß weder zu dicklich noch zu dünn wäre, füge hiezu 35 Gramm auf Butter recht bräunlich gerösteten Zucker und ein bischen Lemonieschale; nun verkoste die Soß, ob sie genug sauersüßlich ist, und wenn nicht, so füge hiezu noch entweder ein Stück weißen Zucker, oder ein bischen Lemoniesaft oder Weinessig. Den Kranz kannst du wieder von gerösteten Erdäpfeln machen, oder auch von Butterteig; beides ist gut.

182. Ochsenschlepp.

Gib auf ein Reindel ein Stück Rindsfett oder Butter, vier auf Scheiben geschnittene Zwiebeln, ein Stück Ingber, einige Körner Pfeffer und Neugewürz, zwei Lorbeerblätter und ein Ästchen Thymian, lege darauf einen in Glieder geschnittenen Ochsenschlepp, salze ihn und laß ihn weich dünsten; mußt jedoch öfters entweder ein bischen Suppe oder Wasser nachgießen, und zuletzt gieße darein so viel Essig, als du es säuerlich haben willst; hernach nimm den Schlepp heraus, die Soß seihe in einen Topf durch, brenne sie mit recht brauner Einbrenn ein, gib darein auf geschnittene Lemonieschale ein Stück braungerösteten und mit ein bischen Soß zerrührten Zucker, dann gieße die Soß über den Schlepp, laß es noch ein wenig aufkochen und trage es auf.

183. Rindszunge gebacken.

Laß eine Rindszunge in gesalzenem Wasser weich kochen, dann schäle sie, schneide sie auf fingerdicke Scheiben, tunke jede Scheibe in aufgeschlagenem Ei, balliere sie in geriebener Semmel und laß sie in heißem Butterschmalz goldgelb backen. Koche entweder trockene Weichseln oder Hagebutten in halb Wasser und halb Wein, und wenn sie recht zerkocht sind, drücke sie durch ein Haarsieb, gib dazu geröstete geriebene Semmel, ein bischen Zimmet, beiläufig drei gestoßene Gewürznelken, von einer halben Lemonie die kleingeschnittene Schale, ein Stück Zucker, und laß es aufkochen; sollte es zu dünn sein, so füge hiezu noch ein bischen geriebene Semmel; dann ordne die Zunge auf die Schüssel, die Soß gieße in eine Sauciere und trage sie zur Tafel.

184. Rindszunge auf dem Rost gebraten.

Koche eine Rindszunge, häutle sie und schneide alles Überflüssige weg, dann spicke sie recht dicht wie ein Wildpret mit Speck, stecke sie auf den Spieß und begieße sie während des Bratens mit sauerem Schmetten, zuletzt besprenge sie mit Butter, bestreue sie mit geriebener Semmel, und wenn sie schön goldbraun gebraten ist, nimm sie vom Spieß herab, lege sie auf die Schüssel, gieße darunter den abgetröpfelten Saft und trage sie zur Tafel.

185. Rindsbraten.

Man nimmt zu diesem Braten 2000 Gramm Fleisch vom niederen Schuß, wasche, salze und bestreue es von allen Seiten mit Pfeffer. Gib in eine Kasserolle 140 Gramm Butter, 2 große Zwiebeln fein

geschnitten, 10 Neugewürzkörner, 1 Lorbeerblatt, etwas Thymian und Wurzelwerk, wenn alles gelblich gedünstet ist, lege das Fleisch mit der Fetthaut nach unten in die Kasserolle, gib bis zur Hälfte desselben heißes Wasser, 4 Löffel rothen Wein, decke es zu und laß es 3 Stunden langsam dünsten. Man wendet es öfters, um es von allen Seiten gut durchdünstet zu haben. Ist es hinreichend weich, löst man den Knochen vom Fleische ab, schneidet daraus dünne große Scheiben, aus 2000 Gramm beiläufig 12 Stück, stellt sie wieder zusammen und gibt sie in eine andere Kasserolle, passiert die Sauce und gießt sie über die Scheiben und läßt diese in der Sauce noch aufdünsten. Man gibt dazu entweder Kartoffeln oder besser noch Macaroni.

186. Rindfleisch mit Ingber.

Nimm ein Stück, etwa 3500 Gramm, von einem mürben Schlegel, klopfe es recht, salze es, dann lege es in ein mit Butter ausgeschmiertes Gefäß, belege es oben ebenfalls mit Butter, gieße einige Schöpflöffel voll Wasser darunter und laß es wenigstens anderthalb Stunden gut zugedeckt dünsten; es muß jedoch öfters umgewendet werden; dann nimm den Deckel ab, bestreue das Fleisch mit gestoßenem Ingber, gib es in eine wohlgeheizte Röhre und laß es von beiden Seiten schön braun braten; während des Bratens schmiere es mit Butter und siehe zu, damit auch der Saft recht braun werde. Beim Anrichten können geröstete Erdäpfel herumgegeben werden. Man kann diesen Braten entweder gleich nach der Suppe statt Rindfleisch, oder auch statt des Bratens auftragen; wird er statt Rindfleisch aufgetragen, so kann man dazu eine Soß bereiten, indem man in den braunen Bratensaft Rindsuppe zugießt und ihn mit brauner Einbrenn ein bischen einbrennt, dann entweder etwas Weinessig oder den Saft von einer Lemonie beifügt. Wenn er nach dem Rindfleische aufgetragen wird, kann man statt Erdäpfel auch eingelegte Gurken oder Gurkensalat dazu geben.

187. Rostbraten mit sauerem Schmetten.

Gib auf ein Reindel ein Stück Butter oder frisches Rindsfett, recht viel geschnittene Zwiebel und beiläufig zwanzig Pfefferkörner, lege darauf gut geklopfte und gesalzene Schnitzeln vom Rindsnierenfleisch, decke sie mit einer gut anliegenden Stürze zu und laß sie dünsten. Wenn sie weich sind, gib sie auf ein anderes Reindel, in den Saft, welcher sich mittelst Nachgießens der Suppe oder des Wassers gebildet hat, gieße noch einen, zu den Schnitzeln verhältnißmäßigen Theil mit ein wenig Mehl abgequirlten saueren Schmetten und beiläufig einen oder zwei Löffel voll Essig, seihe es über die Schnitzeln durch und laß es noch ein bischen kochen; wenn es zu dick ist, so gieße noch ein bischen Rindsuppe zu; dann gib die Schnitzeln auf die Schüssel, belege sie mit gerösteten Erdäpfeln und trage sie auf.

188. Faschirter Rostbraten auf eine andere Art.

Hacke 1500 Gramm Rindfleisch ohne Fett mit einer Zwiebel bis zum Teig, salze es, würze es ein wenig mit weißem Pfeffer, dann knete es durch und mache daraus längliche Karbanateln, tunke sie in aufgeschlagenem Ei, balliere sie in geriebener Semmel und laß sie backen, bis sie bräunlich sind; nun gib sie auf ein Reindel, in das Butterschmalz, worin sie gebacken haben, gib einen Kochlöffel voll Mehl und laß es ein wenig gelblich anbrennen, dann gieße darein ein bischen Rindsuppe und ein bischen Wein, füge hiezu ein bischen Kapperln, seihe es über den Rostbraten und laß es zusammen ein wenig kochen, hernach gib es auf die Schüssel, mache herum einen Kranz von gerösteten Erdäpfeln und trage es auf.

189. Beefsteak mit Erdäpfeln.

Häutle den Lungenbraten ab, schneide Schnitzeln daraus, klopfe sie mit dem Messerrücken so wie Karbanateln, und während des Klopfens salze sie ein bischen, dann schneide Speck auf kleine Würfeln, laß ihn heiß werden, gib dazu kleingeschnittene Zwiebel, lege die geklopften Schnitzeln darauf und laß sie schnell abdünsten. Die Abschnitzeln lege in ein anderes Gefäß, gib dazu Petersilie- und Selleriewurzeln, gelbe Rüben, ein bischen Thymian, einige Lorbeerblätter, und laß es hübsch bräunlich dünsten; während dem streue darüber einen Löffel voll Mehl und rühre es öfters um, damit sich eine braune Kruste am Boden des Gefäßes ansetze; hierauf gieße 4 Deciliter Rindsuppe daran, würze es mit Ingber, Pfeffer und Neugewürz, passiere es über die Schnitzeln, gib dazu ein wenig kleingeschnittene Lemonieschale und laß es ein wenig aufkochen, damit es nicht zu dick werde; sollte es jedoch geschehen, so muß man ein bischen Rindsuppe nachgießen.

Wenn du es auftragen willst, so drücke den Saft von einer Lemonie darauf, richte es in eine runde Schüssel an und mache herum einen Kranz von gerösteten Erdäpfeln. Die Erdäpfel werden also geröstet: Schäle schöne kleine Erdäpfel roh ab, schneide sie auf dünne Blätter und laß sie wenigstens eine halbe Stunde im kalten Wasser auswässern, dann trockne sie mit einer reinen Serviette ab, wirf sie in zerlassene Butter, salze sie und lasse sie schön goldgelb rösten; wer will, kann kleingeschnittene Zwiebel in der Butter braun rösten lassen und dann die Erdäpfel hineingeben. So bereitete Erdäpfel kann man zum jeden braungedünsteten Sauerfleisch als Beleg gebrauchen.

190. Beefsteak mit Sardellen.

Schneide mürbe Schnitzeln von Rindfleisch und klopfe sie dünn, bestreue sie mit Pfeffer, Salz und Majoran, laß auf einer Kasserolle kleingeschnittenen Speck oder Kernfett mit kleingeschnittener Zwiebel aufschäumen, lege die Schnitzeln darein und laß sie braun und weich dünsten; damit sie nicht anbrennen, gieße Rindsuppe löffelweis nach, und wenn sie weich genug sind, füge hiezu Sardellenbutter und laß sie noch ein wenig dünsten; dann lege sie auf eine warme Schüssel, in den Saft gib noch einige Löffel Rindsuppe und drücke darein den Saft von einer Lemonie, begieße damit die Schnitzeln und trage sie zur Tafel.

191. Lungen- oder ein anderer Rindsbraten.

Spicke ein Stück von allen Häutchen und Fett abgeputztes Rindfleisch aus und klopfe es mit einem hölzernen Klöppel gut durch; schneide ein Stück Speck in eine Bratpfanne, gib dazu die Abschnitzeln vom Fleisch, eine Zwiebel, ein Stück Zucker, Gewürznelken, Ingber, ganzen Pfeffer und laß es braun rösten, dann lege darauf das gespickte Fleisch, gieße etwas Rindsuppe und Weinessig zu, und laß es weich dünsten. Auch kann man einige Lorbeerblätter und etwas Thymian dazu geben. Wenn das Fleisch hinlänglich weich ist, so wird die Soß eingebrennt, Lemoniesaft darein ausgedrückt, dann wird sie durchgeseiht und etwas kleingeschnittene Lemonieschale und ein Stückchen weißen Zucker hineingegeben, daß sie süßlich wird; dann wird das Fleisch auf eine Schüssel gelegt, mit gerösteten Semmelbröseln bestreut und die Soß wird in einer Sauciere aufgetragen. Man kann es nach der Suppe statt Rindfleisch geben.

192. Lungenbraten.

Nimm beiläufig 2500 Gramm von einem schönen Lungenbraten, sondere alles Fett und die Häutchen schön ab, dann klopfe, salze und spicke es mit Speck; nun laß 7 Deciliter Weinessig mit einer geschnittenen Zwiebel, 12 Körnern Pfeffer, 4 Stück Ingber und ein bischen Thymian aufkochen, lege den Lungenbraten in ein Gefäß, begieße ihn mit dem Essig und laß ihn einige Tage darin liegen, mußt ihn jedoch täglich umwenden. Dann wird er wie ein Hase langsam gebraten und mit sauerem Schmetten begossen. Er kann entweder anstatt des Rindfleisches oder auch statt des Bratens aufgetragen werden; im erstern Falle richtet man ihn mit gerösteten Semmelbröseln an und die Soß kann extra gegeben werden.

193. Lungenbraten im Saft.

Häutle, klopfe und wasche ungefähr 2000 Gramm Lungenbraten, spicke ihn mit Speck recht durch, salze ihn und lege ihn in eine

Pfanne, wo du 1 Petersilie-Wurzel, eine gelbe Rübe, etwas Sellerie, eine große Zwiebel klein geschnitten gegeben hast, füge dazu 10 Körner Wachholder und ein Stück Butter, laß es zuerst auf der Platte dünsten, gieße nach und nach gute Rindsuppe dazu, dann laß es in der Röhre braten, bis der Speck schön gelb und resch wird. Schneide ihn dann auf dünne Blättchen und passire die Sauce darauf.

194. Lungenbraten auf eine dritte Art.

Häutle, klopfe und wasche ungefähr 2000 Gramm Lungenbraten, dann spicke ihn mit Speck recht durch; hierauf hacke eine Zwiebel klein, gib dazu gestoßenen Pfeffer, Ingber, Gewürznelken und ein bischen Thymianpulver, mische alles wohl untereinander und reibe den Lungenbraten damit recht ein; dann schmiere ein Gefäß mit Butter aus, belege den Boden mit in Scheiben geschnittener Zwiebel, Petersilienwurzeln, Sellerie, gelben Rüben und den Abschnitzeln von Speck, lege den Lungenbraten darauf, gieße dazu einen Schöpflöffel voll Rindsuppe und laß es zugedeckt so lange dünsten, bis es weich ist; gieße jedoch nach und nach einen Schöpflöffel voll Weinessig und 2 Deciliter rothen Wein darunter, dann brenne den Saft mit ein wenig dunkler Einbrenn ein und laß es recht kurz eindünsten; dann gib es auf eine Schüssel, passiere die braune Soß darüber, belege es mit Lemonieschnitten und trage es auf; es versteht sich, daß das überflüssige Fett früher abgeschöpft werden muß. So zubereitet kann der Lungenbraten auch kalt mit Essig und Öl genossen werden;

warm kann man ihn entweder statt Rindfleisch oder statt Braten auftragen; im ersten Falle wird die Soß separat in einer Sauciere dazu gegeben.

195. Schnitzeln von eingelegtem Lungenbraten.

Schneide von dem nach Rezept Nro. 192 eingelegten Lungenbraten dünne Schnitzeln, klopfe sie ein wenig mit dem Messerrücken, gib auf eine Kasserolle kleinwürflich geschnittenes Rindsfett und geschnittene Zwiebel, lege die geklopften Schnitzeln darauf, gib dazu eine Wurzel Petersilie, eine gelbe Rübe, ein halbes Kohlhäupel, alles kleingeschnitten, und laß es dünsten, bis die Schnitzeln weich und braun sind; dann gieße darauf 2 Deciliter Rindsuppe, 2 Deciliter Wein und laß es ein wenig aufkochen; hierauf lege die Schnitzeln in eine andere Kasserolle, zu der Suppe gib ein Stückchen brauner Einbrenn, laß sie aufkochen und seihe sie auf die Schnitzeln durch; wäre es zu dick, so gieße ein bischen Wein zu, füge etwas kleingeschnittene Lemonieschale bei, würze es mit Pfeffer, laß es noch ein bischen aufsieden und richte es an.

Im Falle kein eingelegter Lungenbraten vorhanden wäre, so kann man diese Schnitzeln aus einem mürben Stück Fleisch vom Schlegel schneiden, klopfen und nach der Vorschrift behandeln.

Soßen zum Rindfleisch

196. Zwiebelsoß.

Gib ein Stückchen Butter auf ein Reindel und mache eine dünne Einbrenn; wenn sie schön goldgelb ist, so gib ein bischen geriebene Semmel darein und laß sie nach Belieben braun werden; dann gib dazu kleingehackte Zwiebel und grüne Petersilie, nimm es von der Gluth, gib es in ein Töpfchen, gieße Rindsuppe darauf, laß es aufkochen und gib es dann in einer Sauciere auf die Tafel.

197. Geröstete Zwiebelsoß.

Laß feingeschnittene Zwiebel auf Butter röthlich dünsten, füge hiezu Mehl oder noch besser gelbe Einbrenn, lasse es mit Rindsuppe recht aufkochen und passiere sie.

198. Polnische Soß.

Mache die Einbrenn so wie bei der Zwiebelsoß; dann hacke klein ein Stückchen alter Zwiebel, einige Zehen Knoblauch, ein bischen Schnittling, ein bischen grüne Petersilie und grüne Zwiebel, wirf es in die Einbrenn und verfahre damit so wie mit der Zwiebelsoß.

199. Gelbe Zwiebelsoß.

Hacke Zwiebel klein, röste sie auf Butter und laß sie in guter Rindsuppe aufkochen; dann treibe eine abgeriebene im Wasser geweichte ausgedrückte Semmel mit ein bischen feinpulverisirtem Safran und einem Stückchen Butter ab, gieße die Zwiebelsuppe darüber, quirle es ab, brenne es mit dünner gelblicher Einbrenn ein und gib es zur Tafel.

200. Zwiebelsoß mit Wein.

Röste zuerst eine feingeschnittene Zwiebel schön goldbraun; wenn sie gelb zu werden anfängt, gib dazu einen Kaffeelöffel voll Mehl, 2 gehäufte Eßlöffel voll geriebenen Hausbrodes und laß es zusammen schön goldbraun rösten; dann gib es in ein Soßtöpfchen, gieße darauf einen Theil Wein, zwei Theile Suppe und einen Eßlöffel voll guten Weinessig, röste ein Stückchen Zukker schön braun, gib ihn dazu und lasse es aufkochen. Die Soß kann auch zum übriggebliebenen Braten benützt werden, wo man noch etwas kleingeschnittene Lemonieschale oder Kapperln, oder auch Sardellenbutter beifügen kann; es ist immer gut.

201. Gurkensoß.

Schneide sauere Gurken auf kleine viereckkige Stückchen, gib sie in ein Töpfchen, gieße darauf Rindsuppe und ein bischen guten Weinessig, laß es aufkochen, mache eine braune Einbrenn bloß von Mehl und brenne es ein; dann laß ein Stückchen Zucker braun rösten, gib ihn dazu, und noch ein Stücken weißen Zucker, laß es aufkochen und gib es zur Tafel. Diese Soß kann man zum Rindfleisch wie auch zu einem gedünsteten Schöpsen- oder Kalbschlegel gebrauchen.

202. Soß von frischer Gurke.

Schneide eine abgeschälte frische Gurke auf kleine Stücke, gib sie in ein Töpfchen, füge hiezu kleingeschnittene grüne Petersilie, ein bischen Essig, gieße darauf eine Rindsuppe und laß es kochen; in ein anderes Töpfchen gib ein Stück frische Butter, beiläufig zwei Kochlöffel voll Mehl, und verrühre es mit ein bischen lauwarmer Suppe, dann gieße darauf den Absud, quirle es recht ab und laß es noch ein wenig aufkochen; wenn du die Soß auftragen willst, quirle darein noch einen frischen Dotter.

203. Knoblauchsoß.

Laß feingeschnittene Zwiebel auf Butter rösten und staube sie mit Mehl ein, reibe einige Zehen Knoblauch je nach Bedarf mit Salz, füge es zu der Zwiebel, gieße Rindsuppe nach, laß es recht aufkochen und passiere es.

204. Dillensoß.

Hacke die Dille ganz klein, gib sie in ein Töpfchen, gieße darauf Rindsuppe und ein bischen guten Weinessig und lasse es aufkochen; indessen gib in ein anderes Töpfchen ein Stückchen Butter, einige Kochlöffel voll feinen Mehles, einen Eierdotter und etwas saueren Schmetten, rühre alles wohl ab, gieße dann die kochende Dille darein, quirle es recht ab und lasse es noch ein bischen aufkochen.

205. Braune Dillensoß.

Lasse feingehackte Dillenblätter in der Rindsuppe und ein bischen Weinessig ein wenig aufkochen, gib dann eine braune Einbrenn in den Soßtopf, gieße die Dillensuppe darein, sprudle es recht ab, verdünne es mit sauerem Schmetten und lasse es noch ein wenig aufkochen.

206. Soß von Sellerie.

Schneide auf feine Nudeln Sellerie, laß sie in Rindsuppe weich kochen, mache von 40 Gramm Butter eine lichte Einbrenn und verrühre es mit der Rindsuppe, worin die Sellerie gekocht hat; wenn sie glatt, füge die Sellerie hiezu.

207. Soß von Gewürz.

Mache von 35 Gramm Rindsfett eine braune Einbrenn, gib dazu eine zerschnittene Zwiebel, 10 Körner Pfeffer und 10 Körner Neugewürz, ein Stück Ingber, 2 Lorbeerblätter, ein Stückchen Thymian, gieße darauf soviel Rindsuppe, als zur Soß nöthig ist, und gib dazu etwa zwei Löffel voll Essig; wenn alles zusammen recht lange gekocht hat, seihe es in einen Topf durch; wenn die Soß zu dick ist, gieße etwas Suppe zu, koste sie, und wenn sie wenig sauer ist, gib ein wenig Essig dazu.

208. Soß von Kerbelkraut.

Stoße im Mörser eine Hand voll Kerbelkraut und drücke den Saft durch eine Leinwand, dann nimm 3 hartgesottene Dotter und einige getrocknete und im Weinessig eingeweichte Semmelschnitzeln, beides stoße recht im Mörser, mache es mit Essig ein, den Kerbelsaft mische dazu und süße es mit einem Stückchen Zucker. Ein wenig Zucker, 2 Deciliter Essig und von einer halben Semmel getrocknete Schnitzeln sind hinlänglich auf 3 Dotter. Diese Soß gibt man kalt in dazu eingerichteten Saucieren auf die Tafel. Will man es süßer haben, gibt man etwas Zucker dazu.

Bei einer Gasttafel gibt man nebst dieser Soß noch eine warme, weil nicht ein Jeder eine kalte Soß gern ißt.

209. Kümmelsoß.

Lasse den Kümmel recht kochen in Rindsuppe, füge Einbrenn hiezu, eine Zehe Knoblauch mit Salz zerrieben, etwas Pfeffer, lasse es aufkochen und passiere es. Mit einem Dotter und etwas Schmetten wird es zuletzt abgequirlt.

210. Sauere Schmettensoß.

Zerschneide eine Zwiebel, gib sie in ein Töpfchen, dazu ein bischen Thymian, 2 Lorbeerblätter, 6 Körner Pfeffer, 6 Körner Neugewürz, ein Stückchen Ingber, gieße darauf 3 Theile Suppe, einen Theil Weinessig und laß es eine Viertel Stunde kochen, dann seihe es durch, brenne es mit brauner Einbrenn ein, gieße dazu ein bischen saueren Schmetten und laß es noch ein wenig aufkochen. Gibt man dazu geschnittene Lemonieschale, so ist es noch besser.

211. Schmettenkren.

In ein Töpfchen von halbem Liter gib süßen Schmetten und lasse darin 18 Gramm Zucker, 20 Gramm geschälter, entweder geriebener oder feingeschnittener süßer Mandeln kochen: in ein anderes, etwas größeres Töpfchen gib ein Stückchen frischer Butter, einen Kaffeelöffel voll feinen Mehles, rühre es mit ein wenig kaltem abgekochtem Schmetten ab, dann gieße den kochenden Schmetten darein und lasse es noch ein wenig sieden; nun gib dazu einen schönen weißen geriebenen Kren, rühre es ab, lasse es nicht mehr kochen, sondern gieße es in die Soßschale und trage es auf.

212. Suppenkren.

Reibe Kren, vermische ihn mit geriebener Semmel, gib ihn in ein Töpfchen, dazu ein bischen Muskatenblüte, ein Stückchen frischer Butter, gieße Rindsuppe darauf und laß es aufkochen. Oder es kann die Semmel abgerieben, im Wasser geweicht, ausgedrückt, mit Butter abgetrieben und die Rindsuppe darauf gegossen werden; hierauf läßt man es aufkochen, und wenn der Kren nicht zu scharf ist, so gibt man ihn dazu erst dann, wenn es bereits aufgekocht hat, sonst verliert es an Schärfe. Dies muß auch beim Schmettenkren beobachtet werden.

213. Soß von Reizkern.

Nimm einige frische Reizker, die Wurzeln schneide ab, die Köpfchen wasche aus, dann schneide sie länglich, laß sie mit einem Stück Butter und ein bischen Kümmel wohl zugedeckt dünsten, und gieße öfters Rindsuppe löffelweis nach; dann gib es in ein Töpfchen, gieße darein ein bischen Weinessig und noch so viel Rindsuppe, wie viel Soß du benöthigest, brenne es mit blaßgelber Einbrenn ein und lasse es aufkochen; hernach füge hiezu einige Löffel voll dicken saueren Schmetten, rühre es recht ein und gieße es in die Sauciere.

214. Sardellensoß.

Wasche 2 schöne Sardellen in frischem Wasser rein, löse sie von den Gräten, treibe sie mit frischer Butter ab, gib sie in ein Töpfchen, gieße darauf Rindsuppe und ein bischen Weinessig, brenne es mit brauner Einbrenn ein und gib es zur Tafel. Wer die Soß nicht säuerlich haben will, kann den Essig auslassen.

215. Soß von Stachelbeeren.

In einen Topf etwa von 4 Decilitern gib 2 Deciliter unreife Stachelbeeren, gieße darauf eine Rindsuppe und lasse es kochen, dann seihe es durch; in einem andern Töpfchen mache ein Stückchen frische Butter mit zwei Kochlöffeln voll Mehl und etwas kalten Schmetten ein und quirle damit die Soß ein; sollte sie wenig sauer sein, gib etwas Essig zu; wenn sie auf die Tafel aufgetragen werden soll, sprudelt man 1 oder 2 Dotter hinein.

216. Kalte Soß.

Nimm einige in Essig aufgeweichte Semmelschnitten, 3 hartgesottene Eierdotter, ein bischen Thymian, einige Lorbeerblätter, etwas Kapperln, 1 Stück Zwiebel, 2 Sardellen, zerstoße alles in einem messingenen Mörser, gieße darauf ein bischen Tafelöl und Weinessig, dann seihe es durch, füge hiezu noch einige Löffel voll Rindsuppe und gib es zur Tafel. Diese Soß kann sowohl zum Rindfleisch als auch zum kalten Kalbsbraten gebraucht werden.

217. Eine andere kalte Soß.

Stoße in einem messingenen Mörser 3 hartgesottene Dotter mit 18 Gramm geschälter Mandeln, gib dazu 10 Gramm Zukker, 2 Löffel feines Brabanter (Provenzer) Öl, 8 Löffel guten Weinessig, ein bischen geschnittenen Schnittling, 3 gereinigte kleingeschnittene Sardellen, und mische alles gut durch; sollte es zu dick sein, so gieße Essig zu, damit es so verdickt ist, wie eine andere Soß. Die Soß kann sowohl zum Rindfleisch als auch zum kalten Braten benützt werden.

218. Noch eine andere kalte Soß.

Schneide 3 hartgekochte Dotter, 4 gereinigte Sardellen und eine halbe weiße Zwiebel, jedes extra recht fein, dann gib es auf eine Schüssel, füge hiezu 2 Löffel Brabanter Öl, 4 Löffel Senf, 10 Gramm gestossenen Zucker und so viel guten Weinessig, damit es so verdickt ist, wie eine andere Soß. Diese Soß kannst du entweder zum Rindfleisch oder zum kalten Braten geben, so auch zu blaugesottenen oder marinirten Fischen.

Vom Kalb

219. Birnen oder Äpfel von Kalbfleisch.

Schneide aus 250 Gramm Kalbfleisch alle Fasern heraus, dann zerschneide es auf Stükke, klopfe es, salze es ein wenig und laß es auf frischer Butter weich dünsten; wenn es gedünstet ist, zerhacke es ganz klein, gib dazu eine abgeriebene, im Schmetten geweichte, ausgedrückte Semmel, 6 gerührte Eier, und stoße alles in einem messingenen Mörser; willst du es grünlich haben, so füge hiezu wie ein halbes Ei großes Stückchen Spinatmark, gib dazu etwas kleingeschnittene Lemonieschale, würze es mit Muskatenblüte, salze es gehörig, mische alles recht durcheinander und dann formire daraus entweder Äpfel oder Birnen; statt des Putzens stecke in die Mitte eines jeden Stückes eine Gewürznelke mit dem Blümchen nach oben und statt des Stieles stecke wieder eine Gewürznelke mit dem Blümchen nach innen; dann laß sie in der Rindsuppe kochen. Die Abschnitzeln laß mit ein bischen Zwiebel und Petersiliewurzel schön bräunlich dünsten, bestreue es mit Mehl und laß am Boden eine Kruste anlegen, dann gieße daran 2 Deciliter österreicher Wein und 2 Deciliter Rindsuppe, gib dazu etwas kleingeschnittene Lemonieschale, würze es mit Muskatenblüte und laß es aufkochen; hierauf lege die gekochten Birnen in eine Schüssel, seihe die Soß darüber, drücke noch den Saft von einer Lemonie daran und laß es wohl zugedeckt ein Weilchen auf einem warmen Orte stehen, damit es den Geschmack der Soß anziehe, doch nicht mehr koche; dann trage es auf.

220. Gefüllte Kalbschnitzeln.

Wenn von einem Kalbschlegel etwas übrig bleibt, so schneide davon gleiche dünne Schnitte, zerreibe zwei große abgeputzte Sardellen mit 70 Gramm Butter, gib dazu eine halbe fein zerhackte Zwiebel, ein bischen Majoran, eine halbe geriebene Semmel, und rühre alles recht durch, bestreiche immer ein Blättchen damit, ein anderes drücke darauf, dann tunke sie in ein aufgeschlagenes Ei, bestreue sie mit Semmelbröseln und backe sie in heißem Butterschmalz.

221. Gerollte Kalbschnitzeln.

Schneide recht dünne Kalbschnitzeln und klopfe sie auf beiden Seiten mit dem Messerheft. Treibe 105 Gramm gereinigte Sardellen mit 105 Gramm Butter ab und füge hiezu ein bischen kleingeschnittene Zwiebel, dann schmiere die Schnitzeln mit Sardellenbutter ein, rolle sie und winde jedes mit einem reinen Faden um. Nun gib auf ein Reindel ein Stück frische Butter und eine kleingeschnittene Zwiebel, lege darauf die Schnitzeln und laß sie zugedeckt dünsten; wenn der Saft einzutrocknen beginnt, so mußt du allmälig Rindsuppe nachgießen, damit die Schnitzeln nicht anbrennen und der Saft eine schöne röthliche Farbe annehme. Wenn du die Schnitzeln auftragen willst, so gieße ein bischen Wein darunter und streue hiezu einen Kaffeelöffel voll geriebener Semmel; dann schlichte die Schnitzeln, von welchen du die Fäden abnehmen mußt, in die Mitte der Schüssel, mache herum einen Kranz von wälschen, in gesalzenem Wasser gekochten Makaronen und begieße alles mit dem Saft, worin die Schnitzeln gedünstet haben. Auch kannst du Reis in der Rindsuppe mürbe kochen lassen und ihn dann um die Schnitzeln herumgeben.

222. Kalbschnitzeln mit sauerem Schmetten.

Schneide und klopfe Schnitzeln entweder vom Kalbschlegel oder von der Schulter so wie die vorigen, salze sie während des Klopfens, dann bestreue sie auf beiden Seiten mit Ingber, tunke sie zuerst in zerlassener Butter ein, dann ballire sie in geriebener Semmel, lege sie in eine flache, mit Butter ausgeschmierte Kasserolle und laß sie auf beiden Seiten schön braun braten; während dem begieße sie zeitweilig mit sauerem Schmetten, dem du ein wenig klare Rindsuppe beimischen kannst, und gib auch etwas Lemonieschale dazu. Wenn du sie auftragen willst, richte sie auf eine Schüssel an, in die Soß drücke Lemoniesaft und seihe sie über die Schnitzeln.

223. Kalbschnitzeln mit sauerem Schmetten auf eine andere Art.

Schneide vom Kalbschlegel zierliche Schnitzeln, klopfe sie recht und salze sie, dann bestreiche sie mit zerlassener Butter, bestreue sie ein bischen mit gestoßenem Pfeffer, kleingeschnittener Lemonieschale und geschnittenen Kapperln, und besprenge sie mit zerlassener Sardellenbutter; nun rolle sie ein, ziehe sie einigemal mit geschnittenem Speck durch, tunke sie in Butter, ballire sie in geriebener Semmel und laß sie auf einer Kasserolle schön bräunlich backen; hernach richte sie auf eine Schüssel an, mit welcher sie auf den Tisch kommen, gib in ein Töpfchen von zwei Sardellen Sardellenbutter, ungefähr ein halbes Kaffeelöfferl voll Mehl, verrühre es mit einigen Löffeln voll österreicher Wein, gieße darein 2 Deciliter dicken saueren Schmetten, füge hiezu ein bischen kleingeschnittene Lemonieschale, gieße es über die Schnitzeln, stelle die

Schüssel in die Röhre auf einen Dreifuß und laß es ein wenig eintrocknen, dann drücke darein von einer Lemonie den Saft und trage es auf.

224. Kalbschnitzeln mit Wein.

Schneide fingerdicke Schnitzeln in der Größe eines Karbanatels entweder von einer rohen schönen Schulter oder vom Schlegel, klopfe sie wie die Karbanateln mit dem Messerrücken und salze sie während des Klopfens; dann schneide die Hälfte einer kleinen Zwiebel und auf 250 Gramm Schnitzeln 35 Gramm frischen Speck in kleine Würfel, gib es auf ein flaches Reindel oder eine Kasserolle, lege die Schnitzeln darauf und laß sie schnell dünsten; wenn sie auf beiden Seiten schön braun sind, gib in ein Töpfchen 18 Gramm Butter, laß sie zergehen, gib darein einen Kaffeelöffel voll feinen Mehles, zerreibe es, gieße daran ein Deciliter Rindsuppe und ein Deciliter österreicher Wein, quirle es ab, dann gieße es über die Schnitzeln und laß alles aufdünsten; ist die Soß zu dick, so gieße noch Suppe zu; wenn du willst, so kannst du Lemonieschale und Saft beifügen, oder es nur so lassen.

225. Kalbschnitzeln mit Kapperln.

Schneide, klopfe und salze Schnitzeln von Kalbfleisch; schmiere eine Kasserolle mit Butter aus, bestreue den Boden mit geschnittener Zwiebel, belege ihn mit geschnittenem Speck, füge hiezu ein bischen Thymian- und Lorbeerblätter, ein Stück Sellerie, ein Stück gelbe Rübe, ein Stück Petersiliewurzel, alles in Scheiben geschnitten, ferner einige Körner Neugewürz, einige Körner Pfeffer und ein Stück Ingber, lege die Schnitzeln darauf und laß sie bräunlich dünsten; wenn sie

genug weich sind und die Zwiebel unter ihnen braun eingedorrt ist, so lege die Schnitzeln in eine andere Kasserolle, auf das Grünzeug gieße 2 Deciliter Rindsuppe, 2 Deciliter österreicher Wein, drei Löffel voll guten Weinessig, und laß es ein wenig aufkochen. Indessen laß zwei Löffel voll geriebener Semmel mit einem Kaffeelöffel voll Mehl goldgelb rösten, bestreue damit die Schnitzeln, seihe darüber den Absud, füge hiezu kleingeschnittene Lemonieschale, einen Löffel voll schöne frische Kapperln und laß es noch aufkochen.

226. Kalbschnitzeln mit Sardellen.

Schneide fingerdicke Schnitzeln in der Größe eines Karbanatels entweder vom Kalbschlegel oder von der Schulter, klopfe und salze sie, gib sie auf ein Reindel, hiezu ein Stückchen Butter (auf 500 Gramm Schnitzeln 35 Gramm Butter), eine halbe feingeschnittene Zwiebel, und laß es so lange dünsten, bis der Saft ganz eindünstet, dann gieße löffelweis Rindsuppe zu, bis die Schnitzeln weich genug sind; indessen mache Sardellenbutter, z. B. auf 500 Gramm

Schnitzeln nimm 2 schöne Sardellen, zerreibe sie mit Butter, gib sie zu den Schnitzeln, würze es mit Muskatenblüte, und laß es eindünsten, bis die Schnitzeln nur so wie im Safte sind; dann richte sie zierlich auf die Schüssel an, bestreue sie mit in Butterschmalz goldgelb gerösteten Semmelbröseln und die Schüssel ziere mit Lemonievierteln. Wenn keine Gäste sind, so müssen die Schnitzeln nicht gerade vom Schlegel sein; auch können die Lemonievierteln ausbleiben. Auch kann ungeklopftes Kalb- oder junges Schöpsenfleisch eben so gedünstet und bereitet werden, wobei eine geübte Hausfrau sich ohnehin zurecht finden weiß; für das Haus kann man, wenn nur der Wohlgeschmack erzielt ist, die Zierlichkeit der Ersparniß wegen leicht entbehren.

227. Kalbschnitzeln von kaltem Braten.

Schneide Schnitzeln von einem halben Kalbschlegel, schmiere eine blecherne Schüssel oder Kasserolle mit Butter aus, gib darauf eine Lage der Schnitzeln und bestreue sie mit geriebener Semmel, dann wasche Sardellen in kaltem Wasser rein, löse sie von den Gräten, zerreibe sie mit frischer Butter und belege damit die bestreuten Schnitzeln, darauf gib wieder Schnitzeln, bestreue sie mit Semmel und belege sie abermals mit Sardellen, hierauf kommen wieder Schnitzeln und so fort, bis alles gar ist; dann gieße Rindsuppe darüber und laß es in einer Röhre aufdünsten. Auf den Tisch gib es in derselben Schüssel oder Kasserolle.

228. Gedünstetes Kalbfleisch.

Ein Kalbsbrüstel gib auf ein Reindel, dazu ein Stück Butter, eine auf Scheiben geschnittene Zwiebel, ein bischen Thymian, salze es und laß es schön gelblich dünsten; dann gieße daran halb Rindsuppe, halb Weinessig, und ist der Essig zu scharf, also drei Theile Rindsuppe und einen Theil Essig, und laß es ein bischen aufkochen; hernach nimm das Brüstel heraus, gib es auf ein anderes Reindel, bestreue es mit geriebener Semmel, seihe die Soß darüber, gib dazu kleingeschnittene Lemonieschale, Kapperln, Neugewürz und Muskatenblüte, und laß es noch ein wenig aufkochen; sollte es zu dick sein, so kanst du entweder Suppe oder Essig, je nach dem als er sauer ist, zugießen. – So kann man auch übriggebliebenen Kalbsbraten zubereiten.

229. Gespickte Kalbsbrust.

Aus einer schönen Kalbsbrust löse die Knochen aus und die Kalbsbrust wasche in kaltem Wasser; gib auf eine Kasserolle ein Stück Butter, ein Stück geschnittenen Speck, zwei Zwiebeln, eine gelbe Rübe, eine Petersiliewurzel und eine Sellerie, alles in Scheiben geschnitten, lege die Kalbsbrust darauf und laß sie wohl zugedeckt nur eine Weile dünsten, dann nimm sie heraus, salze sie ein wenig, spicke sie mit geschnittenem Speck so wie einen Hasen in einigen Reihen recht durch, lege sie wieder in die Kasserolle und laß sie dünsten; sie darf jedoch nicht bräunlich werden, weßhalb öfters Rindsuppe löffelweis nachgegossen werden muß. Ungefähr eine halbe Stunde vor dem Auftragen lege die Kalbsbrust auf eine andere Kasserolle, den Saft seihe durch, gieße ihn unter die Kalbsbrust, stelle sie in eine heiße Röhre mit der gespickten Seite nach oben, wie sie ohnedem fortwährend liegen muß, und begieße sie fleißig mit dem Safte, bis sie eine schöne bräunliche Farbe annimmt, dann richte sie auf eine Schüssel an, in den Saft verrühre von zwei Sardellen Sardellenbutter und gieße ihn über die Kalbsbrust.

230. Gefüllte Kalbsbrust.

Aus einer schönen Kalbsbrust löse die Knochen aus, mache darin eine Öffnung für das Füllsel und lege sie in lauwarmes Wasser. Hacke klein 250 Gramm Kalbfleisch ohne Fett von der Schulter und sondere davon alle Fasern aus, gib dazu beiläufig 50 Gramm Rindsmark, zwei gerührte Eier, eine halbe abgeriebene, im Wasser geweichte, ausgedrückte Semmel, hacke noch alles recht zusammen und mische es gut durch, dann gib es auf eine Schüssel, salze es, würze es ein bischen mit gestoßener Muskatenblüte, schließlich schlage darein noch ein ganzes Ei und rühre es wohl ab; nun salze die Kalbsbrust ein bischen, fülle sie mit dem Gemisch (was übrig bleibt, davon mache kleine Knöderln), nähe sie zu, lege sie auf eine mit Butter ausgeschmierte Kasserolle und laß sie weich dünsten: bräunlich darf sie nicht werden, weßhalb öfters ein bischen Rindsuppe nachgegossen werden muß. Wenn die Kalbsbrust weich ist, lege sie auf eine andere Kasserolle, in den Saft gieße Rindsuppe zu und koche darin die Knöderln, dann nimm sie heraus und lege sie zu der Kalbsbrust, die Suppe brenne mit ein bischen weißer Einbrenn ein und laß sie aufsieden, hernach seihe sie über die Kalbsbrust und laß es noch eine Weile aufkochen; dann richte die Kalbsbrust in die Mitte der Schüssel an, die Knöderln gib herum, in die Soß füge noch ein bischen gestoßene Muskatenblüte bei und seihe sie darüber.

231. Kalbsbrust mit Weinsoß.

Löse aus der Kalbsbrust alle Knochen aus, salze sie und laß sie auf Butter und geschnittener Zwiebel noch mit einem Stückchen Kalbfleisch dünsten; es darf jedoch nicht bräunlich werden, weßhalb öfters Rindsuppe löffelweis nachgegossen werden muß. Gib in ein Töpfchen 2 Deciliter Rindsuppe, 2 Deciliter österreicher Wein, 3 Zehen Knoblauch, eine halbe Zwiebel, 10 Körner Neugewürz, ein Stückchen Ingber, 2 Lorbeerblätter, ein bischen Thymian, und laß es kochen. Hierauf nimm das Stückchen Kalbfleisch, welches mit der Kalbsbrust gedünstet hat, 2 oder 3 hartgekochte Eierdotter, eine halbe Zwiebel und 18 Gramm im Mehl umgewälzte Butter, stoße alles wohl in einem messingenen Mörser, gieße den gekochten Wein dazu, quirle es recht ab, seihe es über die Kalbsbrust und laß sie darin ein Weilchen aufkochen; dann würze es mit Muskatenblüte und Lemonieschale und richte es auf eine warme Schüssel an. Wer will, kann noch den Saft von einer Lemonie daran drücken, es ist aber nicht nothwendig.

232. Gebackene Kalbsbrust-Knorpeln.

Wasche eine schöne Kalbsbrust zuerst im kalten Wasser, dann gieße darauf noch warmes Wasser, damit sich alles Blut gehörig ablöse. Schmiere eine Kasserolle mit Butter aus, belege den Boden mit Zwiebel-, Sellerie- und Petersilie-Scheiben, lege die Kalbsbrust darauf, salze sie, gieße darunter beiläufig 2 Deciliter Wasser, decke es zu und laß es ungefähr eine Viertel Stunde kochen; dann nimm die Kalbsbrust heraus, lege sie auf ein Brett, schneide mit einem scharfen Messer alle Knorpeln von den Rippen weg und zerschneide sie auf zwei Finger breite Stükke; ebenso zerschneide auch alle Rippen jede für sich. Nun bestreiche den Boden eines Reindels recht dick mit Butter, schneide eine ganze Zwiebel, eine halbe Sellerie und eine halbe Petersilie auf Scheiben, belege damit den Boden des Reindels, dann ordne darauf alle Schnitzeln, salze es zu, bedecke es mit einer Stürze und laß es dünsten; siehe jedoch öfters nach, damit es überall gleich dünste und nicht bräunlich werde, weshalb es öfters umgewendet und löffelweis entweder Wasser oder Suppe nachgegossen werden muß. Wenn es weich genug ist, nimm ein Stück nach dem andern heraus auf eine Schüssel und decke es mit einer andern Schüssel zu, damit es nicht abtrockne; den Saft seihe durch ein dichtes Sieb in ein anderes Reindel und laß ihn noch dicklich einsieden, dann stelle ihn ab und laß ihn auskühlen; hernach verrühre darein drei frische Eierdotter, stelle es wieder auf die Platte und laß es unter beständigem Rühren nur ein wenig überwallen, dann laß es abermals auskühlen. Nun bestreiche mit dem Brei ein jedes Schnitzel auf beiden Seiten messerrückendick, bestreue es mit geriebener, durchgesiebter Semmel, dann tunke es in zerlassener Butter und bestreue es abermals mit geriebener Semmel; hernach ordne alle Schnitzeln auf eine Blechpfanne, worauf du früher ein reines, mit frischer Butter dick beschmiertes Papier gelegt hast, und stelle sie zehn Minuten vor dem Auftragen auf die heiße Platte; in drei Minuten werden sie unten röthlich, dann nimm sie von der Platte weg, in einer kleinen Weile wende sie alle vorsichtig um, stelle sie wieder auf die Platte und laß sie auch auf der andern Seite röthlich werden; hierauf nimm sie vom Papier vorsichtig ab und belege damit eine köstliche Grünspeise; willst du sie jedoch als eine selbstständige Speise auftischen, so ordne sie auf eine Schüssel, den übriggebliebenen Saft vermische mit ein bischen starker Suppe und Lemoniesaft, und gieße es über die Schnitzeln. – Die Bereitung dieser Schnitzeln erfordert eine große Vorsicht, sie sind aber sehr gut.

233. Kalbschlegel.

Nimm einen halben Kalbschlegel, nämlich das fleischige, schneide davon alle Häutchen ab, dann klopfe ihn, waschc ihn ab, salze ihn ein und spicke ihn aus; nun schmiere eine Bratpfanne mit Butter aus, lege den Schlegel hinein, gib dazu die Abschnitzeln und Häutchen vom Schlegel und vom Speck, dann eine zerschnittene Zwiebel, decke es gut zu und laß es dünsten, bis es hübsch braun wird; gib aber Acht, daß es nicht anbrennt, deßwegen muß man löffelweis Rindsuppe zugießen, bis es weich ist; dann gib den Schlegel auf eine andere Bratpfanne, gieße in den Saft 2 Deciliter Wein und 2 Deciliter Rindsuppe, brenne es mit einer braunen Einbrenn und braun geröstetem Zucker ein, dann seihe es auf den Schlegel durch, gib dazu noch ein Stückchen weißen Zucker und kleingeschnittene Schale von einer halben Pomeranze, und laß es noch etwas aufkochen; dann gib es auf die Schüssel und belege es herum mit halbmondförmigen Pomeranzenschnitten; auch kann man auf die Soß etwas Pomeranzensaft ausdrücken; in Ermangelung einer Pomeranze kann man auch eine Lemonie benützen – es ist auch schmackhaft.

234. Halber Kalbschlegel gedünstet.

Aus einem Kalbschlegel schneide das eingerundete fleischige Stück (sogenannte Nuß) heraus, häutle es so wie einen Hasen, wasche es rein ab, salze es und ziehe es mit geschnittenem Speck recht durch, dann lege es in eine mit Butter ausgeschmierte Kasserolle, gib dazu ein Stück blätterig geschnittenen Speck, eine Zwiebel, ein Stück Sellerie, eine Petersiliewurzel und eine gelbe Rübe, alles in Scheiben geschnitten, decke es zu, und laß es dünsten, bis es weich wird; umgewendet darf es nicht werden, aber anfangs begieße es mit dem Safte, und wenn es auszutrocknen beginnt, so gieße wechselweise immer einmal österreicher Wein und einmal Rindsuppe löffelweis darüber, damit es immerwährend in einem blaßbraunen Safte dünste. Vor dem Auftragen stelle es in die heiße Röhre auf einen Dreifuß, begieße es noch mit dem Safte, besprenge es mit Butter und laß es oben goldgelb abbacken; unten darf es jedoch nicht ganz austrocknen, weßhalb stets Wein und Rindsuppe löffelweis nachgegossen werden muß; es versteht sich, daß die Suppe nicht viel gesalzen sein darf, sonst würde es versalzen. Hernach lege das Fleisch auf eine warme Schüssel, von dem Safte schöpfe das überflüssige Fett ab und den Saft seihe über das Fleisch durch. Wer will, kann in den Saft, bevor derselbe über das Fleisch durchgeseiht wird, den Saft von einer Lemonie beifügen. Diese Speise eignet sich für wenige Personen anstatt eines Bratens und ist ansehnlich und schmackhaft.

235. Kalbschlegel mit Selleriesoß.

Klopfe einen Kalbschlegel recht mürbe und häutle ihn, dann schneide das obere Fleisch bis zum Knochen ab, salze und spicke es zierlich, schmiere eine Kasserolle mit Butter aus, lege das Fleisch hinein, gib dazu Sellerie, Petersiliewurzel und eine halbe gelbe Rübe, alles kleingeschnitten, und laß es wohl zugedeckt dünsten; damit es sich nicht anlege oder braun werde, gieße löffelweis ein wenig Rindsuppe nach. Koche in der Rindsuppe 2 große Sellerien, eine nicht sehr weich, die andere recht weich; wenn die Sellerien klein sind, also koche von jeder zwei; mache ein wenig weiße Einbrenn, gieße daran etwas von der Suppe, worin die Sellerien gekocht haben, und zerrühre darin die ganz weich gekochte Sellerie, dann laß es ein bischen aufkochen und würze es mit Muskatenblüte. Wenn du auftragen willst, so lege den Schlegel auf eine warme Schüssel, die Soß gieße in den Saft, vermische ihn mit derselben und passire dann die Soß über den Schlegel; die fester gekochte Sellerie schneide in schöne runde Blätter oder in Halbmonde, lege davon um die Schüssel einen Kranz aus und stecke in jedes Stückchen ein zierliches Sellerieblatt, so sieht es allerliebst aus. Man kann wohl einen ganzen Schlegel so bereiten, es sieht aber nicht so zierlich aus, worauf man bei einem ansehnlichen oder lieben Gaste vorzüglich sein Augenmerk richten muß.

236. Kalbschlegel mit Schmetten.

Klopfe einen mürben Kalbschlegel noch mürber, häutle ihn so wie einen Rehschlegel und spicke ihn mit frisch geselchtem Speck, welchen du zuvor im Salz und Pfeffer umwälzen mußt, entweder so wie man gewöhnlich spickt, oder steche mit einem zugespitzten Kochlöffelstiel Löcher hinein und stecke ihn mit Speck voll. Die Abschnitzeln sowohl vom Schlegel als vom Speck lege mit einem Stückchen Butter in die Bratpfanne, lege den Schlegel, welchen du noch ein bischen mit Salz bestreuen mußt, darauf, gieße ein wenig Wasser darunter, und laß ihn braten wie einen gewöhnlichen Braten; wenn er zur Hälfte gebraten ist, so verrühre in einem Töpfchen einen Kaffeelöffel voll feinen Mehles mit ein bischen zerlassener Butter, gieße darein 4 Deciliter österreicher Wein und 2 Deciliter saueren Schmetten, quirle es recht ab, und begieße damit den Schlegel nach und nach, so bildet sich eine schöne gelbe, wohlschmeckende Kruste darüber. Wenn du auftragen willst, lege den Schlegel auf eine gewärmte Schüssel (was vorzüglich im Winter bei allen Speisen zu beobachten ist), in die Soß drücke den Saft von einer Lemonie, seihe sie durch, gieße sie unter den Schlegel, bestreue ihn mit kleingeschnittener Lemonieschale, ziere die Schüssel mit Lemoniescheiben und trage es zur Tafel. Diese Speise eignet sich zum Eingemachten; man kann sie aber auch mit Ausschluß der Lemonieschale und Lemonieschnitten dem Braten zugesellen, in welchem Falle jedoch die Schüssel und der Braten bloß mit Petersilieblättern geziert wird.

237. Gespickter Kalbschlegel mit Wein.

Nimm einen schönen mürben Kalbschlegel, klopfe ihn recht, häutle und wasche ihn rein, dann salze und spicke ihn recht reich; man kann ihn entweder mit ausgekühltem Essig, worin Zwiebel und Gewürz gekocht hat, begießen und so einige Tage liegen lassen, oder gleich, ohne ihn zu beizen, braten; ist er gebeizt, so wasche ihn wieder in reinem Wasser ab, lege ihn auf eine mit

Butter geschmierte Bratpfanne mit der gespickten Seite nach unten, gieße 2 Schöpflöffel Wasser darunter, und laß ihn bei öfterem Umwenden halb braten, dann gieße 2 Deciliter österreicher Wein unter und laß ihn gar braten; wenn er auf der ungespickten Seite schon braun ist, so wende ihn mit der gespickten nach oben, laß in einem Töpfchen ein Stückchen frische Butter zergehen, rühre darein einen Kaffeelöffel voll feines Mehl, gieße dazu einen Kaffeebecher voll dicken saueren Schmetten, rühre es recht ab, und begieße mit einem Löffel damit den Schlegel, wenn er braun wird, begieße ihn wieder und dieses wiederhole so lange, bis sich eine schöne lichtbraune Kruste bildet; dann richte den Braten an, seihe die Soß durch und gieße sie unter den Braten – wohlgemerkt, unter den Braten, nicht wie Einige die Gewohnheit haben, obenauf, wodurch der Braten unansehnlich wird. Bei allen Braten muß man besonders darauf achten, damit der Braten weder zu wenig gebraten, noch überbraten werde, sondern schön im Safte bleibe. Wünschenswerth wäre es, damit jede Hausfrau und Köchin ihr Augenmerk auf diesen Artikel richten möchte und ihn nicht der Willkür unwissender Mägde überlassend dächte, es sei genug, wenn nur der Braten gehörig gesalzen und mit Butter gespickt ist, das Übrige würde schon das Feuer thun; denn zu oft leider geschieht es, daß durch Gleichgiltigkeit der schönste Braten verdorben, verbrannt und ausgetrocknet wird, oder doch zähe oder halbgebraten zur Tafel kommt, und schmerzlich ist es, wenn ein Braten, der mehrere Gulden kostet, ohne Lust verspeist wird; und nur Nachlässigkeit und Unachtsamkeit sind Schuld daran, wenn sich viele am Braten überhaupt, insbesondere aber am Kalbsbraten, bis zum Ekel überessen.

238. Kalbschlegel mit Majonaise.

Häutle gut den Kalbschlegel, nimm den großen Knochen heraus, wickle ihn in ein Tuch und schlage ihn mit dem Nudelwalker, bis er weich ist, dann nimm ihn aus dem Tuche, salze ihn und binde ihn zu einer Wurst, und gib ihn in eine andere Serviette, rolle es zusammen und binde es recht fest mit Spagat. Dann lege den Kalbschlegel in ein Kesserl, gieße Hälfte Wasser, Hälfte Essig darauf und laß ihn 1½ Stunde kochen. –

250 Gramm Sardellen werden rein geputzt, dann stoße sie mit dem Saft von einer Lemonie im Mörser, passire sie auf eine Schüssel, treibe sie recht ab, verrühre nach und nach 250 Gramm feines Öl und von 3 Lemonien den Saft hinein, dann schneide den Kalbschlegel auf Blättchen, tunke jedes einzeln in der Majonaise und lege sie in einen Topf, wo sie wenigstens einen Tag liegen müßten.

239. Eingelegter Kalbschlegel.

Klopfe einen schönen Kalbschlegel wohl ab, salze ihn, gieße Essig, worin du einige Scheiben Zwiebel, einige Körner Pfeffer und Neugewürz aufgekocht hast, daran, und laß ihn darin wenigstens 3 oder 4 Tage liegen; er muß aber mit einem Stein beschwert und jeden Tag umgewendet werden; dann nimm ihn aus dem Essig heraus, wasche ihn im Wasser, lege ihn in die Bratpfanne, gieße Wasser darunter, spicke und belege ihn mit frischer Butter und laß ihn langsam braten; während des Bratens begieße ihn mit sauerem Schmetten.

240. Kalbschlegel mit Sardellen.

Klopfe recht einen Kalbschlegel, das Bein hacke bis zum Knie ab, den Schlegel wasche rein und salze ihn, gib auf die Bratpfanne ein Stück frische Butter, 2 in Scheiben geschnittene Zwiebeln und eine halbe Sellerie, lege den Schlegel darauf, belege ihn auch oben mit Butterbröckchen, gieße beiläufig 2 Deciliter Wasser darunter und laß den Schlegel braten, wobei du ihn aber öfters begießen mußt, damit er beim Safte bleibe. Indessen reinige 140 Gramm Sardellen, treibe sie wenigstens mit 140 Gramm frischer Butter ab, und wenn der Schlegel halb gebraten ist, so bestreiche ihn fortwährend mit der Sardellenbutter, bis es gar gebraten ist. Wenn du den Schlegel auftragen willst, belege ihn oben noch recht mit Sardellenbutter und laß ihn in der Röhre recht aufschäumen, dann lege ihn auf die Schüssel und seihe den Saft darüber.

241. Faschirter Schlegel mit weißer Soß.

Hacke 500 Gramm Kalbfleisch mit 70 Gramm Rindsmark, ziehe alle Äderchen heraus, gib dazu 3 gerührte Eier, etwas über die Hälfte einer abgeriebenen, im Wasser geweichten, ausgedrückten Semmel, hacke alles recht klein, salze es, gib dazu kleingeschnittene Lemonieschale, ein bischen gestoßene Muskatenblüte, und treibe alles noch recht ab, dann formire daraus einen Schlegel und statt des Beines gib eine Petersiliewurzel; hierauf laß auf einer Bratpfanne kleingeschnittene Zwiebel in Butter aufschäumen, lege den formirten Schlegel darein und laß ihn in einer heißen Röhre schön goldbraun backen, mußt jedoch darauf achten, damit er nicht zu braun werde. Mache eine weiße Einbrenn, gieße Rindsuppe darein, gib dazu kleingeschnittene Lemonieschale und ein bischen gestoßenen Zucker, würze es mit Muskatenblüte, quirle es ab und laß es ein wenig aufkochen; dann gib den Schlegel behutsam auf die Schüssel, in die Soß drücke noch den Saft von einer Lemonie und gieße sie über den Schlegel.

242. Kalbskopf mit brauner Soß.

Koche einen Kalbskopf ohne Hirn, dann schneide ihn zierlich, richte ihn in eine Kasserolle auf, gib dazu zwei gehäufte Löffel voll goldgelb geröstete geriebene Semmel, gieße darauf einen Theil von der Suppe, worin der Kalbskopf gekocht hat, und einen Theil österreicher Wein, gib dazu etwas kleingeschnittene Lemonieschale, etwas Thymianblätter und etwas Neugewürz, drücke daran etwas Lemoniesaft und laß es etwas aufkochen; damit die Soß süßlich wäre, kannst dazu einen Kaffeelöffel voll dünne braune Einbrenn mit einem Stückchen gerösteten Zucker beifügen; in Ermangelung des Lemoniesaftes kann man auch zwei Löffel guten Weinessig hineingeben.

243. Kalbskopf mit Frikasse.

Koche den Kalbskopf weich, nimm aber früher das Hirn roh heraus. In ein Töpfchen gib halb Rindsuppe und halb österreicher Wein, und laß es aufkochen; in ein anderes Töpfchen gib 4 Dotter, ein Stückchen Butter, ein bischen feines Mehl, treibe es mit ein bischen kaltem Wein ab, gib dazu Lemonieschale und Muskatenblüte, gieße die kochende Suppe mit dem Wein darauf, quirle es recht ab, gieße es über den gekochten und zierlich geschnittenen Kalbskopf, gib dazu ein Stückchen Zucker, damit es milder wäre, und laß es ganz wenig aufkochen. Das Hirn salze, schneide es in Stückchen, ballire es im Mehle, tunke es im aufgeschlagenen Ei, bestreue es mit geriebener Semmel und backe es in heißem Butterschmalz; dann schneide eine Semmel in kleine Würfel und backe sie gleichfalls schön goldgelb. Nun richte den Kopf in die Schüssel an, das gebackene Hirn lege zierlich in die Mitte darauf, von den gebackenen Semmelwürfeln mache um die Schüssel einen Kranz und gib es zur Tafel.

Vom Schwein

244. Schweinfleisch in Bier.

Schneide ein junges Schweinfleisch auf Stücke, lege es in eine Kasserolle, salze es, streue ein bischen Kümmel darüber, gieße heißes Bier darauf und laß es wohl zugedeckt kochen; wenn es halb gekocht ist, so streue geriebenes Brod daran, damit es gehörig dicklich werde, und gib dazu einige Zehen mit Salz zerriebenen Knoblauch und kleingeschnittene Lemonieschale. Wenn das Fleisch weich und die Soß gehörig dick ist, so trage es auf. – So kann man auch Bratwürste bereiten.

245. Spanische Vögel.

Hacke 500 Gramm Schweinfleisch klein, gib es auf eine Schüssel, schlage darein 2 ganze Eier, gieße einen halben Kaffeebecher Schmetten nach, und gib dazu so viel geriebene Semmel, als du für nöthig erachtest, damit es beisammen bleibe, ferner ein bischen Lemonieschale, ein bischen Neugewürz oder Gewürznelken, salze es und mische es gut durch. Laß ein Krauthäupel halb abkochen, lege die Blätter auseinander, gib auf ein jedes Blättchen etwas von der Fasch, rolle sie ein, binde sie mit einem Zwirnfaden um und laß sie in heißem Butterschmalz backen; dann nimm die Fäden ab, die Roletten schlichte in eine Kasserolle, begieße sie mit süßem Schmetten, laß sie in der Röhre dünsten und gib sie sammt der Kasserolle auf den Tisch.

246. Gefüllte Schweinbrust.

Schlitze eine Schweinbrust mit scharfem Messer auf, und mache von einigen geriebenen Semmeln, Milch, Eiern und ein bischen kleingeschnittener Lemonieschale ein Füllsel nach der Größe der Brust, jedoch

brauchst du keine Butter darein zu geben, weil sich aus dem Braten das Fett hineinzieht. Fülle damit die Brust, nähe sie gut zu und laß sie zuerst auf der fetten Seite braten, dann wende sie um, schneide die Oberhaut würflich auf und laß sie so wie vorhin garbraten. Durch das Füllsel geht die Brust recht auf und schmeckt sehr gut.

247. Schweinschlegel.

Von einem Schweinschlegel ziehe die Haut sammt allem Fett ab, den Schlegel wasche rein, salze ihn und lege ihn in die Bratpfanne. Wasche 90 Gramm Sardellen rein, entgräte und spalte sie, dann zerschneide eine Zwiebel; nun belege damit den Schlegel, gieße 2 Deciliter Wasser darunter und laß ihn braten; wenn er auf einer Seite röthlich geworden ist, so wende ihn um und laß ihn unter öfterem Begießen garbraten. Hernach schneide den Schlegel auf zierliche Schnitte, richte ihn auf eine Schüssel an, begieße ihn mit der Soß und trage ihn auf.

248. Faschirter Schlegel von Schweinfleisch.

Hacke beiläufig 1000 Gramm Schweinfleisch vom Schlegel ganz fein, gib es auf eine Schüssel, mache von 6 Sardellen Sardellenbutter, gib die Hälfte davon zu dem gehackten Fleisch, schlage darein 7 Eier, gib dazu 2 geriebene Semmeln, 5 Löffel voll Schmetten, ein bischen kleingeschnittene Lemonieschale, eine Zehe mit Salz zerriebenen Knoblauch und ein Stückchen feingeschnittene Zwiebel, salze es gehörig und mische es recht durch, dann bestreue das Walkenbrett mit ein bischen Mehl, gib das Gemisch darauf und formire daraus einen Schlegel; nun schmiere eine Kasserolle mit Butter aus, lege den Schlegel darein und laß ihn in der Röhre schön langsam bräunlich braten. Die Abschnitzeln vom Fleisch, die Sardellen-Grätchen (Beinchen), etwas Sellerie- und Petersiliewurzel, Zwiebel, Ingber, Pfeffer, Neugewürz, alles in Körnern, gib mit einem Stückchen Butter auf ein anderes Reindel und laß es schön braun dünsten; dann gieße darauf halb Wein und halb Rindsuppe, von jedem wenigstens 3 Deciliter, gib dazu ein Stückchen braune Einbrenn, damit es dicklich werde, und laß es ein wenig aufkochen, hernach seihe es in ein Töpfchen durch, gib dazu die zweite Hälfte der Sardellenbutter, ein bischen kleingeschnittene Lemonieschale und ein bischen Muskatenblüte, quirle es recht ab und gieße es über den schon gebratenen Schlegel; sollte die Soß zu dicklich sein, so kannst du noch Wein und Suppe nachgießen. Nun stelle es auf eine Weile in die Röhre, dann richte es auf eine Schüssel an, welche du mit Lemonievierteln oder Scheiben zieren, wie auch ein bischen Lemoniesaft darein drücken kannst. In Ermangelung des Schweinfleisches kann man auch Kalb- oder Rindfleisch nehmen, in welchem Falle man jedoch auf 1000 Gramm Fleisch 100 Gramm Rindsmark beifügen muß.

249. Eingelegter Schweinschlegel.

Von einem Schweinschlegel ziehe die Haut sammt allem Fett ab, den Schlegel wasche rein, salze ihn und lege ihn in ein tiefes Gefäß. Gieße in einen Topf 4 Deciliter Essig und 4 Deciliter Wasser, gib darein eine geschnittene Zwiebel, einige Lorbeerblätter, ein bischen Thymian, ein Stück Ingber, 20 Körner Pfeffer und Neugewürz, salze es und laß es kochen, dann laß es auskühlen; hernach gieße es auf den Schlegel und laß ihn darin drei Tage liegen; er muß aber jeden Tag auf eine andere Seite umgewendet wer-

den; dann lege den Schlegel auf eine Bratpfanne, seihe darüber ein bischen von der Lake und laß ihn braten; wenn er schon bald gar ist, zerquirle in einem Töpfchen einen Kochlöffel voll Mehl mit ein bischen gutem kalten Schmetten, gieße es zu dem Schlegel und laß die Soß verdicken; hernach lege den Schlegel auf die Schüssel und die Soß gieße darüber.

250. Schweinskopf.

Koche den Schweinskopf weich, dann schneide ihn zierlich und lege ihn in ein Reindel; in ein Töpfchen gib ein bischen geriebenen Pfefferkuchen, gieße daran ein bischen von der Suppe, worin der Kopf gekocht hat, so auch ein bischen Weinessig, und laß es aufkochen, dann brenne es mit brauner Einbrenn ein, gib dazu ein Stückchen braungerösteten Zucker und laß es noch ein wenig aufkochen, hernach seihe es auf den Schweinskopf durch, gib dazu Lemonieschale, kleine und große Rosinen, geschälte Mandeln, Gewürznelken, laß es nochmals aufkochen und trage es auf.

251. Spanferkel.

Wenn du das Ferkel geschlachtet hast, bestreue es sogleich mit gestoßenem Pech, brühe es ab und putze es schnell rein; hernach weide und wasche es aus, reibe es inwendig mit Salz und etwas geklaubtem Kümmel ein, die Füßchen biege ein und speile sie mit Holzspältchen fest, nach Innen gib ein Stück Brod, damit das Ferkel voll wäre wie früher, und den Schnitt nähe zu. Nun lege über eine genügend große Pfanne drei harzlose Spänchen, auf diese lege das Ferkel schön in die Mitte, damit es von allen Seiten frei und dem Feuer gleich zugänglich wäre, in die Pfanne gieße etwas Bier und laß das Ferkel unter öfterem Bestreichen mit Butter braten. Sollte es auf einer Seite mehr Farbe gefangen haben als auf der anderen, so drehe die Pfanne vorsichtig um, auf die Ohren des Ferkels setze mit Butter bestrichene Papierskarnitzeln auf und laß es unter wiederholtem Bestreichen mit Butter braten, bis es schön resch wird. Wenn das Ferkel gebraten ist, so mache ihm sogleich rings um den Hals beim Kopf einen Einschnitt, damit der Dunst entweichen könne, welcher sonst die knusperige Haut gefährdete; dann zerschneide das Ferkel zierlich, richte es auf eine erwärmte Schüssel an und trage es zur Tafel.

Vom Schöpsen, Lamm und Zickel

252. Schöpsenfleisch mit Majoransoß.

Koche ein junges Schöpsenfleisch und schneide es zierlich; zugleich koche Erdäpfeln von der kleineren Gattung und schäle sie ab; dann mache eine weiße Einbrenn, gieße die Suppe, worin das Fleisch gekocht hat, daran, und laß es aufkochen; hernach lege das Fleisch in ein Reindel, die Erdäpfeln gib dazu, seihe die Soß darüber, füge hiezu einige Zehen mit Salz zerriebenen Knoblauch, ein bischen Majoran, ein bischen kleingeschnittene grüne Petersilie, und laß es aufkochen. Willst du es noch schmackhafter haben, so kannst du einige mit Butter abgeriebene Sardellen beifügen.

253. Schöpsenfleisch mit Sardellensoß.

Koche junges Schöpsenfleisch nicht zu weich und nicht zu hart, und schneide es zierlich; treibe einige Sardellen mit frischer Butter ab, gib sie in ein Reindel, dazu eine halbe abgeriebene, im Wasser geweichte, ausgedrückte Semmel, ein bischen Lemonieschale, Muskatenblüte, einige Zehen mit Salz zerriebenen Knoblauch, ein bischen Majoran, treibe es wohl ab, gieße dazu ein bischen von der Suppe, worin das Schöpsenfleisch gekocht hat, rühre es ab, gieße es über das geschnittene Schöpsenfleisch und laß es aufkochen, achte jedoch darauf, damit es weder zu dick noch zu suppig wäre.

254. Gedämpfte Schöpsenbrust.

Nimm aus einer Schöpsenbrust die langen Knochen heraus und salze die Brust ein bischen; gib auf eine Kasserolle ein Stückchen in Würfeln zerschnittenen Speck oder ein Stückchen Butter, eine kleingeschnittene Zwiebel, etwas Thymianblätter, die Schöpsenbrust lege darauf, decke sie zu und laß sie dünsten; weilenweise siehe nach, daß die Zwiebel nicht anbrennt, aber hübsch roth wird, die Schöpsenbrust wende öfter um, bis sie auch hübsch roth wird; dann gieße darauf entweder Rindsuppe, oder laß die Zuwage und die ausgezogenen Knochen kochen, gieße darauf die Suppe und etwas Weinessig, gib dazu etwas braune Einbrenn und laß es aufkochen; dann gib in die Soß 20 Gramm hübsch braun gerösteten Zucker, etwas kleingeschnittene Lemonieschale, und wenn du willst, etwas gestoßenes Neugewürz (es muß aber nicht sein), und laß es so lange kochen, bis die Schöpsenbrust hinlänglich weich ist; nun gib sie auf eine warme Schüssel, gieße Soß darunter und trage es zur Tafel. Für den Hausgebrauch kannst du um die Schüssel herum in Butter geröstete Erdäpfeln geben.

255. Schöpsenbrust mit Schmetten.

Nimm aus einer Schöpsenbrust die langen Knochen heraus, die Brust mache ab und salze sie etwas; gib auf eine Kasserolle ein Stückchen Butter, eine mittelgroße, kleingeschnittene Zwiebel, etwas Thymianblätter, die Schöpsenbrust lege darauf (auch kann man eine Petersiliewurzel, eine in Scheiben geschnittene gelbe Rübe und 10 Körner Neugewürz dazu geben, es ist aber nicht unumgänglich nothwendig), decke es gut zu und laß es bei öfterem Umwenden braun dünsten; dann gieße darauf entweder Rindsuppe, oder laß die Zuwage und die ausgezogenen Knochen kochen, und gieße darauf etwas von dieser Suppe, gib dazu einige Löffel guten Weinessig, und laß es noch so

lange kochen, bis die Brust genug weich ist, dann gib dazu soviel braune Einbrenn und dicken saueren Schmetten, als zu der Soß nöthig ist; jetzt gib die Schöpsenbrust auf ein anderes reines Reindel, seihe darauf die Soß durch, gib dazu etwas kleingeschnittene Lemonieschale, 20 Gramm frische Kapperln und laß es noch etwas aufkochen; dann gib die Brust auf eine gewärmte Schüssel, gieße die Soß darauf und trage es zur Tafel.

256. Schöpsenschlegel mit Knoblauch.

Nimm einen schönen Schöpsenschlegel, welcher bereits zwei Tage in einem luftigen Orte aufgehängt war, klopfe ihn recht, wasche ihn rein ab, salze ihn und mache stellenweise mit dem Messer Löcher hinein, in welche gespaltene Zehen Knoblauch gelegt werden; nun lege in die Bratpfanne zwei harzlose Späne, lege den Schlegel darauf, gieße etwas Wasser unter und gib ihn in die Röhre. Während des Bratens muß der Schlegel öfters begossen werden, später wird er umgewendet und bei öfterem Begießen gargebraten. Hernach schneide den Schlegel auf zierliche Schnitte, diese richte in die Mitte einer erwärmten Schüssel an, garnire sie mit gerösteten Erdäpfeln, gieße die Bratensoß darüber und trage es zur Tafel.

257. Schöpsenschlegel auf Wildpretart.

Häutle einen schönen Schöpsenschlegel rein ab, klopfe ihn recht, reibe ihn mit Salz und Wachholder ein, dann lege ihn auf eine Schüssel, gib ein Brettchen darüber, beschwere es mit einem Stein und laß den Schlegel so 2 bis 3 Tage liegen. Man kann auch mehrere so bereitete Schlegel wie ein Wildpret einlegen, sie gut vermachen, damit keine Luft dazu kann, und beschweren; trifft es sich, daß man gerade ein Wild einlegt, so kann man einige so gehäutelte Schlegel oder auch Rindfleisch dazwischen einlegen und dann alles statt Wildpret verbrauchen; wer nicht ein besonderer Kenner ist, täuscht sich und verspeist es statt Wildpret.

Wenn der Schlegel so eingelegt ist, wasche ihn vor dem Gebrauche rein ab, salze ihn nur sehr wenig, wenn es nöthig ist, und spicke ihn recht reich. Indessen gib in 2 Deciliter Wasser und eben so viel Weinessig eine auf Scheiben geschnittene Zwiebel, ein bischen Thymian, 3 Lorbeerblätter, 20 Körner Neugewürz, 10 Körner Pfeffer, 3 Stückchen Ingber, und laß es aufkochen, dann auskühlen; hernach begieße damit den Schlegel und laß ihn wieder einige Tage in dieser Beize liegen; dann lege ihn auf die Bratpfanne, seihe etwas von der Beize durch und gieße es mit 2 Deciliter österreicher Wein darunter, füge hiezu ein bischen Lemonieschale, und laß den Schlegel hübsch braun braten; hernach richte ihn auf eine Schüssel an, seihe die Soß entweder so durch, oder drücke darein noch den Saft von einer halben Lemonie, gieße sie unter den Braten und ziere ihn mit halbmondförmigen Lemoniescheiben.

258. Lammkoteletts mit Soß.

Gib auf eine Kasserolle ein Stück Butter, eine Zwiebel, eine gelbe Rübe, eine Petersiliewurzel, alles in Scheiben geschnitten, einige Blätter Salbei und einige Körner Pfeffer, lege darauf die geschnittenen Lammkoteletts, salze sie und laß sie dünsten; du mußt trachten, daß es aber nicht anbrennt; wenn die Koteletts genug weich sind, dann nimm sie heraus, die Soß zerrühre recht und seihe sie durch, gieße dazu etwas Essig, brenne sie mit einer braunen Einbrenn ein, sollte sie dick sein, gieße etwas Suppe zu, zuletzt gieße noch etwas saueren Schmetten dazu, laß sie nur noch wenig aufkochen und gieße sie auf die Koteletts.

259. Gefüllte Koteletts von Lammfleisch.

Schneide vom Lammnierenfleisch kleine Koteletts, wobei die Beinchen rein abschabe. Zerklopfe mit dem Messerrücken die Koteletts recht, bestreue sie ein wenig mit Salz und laß sie auf dem Hackbrette liegen. Indessen koche 70 Gramm ausgewaschenen und abgebrühten Reis in fetter Rindsuppe dicklich ein, dann nimm ihn heraus auf eine Schüssel, zerrühre ihn und laß ihn stehen. Laß eine halbe kleingeschnittene Zwiebel in der Butter aufschäumen, gib dazu ein halbes Kalbshirn, etwas zerhackte grüne Petersilie, etwas gestoßenen Pfeffer, schlage darein ein ganzes Ei und rühre es, bis es dick wird, dann gib es zu dem Reis, so wie auch 140 Gramm klein zerhacktes Selchfleisch, salze es und mische dazu noch etwas geriebene Semmel; jetzt gib in die Mitte eines jeden Koteletts ein Stückchen von der Fülle, das zerklopfte Fleisch schlage auf die Fülle um und drücke es zu, darauf bestreue die Koteletts mit etwas Mehl, tunke sie im zerschlagenen Ei ein, ballire sie in geriebener Semmel ein und backe sie im heißen Butterschmalz.

260. Faschirte Lammbrust mit Krebsen.

Höhle eine schöne Brust von einem jungen Lamm oder Zickel aus, nimm die Beinchen behutsam heraus, damit keine Öffnung gemacht werde, wo die Fülle herausrinnen

könnte, und lege sie in lauwarmes Salzwasser. Hacke 250 Gramm Kalbfleisch, ziehe alle Fasern heraus, hacke dabei 35 Gramm Rindsmark, gib dazu 2 gerührte Eier und eine halbe im Wasser geweichte, ausgedrückte Semmel, hacke alles sehr fein, salze und würze es mit Muskatenblüte, gib es auf eine Schüssel, schlage darein ein rohes Ei, füge hiezu einen Löffel voll Krebsbutter, ungefähr von 20 Krebsen die kleingeschnittenen Schweifeln, und treibe noch alles recht ab; nun fülle damit die ausgehöhlte Brust, nähe sie zu, schmiere eine Kasserolle mit Butter aus, belege sie mit Petersilie- und Sellerieblättern, lege die Brust darauf, decke es zu und laß es langsam dünsten; damit es nicht anbrenne, gieße löffelweis Rindsuppe nach; ist etwas von der Fülle übriggeblieben, so mache davon haselnußgroße Knödeln und koche sie in der Rindsuppe. Wenn das Brüstel genug weich ist, so reinige es von den Blättern, lege es auf eine andere Kasserolle, gib dazu die Knöderln und reingeputzte Krebsschweifeln, in den Saft gieße die Suppe, worin die Knöderln gekocht haben, brenne es mit weißer dünner Einbrenn ein, passire es über die Brust, würze es mit Muskatenblüte und gib dazu einen oder zwei Löffel voll Krebsbutter; dann richte es an, die Brust gib in die Mitte, von den Knöderln und Krebsschweifeln mache herum einen Kranz, und trage es zur Tafel. – Auch eine Kalbsbrust kann so bereitet werden.

261. Ein Lamm- oder Schöpsenschlegel mit sauerem Schmetten.

Einen Lamm- oder Schöpsenschlegel bestecke wohl mit frischen Salbeiblättern, laß ihn in einer Kasserolle oder in einem Reindel auf einer gelinden Gluth langsam dünsten, und gieße ein bischen Suppe unter, damit er recht weich werde; ist es ein Schöpsenschlegel, so wird gleich ein bischen Wasser untergegossen; wenn er hübsch braun gedünstet ist, so gieße darauf drei Theile Suppe und einen Theil Essig und laß ihn garkochen; hernach mache eine braune Einbrenn, gieße darauf saueren Schmetten, quirle es recht ab, seihe es über den Schlegel durch, gib dazu kleingeschnittene Lemonieschale, Kapperln und ein bischen Neugewürz, und laß es noch ein bischen aufkochen, dann richte es an. – Ebenso kann man übriggebliebenen Schöpsenbraten, falls er auch mit Knoblauch durchgespickt ist, bereiten.

262. Eingemachtes Zickel.

Manchmal ist ein junges fettes Zickel schmackhafter als ein Lamm, und besonders in großen Städten werden ihrer Hunderte zu Ostern statt Lämmern verkauft. Der Hintertheil wird gewöhnlich wie ein junges Lamm gebraten, die vorderen Vierteln werden aber zum Einmachen benützt. Nimm daher ein vorderes Viertel vom Zickel, schneide die Schulter ab, hacke es an und zerschneide es dann in zierliche Stückeln, ebenso zerschneide die Brust und das Karbanatel; wenn alles zerschnitten ist, wasche es ab, gib es auf eine Kasserolle, salze es etwas, gib dazu etwa 35 Gramm frische Butter, decke es zu und laß es dünsten; wenn es weich ist, was nicht lange dauert, kannst (wenn es dir beliebt) etwa eine halbe kleingeschnittene Zwiebel oder etwas grüne Petersilie und eine in Scheiben geschnittene Petersiliewurzel mitdünsten lassen; gib aber Acht, daß es nicht roth wird; wenn alles genug weich ist, gib das Fleisch auf eine andere reine Kasserolle, gieße etwas Suppe auf den Saft, brenne ihn mit einer weißen Einbrenn

ein und laß ihn aufkochen, dann seihe ihn auf das Fleisch durch, gib dazu ½ Schock Krebsschweifchen, einen Löffel voll Krebsbutter und etwas Muskatenblüte; dann gib das Fleisch auf eine gewärmte Schüssel in die Mitte, die Krebsschweifchen herum, gieße die Soß darauf und trage es zur Tafel.

263. Gebackenes Zickel.

Schneide den Kopf vom Zickel in zwei Hälften, gieße darauf laues Wasser, daß er weiß wird, dann lege die Hälften wieder zusammen, binde sie mit einem Faden um und laß es in gesalzenem Wasser einige Minuten kochen. Indessen zerschneide den Hals und den Vordertheil in hübsche Stükkeln, wasche es aus und salze es ein, den Kopf nimm heraus, den Faden nehme ab und laß ihn bischen abkühlen, das Hirn bestreue etwas mit Pfeffer und Salz; jetzt ballire jede Hälfte des Kopfes für sich, sowie auch jedes Stückel zuerst in Mehl ein, tunke es im aufgeschlagenen Ei ein, bestreue es recht mit geriebener Semmel und backe es im heißen Butterschmalz.

264. Vorderes Viertel vom Zickel mit Lemoniesoß.

Zerschneide zierlich ein Viertel vom Zikkel und wasche es gut ab; gib auf eine Kasserolle 35 Gramm Butter, eine halbe kleingeschnittene Zwiebel, lege das Fleisch darauf, salze es etwas aber nicht viel (weil es dann, wenn in die Soß Rindsuppe kommt, welche gewöhnlich gesalzen ist, übersalzen wäre), und laß es dünsten bis es genug weich ist, gib aber Acht, daß es nicht roth wird; dann gib das Fleisch auf eine andere reine Kasserolle, gieße in den Saft Rindsuppe, gib dazu eine weiße Einbrenn und laß es etwas aufkochen, dann seihe es durch ein schüttertes Sieb auf das Fleisch, gib dazu von einer halben Lemonie kleingeschnittene Schale, etwas gestoßene Muskatenblüte, und laß es noch ein bischen aufkochen; nun gib das Fleisch auf die Schüssel, in die Soß drücke soviel Lemoniesaft, als nöthig ist, damit sie hübsch säuerlich wäre, gieße sie auf das Fleisch und gib es auf die Tafel. Willst du es sauersüß haben, gib dazu 20 Gramm gestoßenen Zucker.

Vom Wild

265. Hase.

Wenn der Hase abgezogen ist, so häutle ihn, salze und spicke ihn recht zierlich mit Speck, lege ihn auf die Bratpfanne, laß Essig mit Zwiebel, Lorbeerblatt, Thymian, ganzem Pfeffer und ganzem Ingber kochen, begieße damit den Hasen und laß ihn 3 bis 4 Tage in der Beize liegen, wende ihn jedoch täglich um. Wenn der Hase gebraten werden soll, so laß darunter von der Beize nur so viel, als nöthig ist, damit er im Safte brate, und während des Bratens begieße ihn öfters mit sauerem Schmetten und belege ihn mit Stückchen Butter. – Dieses gilt aber nur vom alten Hasen; der Junge wird ohneweiters gespickt, auf die Bratpfanne gelegt, mit Butter belegt, ein bischen Wasser darunter gegossen, und entweder mit sauerem Schmetten begossen, oder auch nur bloß mit

Butter während des Bratens bestrichen, was vorzüglich bei den Märzhasen zu beobachten ist, welche in drei Viertelstunden gebraten sind.

266. Vorderhase in brauner Soß.

Zerhacke den Vorderhasen in Stücke, wasche ihn rein, gib auf eine Kasserolle ein Stück Butter, ein Stück würflich geschnittenen Speck, eine kleingeschnittene Zwiebel, ein bischen Thymianblätter und ein kleingeschnittenes Lorbeerblatt, lege den zerschnittenen Vorderhasen darein, salze ihn, gieße daran einen Schöpflöffel voll Wasser oder Rindsuppe, decke es wohl zu und laß es weich dünsten, bis sich die Suppe ganz eindünstet und die Zwiebel braun wird; nun gieße daran 6 Deciliter Rindsuppe und 2 Deciliter guten Weinessig (wer will, kann auch ein bischen österreicher oder rothen Wein dazu gießen), und ist der Hase noch nicht genug weich, so laß ihn weich kochen, dann brenne ihn mit brauner Einbrenn ein, und damit die Soß recht braun werde, gib dazu ein bischen gestoßenen Zucker, und laß es noch ein bischen aufkochen; hernach füge hiezu etwas Lemonieschale, Neugewürz und Gewürznelken, und richte es auf die Schüssel an; herum kannst du einen Kranz von Butterteig machen, oder es mit halbmondförmigen Lemoniescheiben zieren. Der so zubereitete Vorderhase kann im Nothfalle das Wildpret ersetzen, nur muß er zierlich geschnitten und angerichtet werden.

267. Reh- und Hirschwildpret.

Wenn das Reh- oder Hirschwildpret wohl abgelegen ist, so nimm davon ein Stück und wasche es von den Wachholdern los; ist es von einem jungen Stück, so gib es auf ein Reindel, darunter ein Stück Butter, eine in

Scheiben geschnittene Zwiebel, ganzes Gewürz, als: Pfeffer, Ingber, Neugewürz, und laß es dünsten, daran gieße Suppe und Weinessig daran und laß es garkochen, hierauf brenne es mit weißer Einbrenn ein, gieße daran saueren Schmetten und seihe die Soß durch; willst du die Soß dunkel haben, so gib statt saueren Schmettens gerösteten Zucker, dann ein Stück weißen Zucker und Kapperln. Die Schüssel kannst du zieren mit Lemoniescheiben oder mit einem Kranz von Butterteig. Ist das Wildpret alt, so muß es früher mit Essig, Wasser und dem angezeigten Gewürz abgekocht werden.

268. Wildpret mit Wachholdersoß.

Koche ein Kilo gut ausgewaschenes Wildpret im Salzwasser weich mit beigefügtem Grünzeug, wie man es zum Rindfleisch gibt; laß auf einem Reindel ein Stück frisches Rindsfett oder Butter zergehen, gib darein zwei Kaffeelöffel voll gestoßenen Zucker und laß es roth werden, dann zerrühre darein zwei volle Löffel Mehl, und wenn die Einbrenn recht braun ist, gieße darauf allmälig 2 Deciliter Suppe von dem Wildpret, etwas Essig und ein Glas rothen Wein, gib dazu eine Handvoll grob gestoßenen Wachholder und laß es recht einkochen; dann zerschneide das Fleisch in Stückeln, richte es auf die Schüssel an und seihe die Soß durch einen Seiher darauf.

269. Schwarzes Wildpret.

Das schwarze Wildpret muß zuerst mit einer glühenden Schiene abgebrannt werden, dann wäscht man es rein, legt es in einen Topf, wo es genug Raum hat, gießt daran zwei Theile Wasser, einen Theil Wein und einen Theil Weinessig, legt dazu einige Lorbeerblätter, eine ganze Zwiebel, ganzen Pfeffer, ganzen Ingber, ein Stück Lemonieschale, und läßt es weich kochen. Koche entweder getrocknete Weichseln oder Hagebutten in halb Wasser und halb österreicher Wein, dann zerdrücke sie und seihe sie durch, brenne sie mit goldgelber Einbrenn ein, gib dazu ein Stück Zucker, ein bischen Lemonieschale, einige Gewürznelken und Zimmet, und laß es noch ein bischen aufkochen. Wenn das Wildpret weich ist, so seihe es ab und lege es auf eine zierlich zusammengelegte, mit Lemonieschale bestreute Serviette auf die Schüssel; die Soß gib dazu in einer Sauciere.

270. Schwarzes Wildpret auf eine andere Art.

Schabe die Brust vom schwarzen Wildpret ab und wasche sie rein; belege den Boden eines reinen Gefäßes mit Zwiebel, Sellerie, Petersiliewurzel und gelber Rübe, alles in Scheiben geschnitten, lege die Brust darauf, bestreue sie mit einigen Körnern Wachholder und Pfeffer, gieße darüber 2 Deciliter Wasser, 4 Deciliter Essig und 4 Deciliter Wein, decke es zu und laß es so 24 Stunden oder noch länger stehen; dann gib das Wildpret in ein anderes Gefäß, gieße darauf 8 Deciliter rothen Wein, füge hiezu einen Schöpflöffel voll von der Lacke, worin es gelegen ist, sammt dem Gewürz, und laß es weich dünsten. Mache vom frischen Rindsfett eine Einbrenn, und wenn sie röthlich zu werden anfängt, so füge hiezu zwei Kaffeelöffel voll gestoßenen Zucker und rühre sie beständig, bis sie recht röthlich wird. Wenn das Wildpret genug weich ist, so schneide es in gleiche zierliche Stücke, die Suppe, worin es gekocht hat, seihe ab, brenne sie mit der Einbrenn ein, füge hiezu noch ein bischen rothen Wein, von einer halben Lemonie den Saft und auch ein bischen kleingeschnittene Lemonieschale, lege das Fleisch in die Soß und laß es zusammen aufkochen; dann richte es auf die Schüssel an und mache herum einen Kranz von Butterteig (siehe Pasteten, Rezept Nro. 71).

271. Kalte Soß zum Wildpret.

Schneide die Hälfte von einer alten Zwiebel und 3 hartgesottene Dotter klein, gib dazu etwas kleingeschnittener Lemonieschale und 8 bis 10 gestoßene Wachholderbeeren, 10 Gramm Zucker, zwei Löffel Brabanter-Öl, 10 Löffel Weinessig und von einer Lemonie den Saft; im Falle es zu dick ist, so gieße noch Essig zu. Diese Soß gibt man zum gesulzten Schwarzwilde, wenn von diesem noch kleine Überreste sind, so schneide und richte sie zierlich in eine tiefe Schüssel an, gieße die Soß darüber und ziere es mit Aspik und Lemonieschale oder Blättern.

Vom Geflügel

272. Hühner mit sauerem Schmetten.

Treibe 4 Sardellen mit Butter ab, gib dazu etwas Lemonieschale, dann gib in ein Töpfchen etwas Muskatenblüte, einen Löffel voll schönes Mehl, zerrühre es mit einem Becher dicken saueren Schmetten, laß etwas Wein mit etwas Rindsuppe kochen, gieße es hinein, dann gieße es auf die zerrührten Sardellen und quirle es recht durch; dann lege zwei gebratene Hühner in eine Kasserolle, gieße Soß darauf, laß es nur noch ein bischen aufkochen und trage es zur Tafel.

273. Hühner mit schwarzer Soß.

Fange das Blut von den Hühnern auf, zerrühre es recht im Topfe mit etwas Essig und stelle es auf die Seite. Rupfe die Hühner ab, nehme sie aus, zerschneide sie in Stückel, wasche sie ab und lege sie mit einem Stück Butter, einer zerschnittenen Zwiebel, einigen Körnern Pfeffer, Neugewürz und zwei Gewürznelken auf eine Kasserolle, salze sie und laß sie dünsten; wenn der Saft darunter auszutrocknen beginnt, gieße dazu zwei Deciliter Wein und hinlänglich Rindsuppe und laß es aufkochen. Indessen mache eine Einbrenn, gib ein Stückchen Zucker hinein und laß sie braun werden, dann gieße darauf die Suppe von den Hühnern, zerrühre es und seihe es wieder auf die Hühner durch, gib dazu das Blut und etwas Lemonieschale, zerrühre alles und laß es noch etwas aufkochen.

274. Hühner mit falscher Austernsoß.

Brate die Hühner und lege sie in eine Kasserolle, dann wasche einige Sardellen, löse sie von den Gräten, treibe sie mit frischer Butter ab, gib sie in ein Töpfchen, schlage darein 3 Dotter, gib dazu einen Kochlöffel voll feinen Mehles, ein bischen Lemonieschale, ein bischen Muskatenblüte, und rühre es mit kaltem Wein wohl ab; in ein anderes Töpfchen gib 3 Zehen Knoblauch, eine halbe Zwiebel, ein Lorbeerblatt, einige Körner ganzen Pfeffer, Ingber, Neugewürz, gieße darauf halb Rindsuppe, halb österreicher Wein und laß es aufkochen; dann seihe es auf die Sardellen durch, quirle es wohl ab, gieße es über die gebratenen Hühner und laß es noch ein bischen aufkochen; wenn du es auftragen willst, drücke den Saft von einer Lemonie darein, richte es auf die Schüssel an und trage es zur Tafel.

275. Hühner auf türkische Art.

Zerschneide 2 rohe Hühner auf Viertel, oder wenn sie größer sind, auf Glieder, salze sie, lege sie auf eine Kasserolle oder auf ein Reindel, gib dazu auf ein jedes Huhn 36 Gramm Butter und eine kleinwürflich geschnittene Zwiebel, bestreue sie mit gestoßenem Pfeffer und laß sie schön bräunlich und weich dünsten; dann richte sie auf eine Schüssel an, bestreue sie mit geschnittener Lemonieschale und drücke darauf den Saft von einer Lemonie. – Auch Kalbfleisch kann so zubereitet werden.

276. Hühner mit Knöderln.

Nimm 250 Gramm Kalbfleisch, am besten von der Schulter, oder 2 bis 3 Hühnerbrüste, hacke es recht klein, sondere alle Fasern aus, gib dazu 52 Gramm Rindsmark, eine abgeriebene, im Wasser geweichte, ausgedrückte Semmel (ist die Semmel groß und wenig Fleisch, also nur die Hälfte), 3 gerührte Eier und ein bischen Lemonieschale, hacke alles recht klein, und wenn Zeit und Gelegenheit dazu ist, so stoße das Ganze in einem messingenen Mörser, salze und würze es mit Muskatenblüte, dann mache daraus kleine Knöderln, etwas größer als Haselnüsse, und koche sie in einer guten Rindsuppe, worin auch die Hühner kochen. Wenn die Knöderln auf die Oberfläche kommen, laß sie nur noch einigemal überwallen, so sind sie gar; dann nimm sie heraus, wie auch die Hühner, lege alles auf ein Reindel, mache eine weiße Einbrenn, gieße die Suppe daran, rühre es ab, seihe es über die Hühner durch, würze es mit Muskatenblüte, und hast du ein bischen Krebsbutter, so gib sie dazu, es ist zierlicher und auch schmackhafter, und laß es noch ein wenig aufkochen; dann richte es an und trage es zur Tafel.

277. Hühner mit Soß von Paradiesäpfeln.

Sauber geputzte Hühner koche entweder in der Rindsuppe oder dünste sie auf frischer Butter; 2 oder 3 reife Paradiesäpfel koche in Wein, dann zertreibe sie mit einer halben abgeriebenen, im Schmetten geweichten, ausgedrückten Semmel, gieße daran ein bischen Rindsuppe, seihe es durch ein Haarsieb, würze es mit Muskatenblüte und gieße es über die Hühner. Willst du es säuerlich haben, so weiche die Semmel in Wein, versüße die Soß mit Zucker, drücke darein den Saft von einer Lemonie und gib dazu ein bischen kleingeschnittene Lemonieschale.

278. Hühner mit Selleriesoß.

Bereite die Hühner wie zuvor. Koche schöne weiße Sellerie in der Rindsuppe, und das Grüne zerschnitten nebst einer halben

Sellerie koche ebenfalls in ⅓ Liter Rindsuppe; dieser wird dann abgeseiht, mit einem Stückchen frischer Butter abgetrieben, die Suppe wieder daran gegossen und durch ein Haarsieb durchgeseiht; dann laß es aufkochen, brenne es mit dünner weißer Einbrenn ein, jedoch nicht sehr dicklich, lege die bereiteten Hühner auf ein Reindel, und seihe die Soß darüber. Vor dem Auftragen treibe ein oder zwei Dotter mit ein bischen kalter Suppe und Muskatenblüte ab, gieße die kochende Soß darein und quirle es ab; hernach richte die Hühner auf die Schüssel an, lege die auf Scheiben geschnittene Sellerie herum, gieße die Soß darüber und trage es zur Tafel; es darf nicht mehr kochen, sonst rinnt es zusammen.

Mit allen diesen Soßen kann man auch Kalbfleisch, Hennen, Kapauner und junge Gans zubereiten.

279. Hühner mit Spargel.

Putze die Hühner und koche sie in der Rindsuppe; in derselben Suppe koche auch entweder ganz sauber geputzten Spargel, oder wenn du wenig davon hast, schneide ihn auf kleine Stückchen. Wenn beides weich ist, lege es auf eine Kasserolle, die Suppe brenne mit weißer Einbrenn ein, seihe sie darüber, würze sie mit Muskatenblüte, laß es noch ein bischen aufkochen, und hast du ein Stückchen Krebsbutter, so gib sie dazu.

280. Hühner mit Karfiol.

Putze schön die Hühner, lege die Füßchen und Flügel ein und laß sie in der Rindsuppe kochen; ebenso putze auch Karfiol, laß ihn ebenfalls in der Rindsuppe, aber nicht zu weich kochen. Wenn beides gekocht ist, so lege es in kaltes Wasser, damit es schön weiß bleibe, mache eine dünne weiße Einbrenn, gieße die Suppe, worin die Hühner und der Karfiol gekocht haben, darauf, rühre es recht ab und laß es ein bischen aufkochen; dann lege die Hühner und den Karfiol in eine Kasserolle oder Reindel, seihe die Soß darüber und würze es mit Muskatenblüte; hast du Krebsbutter, so gib ein Stückchen dazu, und darunter entweder ausgelöste Krebsschweifeln oder ganze, in gesalzenem Petersilienwasser Rezept Nro. 30 gekochte Krebsen; willst du es aber besonders zierlich machen, so tunke die Hälfte der Karfiolrosen in ein aufgeschlagenes Ei, ballire sie in geriebener Semmel und backe sie in heißem Butterschmalz; dann richte die Hühner in die Mitte einer runden Schüssel an, belege sie mit Krebsen, herum gib immer eine Rose gebackenen und eine Rose gekochten Karfiol, gieße die Soß darüber und trage es auf. Zum ordinären Gebrauche kann man sowohl Krebse als auch gebackenen Karfiol entbehren.

281. Hühner mit Karfiol, Herrenpilzen und Krebsschweifeln.

Putze die Hühner und laß sie beim Rindfleisch kochen. Zerlege reingeputzten und gewaschenen Karfiol in Stücke, und den Strunk, so weit er weich ist, schneide auf Scheiben, dann lege beides mit einem Stück Butter in eine Kasserolle, füge hiezu einige Löffel voll Suppe, decke es zu und laß es dünsten; siehe jedoch öfters nach, damit es nicht anbrenne. Kleine Herrenpilze scheide auf dünne Blättchen und wasche sie, dann gib sie in eine andere Kasserolle, hiezu ein Stück frische Butter, kleingeschnittene grüne Petersilie, salze es ein wenig und laß es ebenfalls zugedeckt dünsten. Koche ein hal-

bes Schock kleine Krebse, löse die Schweifeln aus und aus den Schalen mache Krebsbutter. Nun lege die gekochten Hühner auf eine Kasserolle, mache aus frischer Butter eine weiße Einbrenn und brenne damit ungefähr 7 Deciliter gute Rindsuppe ein, gieße es über die Hühner und laß es dicklich einkochen; hernach richte die Hühner sammt der Soß auf die Schüssel an, mache herum einen Kranz zuerst von den Krebsschweifeln, dann von Karfiolröschen, zuletzt von den Schwämmen, besprenge es mit Krebsbutter und trage es zur Tafel. – Auf diese Art bereitete Hühner sind vortrefflich.

282. Hühner mit Herrenpilzen.

Laß schön geputzte Hühner in der Rindsuppe kochen, oder salze sie und laß sie auf frischer Butter mit ein bischen grüner Petersilie dünsten; indessen nimm die Pilze, wenn sie frisch sind, schneide sie klein und laß sie auf Butter mit grüner Petersilie ganz klar ausdünsten, dann staube sie mit Mehl ein und laß es noch aufdünsten, bis das Mehl so wie eine weiße Einbrenn eingedünstet ist; hierauf gieße daran halb Rindsuppe und halb süßen gekochten Schmetten, damit es eine rechte Dicke habe, würze es mit Muskatenblüte, salze es, doch nicht zu viel, besonders bei den gedünsteten Hühnern, weil es leicht übersalzen werden könnte, gieße es über die Hühner und laß es noch ganz wenig aufkochen, doch nicht zu lange, weil der Schmetten leicht gerinnt. Sind die Schwämme getrocknet, so laß sie zuerst in der Rindsuppe weich kochen, dann seihe sie ab, hacke sie ganz klein, mache eine weiße Einbrenn, gieße die Suppe, worin die Schwämme gekocht haben, daran, und auch so viel Schmetten, laß es noch ein bischen aufsieden, dann würze es mit Muskatenblüte und seihe es durch einen Durchschlag über die bereiteten Hühner. Beim Anrichten kann man die Hühner in die Mitte geben, und die gehackten Schwämme, welche man warm zu erhalten sich bemühen muß, gebraucht man als Zierde um die Schüssel. Für den häuslichen Gebrauch kann man die gehackten Schwämme gleich in die Soß werfen; es ist, wenngleich nicht so zierlich, doch ebenso gut; man kann auch ein bischen kleingehackte grüne Petersilie dazu geben, im Winter muß man sie jedoch entbehren. Auch hier darf die Soß nicht zu viel kochen, sonst rinnt sie zusammen.

283. Faschirtes Huhn.

Schlachte ein Huhn, rupfe es gleich warm, putze es ganz rein und nimm die Eingeweide heraus, dann schneide es auf dem Rücken auf, und löse die Haut vorsichtig von den Knochen ab, gib aber Acht, damit du sie nicht zerreißest; hernach zerhacke das Fleisch ganz klein, gib dazu 105 Gramm Rindsmark, reibe eine Semmel ab, weiche sie im Schmetten und gib sie dazu (ist das Huhn klein, also nur die Hälfte), füge hiezu 1 rohes und 2 gerührte Eier, ein bischen kleingeschnittene Lemonieschale, salze und würze es mit Muskatenblüte, zerhacke alles und stoße es in einem messingenen Mörser; nun fülle damit das Huhn, nähe es auf dem Rücken zusammen und laß es in der Rindsuppe kochen; dann mache eine weiße Einbrenn, gieße die Suppe daran, rühre es wohl ab, würze es mit Muskatenblüte und seihe es auf das Huhn durch; bleibt etwas von der Fasch übrig, so mache daraus Knöderln, koche sie in der Rindsuppe und gib sie dazu. Sind Krebse, so gib in die Soß Krebsbutter und in die Fasch kleingeschnittene Krebsschweifeln.

284. Junge Tauben mit weißer Soß.

Koche reingeputzte Tauben in der Rindsuppe, dann zerschneide sie in Viertel, lege sie auf ein Reindel, mache ein bischen weiße Einbrenn, gieße Rindsuppe daran, quirle es ab und laß es aufkochen, dann seihe es durch auf die Tauben, gib dazu kleingeschnittene Lemonieschale, würze es mit ein bischen Muskatenblüte und laß es noch ein wenig aufkochen. Vor dem Auftragen gib dazu ein bischen Zucker und drücke darein von einer halben saftreichen Lemonie den Saft. – So kann man auch Hühner, Lamm- oder Zickelfleisch, wie auch Kalbfleisch zubereiten.

285. Gedämpfte Tauben.

Rupfe und putze junge Tauben rein, schneide ihnen die Köpfe ab und hefte sie; gib auf ein Reindel in Scheiben geschnittene Zwiebel, Thymian, ein Stückchen Butter und ein Stückchen Speck, lege die Tauben darauf, salze sie, gieße ein wenig Wasser unter, gib dazu die Mägen und Lebern, und

laß es schön bräunlich dünsten, doch darf es nicht anbrennen; hierauf gieße darauf Rindsuppe und ein bischen Weinessig und laß es ein wenig aufkochen; dann nimm die Tauben heraus, gib auf einen Teller ein bischen Mehl und Safran, mache es mit Essig an, gieße es in die Soß und laß es ein wenig aufkochen, hernach seihe es durch, gib dazu ein bischen braun gerösteten Zucker und ein Stückchen weißen Zucker, damit es süßsauer werde, ferner Lemonieschale, Kapperln und ein bischen Neugewürz, lege die Tauben wieder darein und laß es noch ein bischen aufkochen; dann belege es mit Lemoniescheiben und trage es zur Tafel.

286. Gebackene Tauben.

Zerschneide reingeputzte junge Tauben auf Viertel, lege sie in eine Schüssel, begieße sie mit abgeschöpfter Milch, damit sie ganz untertauchen, und laß sie darin beiläufig drei Stunden liegen, dann nimm sie heraus, wasche sie rein ab, salze sie und behandle sie so wie die Hühner. Das etwas röthliche Taubenfleisch wird in der Milch schön weiß und ist dann dem Hühnerfleisch ganz ähnlich.

287. Henne mit Lemoniesoß.

Koche die Henne mit den gewöhnlichen Grünzeugwurzeln im Salzwasser weich; mache von 70 Gramm Butter eine blaße Einbrenn, die Suppe von der Henne seihe durch, gieße sie auf die Einbrenn und verrühre es gehörig; nun zerschneide die Henne zierlich, gib sie auf ein Reindel, gieße die Soß darüber und laß es aufkochen, dann drücke darein den Saft von einer halben Lemonie. Im Falle es nicht genug säuerlich wäre, so kannst du noch Lemoniesaft nach Bedarf beifügen; gib jedoch Acht, damit keine Kerne darein kommen, wornach die Soß leicht bitter werden könnte.

288. Kapaun mit Schnecken.

Putze einen Kapaun sauber und brate ihn schön im Saft. Koche ein halbes Schock Schnecken, nimm sie aus den Gehäusen heraus, schneide die Schweifeln ab, die Schnecken aber putze, wasche sie im Salzwasser und laß sie noch in einem kleinen Töpfchen in der Rindsuppe weich kochen. Indessen mache die Fülle: Treibe 105 Gramm Butter ab, zertreibe 105 Gramm schöne frische reingeputzte Sardellen mit Butter, gib sie in die abgetriebene Butter, füge hiezu ein bischen Muskatenblüte, etwas kleingeschnittene Lemonieschale, 3 Zehen mit Salz zerriebenen Knoblauch, ein wenig Majoran, und eine ganze abgeriebene, im Wasser geweichte, ausgedrückte Semmel, treibe alles wohl ab, salze es aber nicht, weil die Sardellen ohnedies genug gesalzen sind. Inzwischen müssen die Schneckenhäuschen mit Salz geputzt und rein gewaschen werden; nun gib in ein jedes Häuschen zuerst ein Stückchen Fülle, dann eine Schnecke, und darauf wieder so viel von der Fülle, bis das Häuschen voll ist, als ob die Schnecke geschlossen wäre. Wenn alle Häuschen gefüllt sind, lege den gebratenen Kapaun auf eine Kasserolle, die Schnecken gib dazu, in die übriggebliebene Fülle gieße etwas von der Rindsuppe, worin die Schnecken gekocht haben, rühre es ab, gieße es über den Kapaun und laß es ein wenig aufkochen; sollte es zu dünn sein, so kannst du, um es zu binden, einen Kochlöffel voll weiße Einbrenn dazu geben; dann richte den Kapaun in die Mitte der Schüssel an, die Schnecken ordne zierlich herum und gib es zur Tafel. – Anstatt des Kapauns kann man auch eine weichgekochte, zierlich zerlegte Henne zu den Schnecken geben, ist eben so gut, nur daß für die Gäste das Erstere ansehnlicher ist.

289. Kapaun mit Muscheln.

Brate einen Kapaun entweder auf dem Spieß oder in der Röhre; die Muscheln trockne zuerst mit einem reinen Tuche ab, dann wasche sie im Wein, lege sie auf frische Butter in ein Reindel, decke sie zu und laß sie ganz gemächlich so lange dünsten, bis sie sich öffnen, hernach gieße daran 2 Deciliter österreicher Wein und 2 Deciliter Rindsuppe. Wasche in kaltem Wasser 4 schöne frische Sardellen, löse sie von den Gräten, zerreibe sie mit einem Stückchen frischer Butter, gib sie in ein Töpfchen, schlage dazu drei Dotter, füge hiezu kleingeschnittene Lemonieschale, ein wenig Muskatenblüte und entweder einen Kochlöffel voll Mehl oder geriebener Semmel, zertreibe es mit ein bischen kaltem Wein, gieße die Soß von den Muscheln darein, quirle es ab und laß noch einen Sud darüber gehen. Dann richte den Kapaun in die Mitte der Schüssel an, die Muscheln ordne herum, gieße die Soß darüber und trage es auf.

290. Kapaun mit Sardellen.

Den Kapaun putze recht rein, salze und hefte ihn, zertreibe 3 oder 4 Sardellen mit frischer Butter, dann schmiere mit der Hälfte der Butter den Kapaun inwendig überall aus, lege ihn auf die Bratpfanne, gieße ein bischen Wasser darunter und laß ihn langsam braten; die andere Hälfte der Sardellenbutter drücke fest auf einen Kochlöffel und bestreiche damit während des Bratens immerwährend den Kapaun; dadurch wird er sehr schmackhaft. Auch kann der Kapaun langsam am Spieß gebraten werden.

291. Kapaun auf die Art eines Fasans.

Laß im Essig, mit ein bischen Wasser vermischt, Zwiebel, Lorbeerblatt, ein Stück Thymian, ein Stück Ingber, einige Körner Pfeffer und Neugewürz aufkochen und dann auskühlen; hernach lege darein einen gut gereinigten, eingesalzenen Kapaun und laß ihn darin über die Nacht liegen; den anderen Tag spicke die Brust des Kapauns recht mit Speck durch, speile ihn, lege ihn in die Bratpfanne auf ein Stück Butter, gieße ein bischen Wasser darunter und laß ihn braten; wende ihn jedoch einigemal um, damit er von beiden Seiten gleich gebraten werde, und begieße ihn öfters mit dem ausgebratenen Safte; wenn er schon bald gar ist, drücke in die Soß von einer halben Lemonie den Saft; dann lege den Kapaun auf die Schüssel und gieße die Soß darüber.

292. Gefüllte Gans oder Ente.

Treibe auf einer Schüssel 70 Gramm frische Butter ab, schlage darein 3 ganze Eier, gib dazu 4 geriebene Semmeln, gieße hiezu 1 Deciliter Schmetten, verrühre es gut, salze und würze es ein bischen mit Muskatenblüte, dann fülle damit eine gut gereinigte und eingesalzene Gans oder Ente, speile sie und laß sie braten. Dieses Füllsel reicht für eine Gans oder für 2 Enten.

293. Faschirte Ente.

Eine frisch geschlachtete und reingeputzte Ente schneide auf dem Rücken auf, nimm das Eingeweide heraus, dann löse die Haut von den Knochen ab, das Brustfleisch hacke ganz klein, gib dazu ein Stückchen Speck, eine halbe Zwiebel, 5 Zehen mit Salz zerriebenen Knoblauch, ein Stückchen kleingehacktes geselchtes Fleisch, eine halbe im Wasser geweichte, ausgedrückte Semmel, ein bischen Salz, Lemonieschale, Gewürznelken, 2 oder 3 gerührte Eier, hacke alles ganz klein und zuletzt treibe es noch recht ab; dann fülle damit die Ente, nähe sie zu, gib in eine Pfanne oder Kasserolle ein Stückchen Butter, Zwiebel, Thymian und die Abschnitzeln vom Speck und geselchten Fleisch, lege die Ente darauf und laß sie schön dünsten oder in der Röhre braten, hierauf gieße Rindsuppe und ein bischen Essig darunter und laß es garkochen, dann nimm die Ente vorsichtig heraus, lege sie in eine Schüssel, die Soß brenne mit brauner

Einbrenn ein, gib dazu ein bischen braungerösteten und ein Stückchen weißen Zucker, Lemonieschale, Kapperln, würze sie mit Gewürznelken und seihe sie über die Ente durch, hernach ziere es mit Lemoniescheiben und trage es zur Tafel.

294. Truthahn mit Mandelfülle.

Wenn der Truthahn sauber gerupft ist und ausgeweidet werden soll, muß man vorzüglich auf den Kropf Acht geben, damit er nicht lädirt werde; dann wasche den Truthahn rein aus, salze ihn und fülle den Kropf. Die Fülle mache folgends: Auf einen großen Truthahn treibe 105 Gramm frische Butter schön flaumig ab, schlage darein 3 Dotter und 2 ganze Eier, gib dazu

70 Gramm geschälte geschnittene süße Mandeln, Muskatenblüte, ein wenig Salz und Zucker so viel, als zu einer jeden Fülle nöthig ist; sie darf nicht zu dünn sein, sonst rinnt sie, und nicht zu dick, sonst wird sie hart. Während des Bratens ist der Kropf am meisten zu beobachten, damit er nicht Brandblasen bekomme, daher muß man bei Zeiten ein mit Butter geschmiertes Papier darüber geben. Ein Truthahn muß sehr langsam braten, sonst ist er inwendig roh und hart. Statt der Fülle kann man auch Kastanien oberflächlich abrösten, sie abschälen, dann den Kropf mit Butter ausschmieren und ihn mit den Kastanien füllen. Beim Tranchiren schneidet man zuerst den Kropf aus, legt die Fülle oder die Kastanien auf einen Teller, und schneidet dann das Übrige.

295. Gedämpfte Rebhühner.

Putze ein Paar Rebhühner sauber so wie zum Braten, lege sie in eine Kasserolle, gib dazu ein Stückchen frische Butter, die Abschnitzeln vom Speck, ferner Thymian, Lorbeerblatt, ganzen Pfeffer, Ingber, Neugewürz, Lemonie, dann auch die Lebern und

Mägen; auch kannst du einige Hühnerlebern und Mägen, und in Ermangelung deren nur ein Stückchen Kalbfleisch dazu geben; laß es schön bräunlich dünsten, dann gieße Rindsuppe und Weinessig daran und laß es ein bischen aufkochen; hernach nimm die Mägen und Lebern heraus, hacke sie mit ein bischen grüner Petersilie, Kapperln und Lemonieschale, lege die Rebhühner auf eine reine Kasserolle, seihe die Soß, welche früher ein wenig braun eingebrennt werden muß, darüber, gib das Gehacke in die Soß und laß es noch aufkochen; dann richte die Rebhühner auf die Schüssel an, die Soß gieße darüber und ziere die Schüssel entweder mit Bögen von Butterteig, oder mache einen Kranz von Butterteig.

296. Rebhühner mit Pomeranzensoß.

Gib auf eine Kasserolle ein Stück Butter, eine in Scheiben geschnittene Zwiebel, zwei Lorbeerblätter, lege darauf zwei gut gereinigte und eingesalzene Rebhühner, decke sie zu und laß sie dünsten. Auf eine andere Kasserolle gib ein Stück Speck, ein Stück Butter, ein Stück Rindfleisch, die Mägen und Lebern von den Rebhühnern, eine große Zwiebel, eine Petersiliewurzel sammt dem Grünen, alles kleingeschnitten, und laß es dünsten, bis es bräunlich wird; dann gieße dazu einen Schöpflöffel voll Rindsuppe und ein bischen Wein, drücke darein von einer Lemonie den Saft und laß es noch recht aufkochen. Indessen mache eine bräunliche Einbrenn, füge hiezu zwei kleingeschnittene Schalotten, dann brenne damit den Absud ein und seihe ihn durch ein dichtes Sieb; hernach knete ein Stück frische Butter im Mehle aus, gib es in die Soß, quirle es recht ab und laß sie noch aufkochen; schließlich drücke darein den Saft von einer Pomeranze und füge hiezu auch ein bischen kleingeschnittene Pomeranzenschale. Nun schneide die Rebhühner in Viertel, lege sie in die Soß, den Saft, worin die Rebhühner gedünstet haben, kannst du auch beifügen und laß noch alles ein wenig aufkochen; dann richte die Rebhühner zierlich auf die Schüssel an und die Soß gieße darüber.

297. Rebhühner auf französische Art.

Gib auf ein Reindel dünn geschnittenen Speck, Zwiebel, Petersilie, gelbe Rübe, Sellerie, alles in Scheiben geschnitten, so auch einige Schnitzeln roher Schinke, ein Stückchen Thymian und einige Lorbeerblätter, lege darauf zwei gut gereinigte, mit Speck durchgezogene und eingesalzene Rebhühner, decke sie zu und laß sie dünsten; sobald sie halbweich sind, nimm den Deckel ab, stelle die Rebhühner in die Bratröhre und laß sie unter allmäligem Begießen mit dem Safte, worin sie gedünstet waren, roth braten; dann nimm sie auf ein anderes Reindel heraus, seihe den Saft, wozu du ein bischen Rindsuppe zugegossen hast, durch einen Seiher darauf, zerrühre darein einen Kochlöffel voll Mehl, gieße ein Gläschen Wein dazu, zerrühre darein auch einen Löffel voll französischen Senf und laß es noch etwas einkochen, bis es dick wird, dann drücke darauf den Saft von einer Pomeranze und einer Lemonie, und gib dazu ein Stückchen Zucker, an welchem du die Schale von der Pomeranze und der Lemonie abgerieben hast; nun richte die Rebhühner auf die Schüssel an, und gieße diese vortreffliche Soß darunter.

298. Wachteln.

Salze und speile gut abgerupfte, ausgenommene und abgewaschene Wachteln, die Brüstchen und Hintertheile belege mit Speckblättern, binde sie mit einem Faden um, richte die Wachteln schön auf eine mit Butter eingeschmierte und mit einigen Zwiebelscheiben belegte Kasserolle, gieße etwas Wasser darunter und laß sie langsam braten; inzwischen zerhacke ein Stück Kalbfleisch, gib dazu drei gerührte Eier, eine abgeriebene, eingeweichte und ausgedrückte Semmel, hacke es noch mitsammen, salze es gehörig, würze es mit Lemonieschale, zerrühre es recht und mache davon soviel längliche dünne Schnitzeln, als Wachteln vorhanden sind; dann nimm die Wachteln heraus, die Schnitzeln lege in den Saft, auf jedes Schnitzel lege wieder eine Wachtel, und laß sie so garbraten; dann nimm es in demselben Zustand auf eine Schüssel heraus, begieße es mit dem Saft, belege es mit Lemoniescheiben und trage es zur Tafel.

299. Wachteln mit Reis.

Reinige gut und salze zwei Wachteln, und laß sie auf Butter braten, wobei sie öfters mit dem eigenen Saft begossen werden müssen. Klaube 140 Gramm Reis durch, wasche ihn aus und brühe ihn ab, gib ihn auf ein Reindel mit einem Stück Butter, lege darein eine mit Gewürznelken durchgezogene Zwiebel, decke ihn zu und laß ihn halb dünsten, dann gib die Wachteln sammt dem durchgeseihten Saft hinein, gieße dazu noch etwas zerlassener Suppensulze, und wenn du keine hast, also starke Rindsuppe, und laß es mitsammen dünsten, bis es hinlänglich weich wird.

300. Gedämpfte Fasanen.

Putze sauber 2 oder 3 Fasanen, hefte und spicke sie, salze sie ganz wenig inwendig, schmiere eine Kasserolle mit frischer Butter aus, schneide 2 gelbe Rüben, 2 Petersiliewurzeln und eine Sellerie auf Scheiben, so auch eine Zwiebel, dann schneide ein Stück Speck und ein Stück Rindsfett würflich, dieses alles gib in die ausgeschmierte Kasserolle, lege die Fasanen darauf, gieße daran 2 Deciliter rothen Wein und einen Schöpflöffel voll Rindsuppe, decke sie wohl zu und laß sie weich dünsten; hernach nimm die Fasanen heraus, das Wurzelwerk aber, wobei auch die Lebern und Mägen der Fasanen dünsten, laß braun ausdünsten. Indessen zerlege die Fasanen, gib nämlich die Flügel, Brüstchen, Füßchen extra, und decke alles zu, damit es nicht abtrockne; die Abfälle theile zur Hälfte, die eine Hälfte backe mit einigen Semmelschnitten im Butterschmalz, dann stoße alles das Gebackene sammt der andern Hälfte der Abfälle im Mörser, zu dem Wurzelwerk gib noch ein Stückchen Butter und wenn es aufschäumt, streue darein einen Löffel voll feinen Mehles, gib das Gestoßene dazu, und wenn es hübsch bräunlich geworden ist, gieße daran 4 Deciliter rothen Wein und 4 Deciliter Rindsuppe, und laß es unter beständigem Umrühren zu einem dicken Brei einkochen, dann passire es durch ein grobes Haarsieb, drücke darein von einer Lemonie den Saft und rühre es recht um. Nun gib die Hälfte von dem Brei auf die dazu bestimmte Schüssel, darauf lege die zergliederten Fasanen und darüber streiche die zweite Hälfte des Breies; eine halbe Stunde vor dem Auftragen stelle die Schüssel auf ein mit Salz oder Asche bestreutes Blech und laß es in der Röhre so wie Schnecken oben abbacken. Wenn du es auftragen willst, so ziere es mit gebackenen Semmelschnitten oder Lemoniescheiben. Auch mit Rebhühnern verfährt man auf gleiche Weise.

301. Wilde Gans und Ente.

Diese müssen eingesalzen in mit Zwiebel und Gewürz aufgekochtem Essig einige Tage liegen, dann werden sie auf der Brust recht mit Speck durchgezogen, inwendig mit gestoßenem Pfeffer eingerieben und eingesalzen, auf eine mit in Scheiben geschnittener Zwiebel und geschnittenem Speck belegte Bratpfanne gelegt und langsam gebraten; während des Bratens kann immer ein bischen von der Lake, worin sie eingelegt waren, und zuletzt auch ein bischen sauerer Schmetten nachgegossen werden; dann werden sie auf die Schüssel gelegt und die durchgeseihte Soß untergegossen.

302. Wilde Ente mit Soß.

Die wilde Ente wird sauber geputzt, der Kopf jedoch wird nicht abgerupft und die Füße nicht abgeschnitten, dann wird die Ente gesalzen, geheftet und in eine Pfanne oder Reindel gelegt; gib dazu Zwiebel, Thymian, Lorbeerblatt, Lemonieschale, Neugewürz, Ingber, Pfeffer, ein Stück Butter, ein Stück Speck, und laß es schön bräunlich dünsten, hierauf gieße daran Rindsuppe und Weinessig und laß es garkochen. Hernach nimm die Ente heraus, wälze ein Stückchen Butter recht im Mehle, wirf es in die Soß, zerrühre es und laß es aufkochen, dann seihe es durch, gib darein ein Stück braungerösteten und ein Stück weißen Zucker, ferner geschnittene Lemonieschale, Kaperln und Gewürznelken, lege die Ente in die Soß und laß es noch ein bischen aufkochen. Beim Anrichten lege die Ente in die Mitte der Schüssel, gieße die Soß daran und um die Schüssel mache entweder einen Kranz von Butterteig oder ziere die Schüssel mit Lemoniescheiben. – Ebenso kann man auch eine zahme Hausente zubereiten.

Salate

303. Hopfenspitzensalat.

Man wäscht den jungen Hopfenspitzensalat zuerst in kaltem Wasser, dann putzt man ihn, kocht ihn so wie den Spargel im Salzwasser und läßt ihn kalt werden; hernach wird er mit Essig und Öl angemacht und mit gestoßenem Pfeffer bestreut.

304. Schneckensalat.

Koche die Schnecken im Wasser nur so viel, daß du sie aus den Häuschen ziehen kannst, dann sondere die Schwänzchen ab, die Schnecken putze sauber, wasche sie mit Salz im reinen lauwarmen Wasser und laß sie in der Rindsuppe weich kochen. Indessen laß die Schwänzchen mit ein wenig Provenzer Öl und feingeschnittener Zwiebel abschwitzen, dann lege sie in die Mitte der Salatschüssel, die Schnecken herum, belege es mit reingeputzten Sardellenhälften und Oliven, zertreibe einige hartgesottene Eierdotter mit Essig und gutem Provenzer Öl, gieße darein etwas von der Suppe, worin die Schnecken gekocht haben, und ist es nöthig, so salze es ein wenig zu, dann begieße damit das Gemisch, mache um die Schüssel einen Kranz von gehacktem, klarem Aspik, belege ihn mit schönen Kapperln, so ist es eine zierliche und delikate Schüssel für eine Männertafel.

Gemüse mit oder ohne Fleisch

305. Wasserrübe auf sauere Art.

Schäle die Wasserrübe ab, zerschneide sie zuerst in Scheiben, dann auf Nudeln, begieße sie mit siedendem Wasser, decke sie und laß sie eine Weile stehen. Indessen gib auf ein Reindel entweder Butter oder Schweinfett, röste darin ein Stückchen Zucker blaßgelb, gib die Rübe hinein, dazu etwas kleingeschnittene Zwiebel, etwas Kümmel, etwas Salz, und laß es dünsten, dann bestreue es mit etwas Mehl und laß es abermals dünsten; dann gieße darauf etwas Weinessig und laß es noch eine Weile an einem warmen Ort stehen; dann gib es auf die Schüssel und darauf entweder einen schönen jungen Schweinbraten, oder eine Bratwurst, oder ein Rebhuhn, einen Fasan oder überhaupt was man zu einem süßsaueren Kraut gibt. Auf diese Art zubereitete Wasserrübe ist ebenso gut wie Kraut.

306. Steckrübe mit Schweinfleisch.

Die Steckrübe schabe ab, schneide sie länglich, wasche sie rein, begieße sie mit siedendem Wasser und laß sie darin eine kleine Weile stehen. Auf 1½ Liter geschnittene Steckrübe laß auf einer Kasserolle 70 Gramm Butter mit 35 Gramm Zucker goldgelb rösten, gib die Rübe darein und laß sie dünsten, bis sie weich ist; damit sie nicht anbrenne, gieße löffelweis entweder Rind- oder Schweinsuppe nach. Indessen koche junges Schweinfleisch, gib aber Acht, damit es nicht überkoche, und schneide es in zierliche Stücke; hernach mache eine Einbrenn, und wenn sie gelblich zu werden anfängt, so füge hiezu 18 Gramm Zucker, damit sie bräunlich werde, gieße darauf einen verhältnißmäßigen Theil von der Schweinsuppe und laß es aufkochen; dann seihe die Soß, welche jedoch nicht zu dick sein darf, über die Rübe, gib darein das geschnittene Schweinfleisch, laß es noch ein wenig aufkochen, und wenn du willst, würze es ein bischen mit gestoßenem Neugewürz, hernach gib es auf die Schüssel und trage es zur Tafel.

307. Steckrübe mit Kastanien.

Schabe die Steckrübe ab, zerschneide sie in Scheiben, gieße darüber siedendes Wasser und laß sie etwas stehen. Auf 1⅓ Liter zerschnittene Steckrübe gib auf ein Reindel 70 Gramm Butter, 35 Gramm Zucker und laß es bräunlich einbrennen, dann gib die Steckrübe hinein; damit sie aber nicht anbrenne, gieße Suppe darunter; dann mache eine braune Einbrenn, laß darin ein Stück Zucker einbrennen, gieße darein eine fette Schwein- oder Rindsuppe, zerrühre es, laß es aufkochen und gieße es auf die Steckrübe; röste und schäle ab 30 Kastanien, 15 davon zerschneide klein und 15 in Hälften, gib sie zu der Steckrübe und laß es noch etwas aufkochen; dann gib es auf die Schüssel, belege es entweder mit Bratwürsteln oder Schweinskoteletts und trage es auf die Tafel.

308. Gemeine Feldrübe mit Schweinfleisch.

Schneide schöne süße Feld- oder auch Wasserrübe auf Scheiben und steche davon entweder runde kleine Kügelchen mit der Form aus, oder schneide sie in kleine Würfel; dann gib die Hälfte der Rübe in einen Topf, lege darauf ein Stück Schweinfleisch, darüber lege die übrige Rübe, salze es, gieße Wasser daran und laß es halb überkochen; indessen gib auf ein Reindel ein Stück Butter und entweder Zucker, Syrup oder Honig, und laß es schön lichtbraun rösten, dann seihe die Rübe ab, gib sie darein und laß sie dünsten, bis sie ganz weich ist; das Fleisch, wenn es nicht weich genug ist, kann noch in der abgeseihten Suppe gekocht werden. Nun mache eine lichtbraune Einbrenn, gieße die Rübensuppe daran, quirle es recht ab und gieße es über die Rübe; das Schweinfleisch zerschneide auf Stücke, gib es darein, würze es mit ein bischen Neugewürz und Ingber, und laß es noch ein wenig aufdünsten; sollte es zu dick sein, so gieße Suppe nach. Dieses Letztere muß überhaupt bei allen Grün- oder eingemachten Speisen genau beobachtet werden, denn oft verdirbt sich die beste Speise, weil man nicht darauf sieht, ob sie zu sehr austrocknet; daher kann man allen jenen, die sich mit der Kochkunst befassen, nicht genug Aufmerksamkeit einflößen.

309. Faschirtes Kraut.

Nimm ein schönes Krauthäupel, zerschneide es in vier Theile, den Strunk schneide heraus, wasche es in kaltem und brühe es mit siedendem Wasser, dann gib es in einen Topf, gieße darauf siedendes Salzwasser und laß es ein bischen überkochen, hernach nimm es heraus und lege es auf eine reine Serviette, damit alles Wasser davon ablaufe. Indessen laß auf einem Reindel 250 Gramm Kalbfleisch, am besten Kalbsbriesel, mit 150 Gramm halbgekochtem Selchfleisch dünsten, wozu du eine mit Gewürznelken besteckte Zwiebel geben kannst; dann hacke 250 Gramm Schweinfleisch so wie auf eine andere Fasch. Wenn alles vorbereitet und das Fleisch weich genug ist, so schneide die Hälfte des Krautes auf feine Nudeln; die andere Hälfte aber mit dem gedünsteten Kalb- und geselchten Fleische schneide ganz klein, gib es mit dem gehackten Schweinfleisch auf eine Schüssel, schlage darein 4 Dotter und ein ganzes Ei, gib dazu einen gehäuften Eßlöffel voll geriebener Semmel und etwas Lemonieschale, würze es mit Neugewürz, Pfeffer und ein bischen Ingber, salze und treibe es gehörig ab; hierauf schmiere die Form mit Butter, streue sie mit geriebener Semmelrinde und den Boden lege entweder mit geselchter Zunge oder mit zierlich geschnittenem geselchtem Fleische aus, darauf gib eine Lage Fasch, diese bestreue mit Krautnudeln, dann gib wieder Fasch, darauf wieder Nudeln, schließlich mache einen Deckel abermals von Fasch und laß es schön langsam backen; hernach stürze es und gieße darüber die Soß, welche so wie in Rezept Nro. 314 bereitet wird. Man kann es auch im Dunste kochen, doch muß es dann länger sammt dem Wasser in der Röhre bleiben, damit es recht dunkelgelb gebacken werde. Diese Speise langt für 8 bis 10 Personen. Hast du genug gekochtes geselchtes Fleisch oder Zunge, so kannst du selbes auf Nudeln geschnitten mit den Krautnudeln vermischen.

310. Sauerkraut gebacken.

Für 8 Personen koche ungefähr 500 Gramm saueres Kraut weich; indessen schneide 140 Gramm Schweinfett auf Würfel, laß es zergehen, gib dazu einen Löffel voll Mehl und mache eine ganz dünne gelbliche Einbrenn, wirf darein eine halbe feingeschnittene Zwiebel und laß es ein wenig dünsten; dann seihe das Kraut ab, gib es in die Einbrenn, gieße hiezu 4 Löffel von dem abgeseihten Krautwasser und 4 Löffel saueren Schmetten, und laß es ein Weilchen dünsten; sollte es zu trocken sein, so kannst du sowohl Wasser als auch Schmetten zugeben; ist es zu wenig sauer, so gieße ein bischen Weinessig nach. Koche 500 Gramm junges Schwein- und 500 Gramm junges geselchtes Fleisch, und schneide beides auf zierliche Schnitzeln. Nun schmiere eine Form mit Butter, streue sie mit Semmelrinde und am Boden lege einen Kranz von dem geschnittenen Fleische aus, darauf gib eine Lage Kraut, dann wieder eine Lage Fleisch, darauf abermals eine Lage Kraut, und so fort, bis alles gar ist; oben muß Kraut kommen; hernach beschmiere es mit einem mit zerlassener Butter abgetriebenen Eidotter, bestreue es mit geriebener Semmelrinde und laß es in der Röhre schön langsam ausbakken; dann stürze es vorsichtig heraus, damit es nicht zerfalle, und trage es auf. Statt des Schweinfleisches kann man auch ein fettes Rindfleisch vom Brustkern oder weich gekochtes und kleingeschnittenes geselchtes Bauchfleisch beimischen.

311. Krautpfänzel.

Schlage in einen Topf 3 ganze Eier, gieße daran 4 Deciliter süßen Schmetten, gib dazu Germ, ein bischen Zucker, und verrühre darein so viel Mehl, als nöthig ist, damit daraus ein Teig so wie auf gegossene Talken wäre, und laß ihn aufgehen; indessen hacke ein Krauthäupel, dünste es mit frischer Butter, salze es, gib dazu ein bischen Zucker und ein bischen Pfeffer, und laß es auskühlen; wenn der Teig aufgegangen ist, so rühre das abgekühlte Kraut darein, gib auf eine Strudelpfanne ein wenig zerlassene Butter, gieße darauf ein wenig von dem Teige und behandle es so wie Strudel; wenn das Pfanzel auf einer Seite gebacken ist, kehre es um und laß es auch auf der anderen Seite schön gelblich backen; so fahre fort, bis alle Pfänzel gebacken sind, dann lege eins auf das andere und bestreiche jedes mit heißer Butter; oder bestreiche sie mit heißer Butter und rolle sie wie Strudeln. – Aus diesem Teig kannst du auch gegossene Talken machen, nämlich; nimm ein Talkenblech mit Grübchen, gib in jedes Grübchen ein wenig Schmalz, dann gieße darein einen Löffel voll von dem Teig und besprenge es mit Butter; wenn die Talken auf einer Seite gebacken sind, so kehre sie um, und sind sie auf beiden Seiten schön gelblich gebacken, so tunke sie nochmals in zerlassene Butter und trage sie schön aufgeschlichtet zur Tafel. Wiewohl diese Speise mehr Zeit erfordert, so ist sie dafür auch genußvoll.

312. Krautwürsteln.

Hacke ein Krauthäupel klein, laß es auf Butter weich dünsten, salze und würze es ein wenig mit gestoßenem Pfeffer, und laß es auskühlen, dann schlage darein ein oder zwei Eier, gib dazu Germ und so viel Mehl, als zu einem gehörigen Teig nöthig ist, rühre es ab, gib es auf ein Nudelbrett und arbeite es durch; nun mache daraus fingerlange und fingerdicke Würste, laß auf einer Bratpfanne Butter zergehen, schlichte darauf die Würste schön knapp aneinander, bestreiche sie oben mit Butter, laß sie ein wenig aufgehen, dann in der Röhre oben und unten schön gelblich backen.

313. Braunkohl mit Bratwürsteln.

Löse den Braunkohl schön vom Stengel ab und laß ihn im Salzwasser überkochen, dann seihe ihn ab und hacke ihn klein; hierauf laß ein Stück Butter zergehen, gib ein Stück Zucker hinein, laß ihn aufschäumen, dann gib dazu den gehackten Braunkohl, laß ihn dünsten, staube ihn ein bischen mit weißem Mehl ein, gieße ein wenig Rindsuppe daran und laß es aufsieden, doch mußt du darauf sehen, damit es fein, fett und süß sei; dann gib darein geröstete geschälte Kastanien entweder ganz oder kleingehackt. Die Bratwürsteln laß entweder auf dem Roste oder auf einer Pfanne braten und belege dann den Braunkohl damit. Anstatt Bratwürsteln kann man den Braunkohl auch mit geselchten Würsteln oder Zunge, auch mit zierlich geschnittenem, weichgekochtem Selchfleisch oder mit Kalbskarbanateln belegen.

314. Faschirter Kohl.

Für 8 Personen klaube 4 bis 5 Kohlhäupeln sauber ab, zerschneide die Herzeln in Viertel, wasche sie rein und brühe sie mit kochendem Wasser. Alsdann mache die Fasch wie folgt: Nimm 500 Gramm Schwein- und 280 Gramm Kalbfleisch, schneide die Haut von dem Schweinfleisch, dann die Knochen und Fasern aus beiden heraus, und laß dieses alles nebst einem Stückchen fetten Schweinfleisch kochen, dann lege hiezu die Kohlherzeln und laß sie weich kochen, aber nicht zerkochen; das Fleisch hacke roh ganz klein, gib dazu etwas über eine halbe abgeriebene, im Wasser geweichte, ausgedrückte Semmel, 3 gerührte Eier und 35 Gramm Rindsmark, salze und würze es mit Muskatenblüte, Ingber und ein bischen Pfeffer, gib dazu 2 Zehen mit Salz zerriebenen Knoblauch, und hacke und treibe es so lange ab, bis es wie ein Teig ist; dann gib es auf eine Schüssel, schlage darein noch 2 ganze Eier und treibe es recht ab. Nun schmiere eine Melonenform mit Butter aus, theile die weichgekochten Kohlherzeln jedes in zwei Theile und lege davon einen schönen Stern auf dem Boden aus; den übrigen Kohl, das Fleisch und die Haut, was schon alles weich gekocht ist, schneide auf große Nudeln; hierauf bestreiche den Boden recht dick mit der Fasch, diese bestreue mit den Fleisch- und Kohlnudeln, darauf gib wieder fingerdick von der Fasch, bestreue sie wieder mit Nudeln, endlich mache darüber einen Faschdeckel und laß es eine Stunde im Dunste kochen. Indessen bereite die Soß: Mache eine braune Einbrenn, gib dazu ein Stückchen Zucker, damit sie eine hellere Farbe bekomme, und brenne die Suppe, worin der Kohl und die Fleischabschnitzeln gekocht haben, damit ein, würze es mit Neugewürz und Ingber, füge hiezu 2 Zehen mit Salz zerriebenen Knoblauch und laß es noch aufkochen, dann passire es durch. Wenn die Fasch hinlänglich gekocht ist, so stürze sie, gieße die Soß darüber und trage sie zur Tafel.

315. Faschirter Kohl mit Reis im Dunste gekocht.

Für 6 bis 8 Personen putze 3 schöne Kohlhäupeln, wasche sie zuerst in kaltem, dann begieße sie mit kochendem Wasser und laß sie ein Weilchen so zugedeckt; dann seihe das Wasser ab, lege den Kohl in eine Kasserolle, worin 210 Gramm junges geselchtes Fleisch und entweder ein Kalbsbriesel oder eine Kalbsniere kocht, und laß alles zusammen kochen; was zuerst weich ist, nimm dann heraus, damit nichts überkoche. Indessen gieße auf 90 Gramm schönen Reis zuerst kaltes, dann dreimal kochendes Wasser, welches immer, nachdem der Reis mit einem Kochlöffel abgesprittelt wurde, abgegossen wird; dann gib auf eine Kasserolle ungefähr 35 Gramm Butter und den Reis, laß ihn dünsten, und damit er nicht braun werde, gieße darunter löffelweis von der Suppe, worin das Fleisch mit dem Kohle kocht. Hacke etwa 250 Gramm Schweinfleisch mit 35 Gramm Rindsmark, wenn das Fleisch nicht fett ist, gib es auf eine Schüssel, dazu 2 gerührte Eier, eine halbe abgeriebene, im Wasser geweichte, ausgedrückte Semmel, salze und würze es mit ein bischen gestoßenem Pfeffer, dann schneide das geselchte Fleisch, 2 Kohlhäupeln und das Kalbsbriesel oder Niere recht fein, gib es zu der Fasch, schlage darein noch 2 ganze Eier und vermische alles recht untereinander. Nun schmiere eine Melonenform mit Butter aus, das dritte Kohlhäupel zerschneide auf Viertel und lege davon auf dem Boden einen Stern aus, bestreiche die ganze Form auf einen Finger dick mit der Fasch, darauf gib eine Lage von dem weich gedünsteten Reis, dann wieder auf einen Finger dick Fasch, wieder Reis und so fort, bis die Form voll ist; zuletzt mache einen Deckel von dem Reis, stelle die Form in kochendes Wasser und laß es wenigstens drei Viertel Stunde kochen, dann stelle es sammt dem Wasser in eine heiße Röhre, damit es auch oben gar werde; hierauf stürze es auf die Schüssel und gieße die Suppe, worin alles gekocht hat, ein wenig bräunlich eingebrennt darunter. Dies ist eine kräftige und nahrhafte Speise. Wer die Soß süßlich haben will, kann ein Stückchen goldbraun gerösteten Zucker beifügen.

316. Kohl-Karbanateln oder Würsteln.

Putze und zertheile zwei schöne Kohlhäupeln, wasche sie zuerst in kaltem, dann brühe sie mit kochendem Wasser, seihe sie ab und laß sie mit 140 Gramm geselchtem Fleisch und einer mit Gewürznelken besteckten Zwiebel kochen, dann hacke 250 Gramm Schweinfleisch und laß die Haut und Abschnitzeln ebenfalls mit dem Kohl kochen. Das gehackte Fleisch gib auf eine Schüssel, gib dazu eine halbe abgeriebene, im Wasser geweichte, ausgedrückte Semmel, dann den gekochten Kohl, geselchtes Fleisch und Abschnitzeln, alles fein geschnitten, schlage darein 2 oder 3 ganze Eier, treibe es recht ab, salze und würze es mit etwas Pfeffer und backe davon auf einem Grübchen-Talkenblech schöne runde Karbanateln; oder benetze ordinäre Oblaten mit Eiweiß, streiche von der Fasch fingerdick darauf, rolle es wie Würsteln zusammen, tunke sie in aufgeschlagene Eier, ballire sie in geriebener Semmelrinde und backe sie in heißem Butterschmalz.

Beides kann entweder als Beleg zu Grünspeisen oder als selbstständige Speise aufgetragen werden; im letztern Falle lege die Zwiebel, wenn sie weich gekocht ist, mit einem Stückchen Butter auf eine Kasserolle, gib dazu die Abschnitzeln vom Schwein- und geselchten Fleisch, laß es braun dünsten, streue daran ein bischen Mehl und laß auf dem Boden eine Kruste anlegen, doch nicht anbrennen; dann gieße die Suppe, worin der Kohl und das Fleisch gekocht hat, daran und laß es aufkochen, hierauf seihe es durch und gib darein ein Stückchen goldbraun gerösteten Zucker. Diese Soß kannst du zu den Karbanateln oder Würsteln in Saucieren extra geben.

317. Kohl-Karbanateln auf eine andere Art.

Reinige und wasche zwei Kohlhäupeln, gieße darauf heißes Wasser und laß sie darin eine Weile stehen, hernach seihe das Wasser ab, den Kohl gib in einen Topf, dazu 250 Gramm Selchfleisch, von 250 Gramm Schweinfleisch schneide die Haut ab und dasjenige, was nicht kleingehackt werden kann, füge auch zu dem Kohl und laß es beisammen kochen; das andere Schweinfleisch hacke klein, gib es auf eine Schüssel und dazu eine halbe, im Wasser geweichte, ausgedrückte Semmel; wenn der Kohl und das dabei gekochte Fleisch genug weich ist, so schneide alles klein, füge es zu dem rohen Fleische bei, schlage darein 3 ganze Eier, salze es so viel als nöthig, würze es ein wenig mit gestoßenem Pfeffer und mische alles gut durch; sollte es zu dünn sein, so verrühre darein 2 oder 3 Löffel voll geriebener Semmel; nun mache daraus runde Karbanateln, ballire sie in geriebener Semmel und backe sie in heißem Butterschmalz. – Man kann sie zu jeder Grünspeise benützen.

318. Kohlrabi mit Fleisch.

Schäle junge Kohlrabi und schneide sie scheiben- und halbmondförmig; dann laß Zucker lichtbraun auf Butter aufschäumen, lege die Kohlrabi darein und laß sie weich

dünsten; das Grüne schneide auf Stückchen und laß es im Salzwasser oder in Suppe kochen. Wenn die Kohlrabi weich sind, so mache eine lichtbraune Einbrenn, gieße Rindsuppe darauf, quirle es ab und gieße es über die gedünsteten Kohlrabi; das Grüne und ein bischen kleingeschnittene grüne Petersilie gib dazu, würze es mit Muskatenblüte und Ingber und laß es noch ein wenig aufkochen; dann belege es entweder mit gebackenen Hühnern, Karbanateln, Würsteln oder geselchtem Fleisch, oder koche junges Schwein- oder Schöpsenfleisch und gib es darein. Sind die Kohlrabi schon älter, so kann man sie kleiner schneiden und in der Suppe, worin das Schweinfleisch gekocht hat, halb abkochen lassen, dann so wie mit den vorigen verfahren. Zucker kann man so viel geben, wie man es gerne süß hat; auch kann man statt Zucker Syrup oder böhmischen Honig nehmen.

319. Gefüllte Kohlrabi.

Nimm schöne junge Kohlrabi, schäle sie und kratze das Inwendige schön heraus, gib aber Acht, damit du keine Löcher darin machst; das Ausgekratzte laß mit 250 Gramm Selchfleisch kochen; hierauf hacke klein ein Stück rohes Kalbfleisch und sondere alle Fasern aus, das Selchfleisch und das Ausgekratzte hacke ebenfalls dazu, treibe ein Stückchen Butter auf einer Schüssel ab, gib das Gehackte darein, dazu zwei ganze Eier, einen Dotter und eine halbe geriebene Semmel, salze es ein wenig, würze es mit Muskatenblüte, mische es gut durch und fülle damit die Kohlrabi; dann röste ein Stück Zucker auf Butter schön goldgelb, lege die Kohlrabi darein und laß sie langsam dünsten; damit sie nicht anbrennen, kannst du einige Löffel voll Suppe nachgießen, bis sie weich sind; nun brenne die Suppe, worin das Selchfleisch gekocht hat, mit lichtbrauner Einbrenn ein und gieße sie unter die Kohlrabi. Das Grüne von den Kohlrabi koche gleichfalls in der Suppe, dann hacke es klein, laß es ein bischen auf Zucker aufdünsten und gieße etwas von der Soß darunter. Wenn du es anrichten willst, so mache aus dem Grünen um die Schüssel einen Kranz, belege es mit Karbanateln oder Würsteln, die Kohlrabi gib zierlich in die Mitte, gieße darüber die Soß, welche aber nicht über den Rand gehen darf, und trage es zur Tafel.

320. Pfanzel von gelben Rüben.

Schabe 3 oder 4 schöne gelbe Rüben, wasche sie rein und reibe sie auf dem Reibeisen; laß 35 Gramm frische Butter auf einem Reindel zergehen, gib die geriebenen gelben Rüben hinein und laß sie eine halbe Stunde dünsten, dann auskühlen: indessen treibe 35 Gramm frische Butter ab, schlage darein 2 ganze Eier und 2 bis 4 Dotter, gib dazu von 2 Eiweiß den Schnee, dann entweder von einer halben Lemonie die Schale oder 35 Gramm Citronat, 35 Gramm gestoßenen Zucker und ein wenig Salz, zuletzt die gedünsteten ausgekühlten gelben Rüben, und treibe es recht ab; nun laß auf einer Bunzelkasserolle ein Stückchen Butterschmalz heiß werden, gieße das Gemisch hinein und laß es schön goldgelb backen; dann gieße darauf wenigstens 2 Deciliter abgekochten ausgekühlten Schmetten, laß ihn schön einziehen und das Pfanzel abermals in der Röhre gelb ausbacken; zieht sich der Schmetten sehr schnell ein, so gieße noch ein wenig nach; dieses überläßt man der Einsicht der Köchin, welche das rechte Maß beobachten muß, damit es weder zu sehr zerweicht, aber auch nicht zu trocken zur Tafel komme; hernach bestreue es mit Zucker und trage es sammt dem Gefäß zur Tafel. Es ist eine gute und gesunde Speise.

321. Gelbe Rüben mit Pofesen.

Schabe gelbe Rüben, wasche sie ab und schneide sie auf Nudeln; laß Zucker, Honig oder Syrup schön goldgelb aufschäumen, wirf die gelben Rüben darein und laß sie dünsten, bis sie weich sind, rühre sie jedoch öfters um, damit sie nicht anbrennen; hernach mache eine ganz dünne, dunkelgelbe Einbrenn, in welche du wegen heller Farbe ein bischen gestoßenen Zucker beifügen

kannst, quirle sie mit guter Suppe ab, gieße sie über die Rüben, laß es noch ein bischen aufdünsten und würze es mit Muskatenblüte, Ingber und Neugewürz.

Die Pofesen macht man also: Man reibt schöne, Tags zuvor gebackene Semmel ab, schneidet sie in Scheiben, nimmt Schmetten, gibt darein etwas Zucker und ein bischen Salz, gießt ihn über die Semmeln und läßt sie durchweichen aber nicht lange, sonst zerfallen sie, hernach tunkt man sie in ein aufgeschlagenes Ei, ballirt sie in Semmelbröseln und bäckt sie schön goldgelb. Oder man macht aus gehackten Hühnerlebern und Mägen eine Fülle, wie bei der Suppe Rezept Nro. 1, macht kleine Pofesen, verfährt damit, wie oben angegeben, bäckt sie in Butterschmalz und belegt damit die Rüben. Diese Pofesen können zu allen Grünspeisen gebraucht werden.

Anstatt Pofesen kann man die gelben Rüben auch mit Bratwürsteln oder gebackenem Kuheuter Rezept Nro. 90 belegen, oder ein halbes Schock gebratene Kastanien darein geben; 15 hievon werden kleingeschnitten und hineingemengt, die anderen 15 jede in 4 Stücke getheilt und dazu gegeben.

322. Gefüllte Gurken.

Schneide 6 große Gurken der Länge nach in die Hälfte, nimm die Kerne heraus, wasche sie und trockne sie mit einer reinen Serviette ab. Hacke 140 Gramm von allen Fasern gereinigtes Kalbfleisch mit 35 Gramm Rindsmark klein, gib dazu 2 gerührte überkühlte Eier, eine abgeriebene, im Wasser geweichte ausgedrückte Semmel, ein wenig kleingeschnittene Lemonieschale, salze und würze es mit Muskatenblüte, treibe noch alles wohl ab, oder stoße es in einem messingenen Mörser, damit es ganz fein sei. Nun fülle damit die ausgehöhlten Gurkenhälften, schmiere sie mit Eiweiß, richte die zu einander passenden Hälften wieder genau zusammen und winde eine jede Gurke der ganzen Länge nach mit einem starken weißen Faden oder weißem Spagat um; dann gib auf ein Reindel würflich geschnittenen frischen Speck, 10 Körner Neugewürz, 2 Stückchen Ingber, 2 Petersilienwurzeln, eine Sellerie und eine halbe Zwiebel, alles kleingeschnitten, ferner ein Stückchen frische Butter, lege die Gurken darauf und laß sie weich dünsten; wenn sie weich sind und das Grünzeug gelblich zu werden beginnt, so nimm die Gurken heraus und lege sie in ein anderes Reindel; auf das Grünzeug staube 2 Kaffeelöffel voll feinen Mehles und laß es schön braun aufschäumen, dann gieße daran einen Becher Rindsuppe und laß es aufkochen; ist es zu dick, so gieße Rindsuppe nach; hierauf seihe es über die Gurken, gib dazu ein bischen Lemonieschale, drücke darauf den Saft von einer Lemonie und laß noch einen Sud darüber gehen; nun winde die Fäden von den Gurken ab, lege sie zierlich entweder ganz oder zur Hälfte überschnitten auf die Schüssel und seihe die Soß darüber. Wer will, kann die ganzen Gurken aushöhlen, mit Fasch füllen, und wenn sie fertig sind, dieselben auf runde, zwei Finger breite Scheiben zerschneiden; herum kann man einen Kranz von gebackenen Hühnern oder Karbanateln machen.

323. Monatrettig.

Für 6 Personen putze 2 Schock Monatrettige, wasche sie rein, gib sie in einen Topf, begieße sie mit siedendem Wasser und laß sie darin stehen, bis sie überkühlen, hierauf seihe das Wasser ab und laß sie auf einer Serviette abtrocknen; indessen gib auf ein Reindel 52 Gramm Butter, ein Stückchen Zucker und laß es nur weiß aufschäumen, dann gib die Rettige darein und laß sie dünsten, bis sie ganz weich werden und der Zucker unter ihnen gelblich zu werden beginnt; hernach lege die Rettige auf ein anderes Reindel, in den Saft gib einen Löffel voll feinen Mehles, laß es aufschäumen und gieße daran eine gute Suppe, worin auch zwei Lamm- oder Zickelbrüstel gekocht haben, damit sich daraus eine gehörige Soß bilde. Die Brüstel werden nur halb gekocht, dann ins kalte Wasser gelegt, aller Schaum davon gewaschen, hierauf zierlich geschnitten und in einem Reindel auf ungefähr 35 Gramm Butter gargedünstet, wobei man zeitweilig ein bischen Suppe löffelweis nachgießen muß, damit es nicht braun werde. Wenn man es anrichtet, so wird das Fleisch schön in die Mitte der Schüssel gelegt, die Rettige, über welche man die Soß durchgeseiht hat und sie darin aufkochen ließ, herumgegeben, und die Soß, welche man entweder gar nicht oder nur sehr mäßig mit Muskatenblüte würzt, über alles gegossen.

324. Häupelsalat gefüllt.

Nimm einige schöne Salathäupeln, die unteren Blätter schneide ab, den Salat wasche rein und laß ihn ungefähr zwei Minuten im Wasser kochen; hernach nimm ihn aus dem heißen Wasser heraus und wirf ihn in kaltes Wasser, aus diesem nimm ihn wieder heraus, zerlege die Blätter bis nach innen, gib jedoch Acht, damit sie nicht vom Strunk abgebrochen werden, und lege die Häupeln von einander auf ein Brett, damit sie abtrocknen. Indessen hacke klein 500 Gramm Schweinfleisch ohne Fett und 250 Gramm Selchfleisch, beides auf die Schüssel, schlage darein ein ganzes Ei und einen Dotter, gib dazu 70 Gramm kleinwürflich geschnittenen zerlassenen Speck, eine halbe abgeriebene, im Wasser geweichte, ausgedrückte Semmel, salze und würze es nach Belieben, und mische es ordentlich durch; nun bestreiche damit ein jedes Salatblatt bis nach innen, drücke die Blätter aneinander und ordne die Häupeln wieder gehörig zusammen; hierauf laß auf einer Kasserolle ein Stück Butter zergehen, lege die Häupeln darein und laß sie dünsten, wobei du jedoch öfters nachsehen und löffelweis Suppe nachgießen mußt, damit sie nicht anbrennen. Hernach lege die Häupeln auf eine andere Kasserolle, in den Saft verrühre ein bischen Mehl und gieße noch ein bischen Rindsuppe zu, laß ein Stück Zucker bräunlich rösten, gieße die Soß darauf, rühre sie ein und seihe sie über den Salat durch. Würzen kann man es nach Belieben.

325. Spinat in der Form.

Reibe die Rinde von einer altbackenen Semmel ab, die Semmel zerreibe und röste sie schön goldgelb in Butterschmalz, dann gib sie in eine Schüssel, und wenn sie kalt geworden ist, so schlage dazu 5 frische Eierdotter, salze es ein wenig, gib dazu 8 Löffel süßen Schmetten, 6 gehäufte Löffel in Salzwasser übersottenen feingehackten Spinat, treibe es recht ab, würze es ein wenig mit Muskatenblüte, zuletzt gib dazu den Schnee von 3 Eiweiß und verrühre ihn noch ein wenig; nun schmiere eine Melonenform mit frischer Butter und streue sie mit geriebener Semmelrinde aus, gib das Abgerührte darein und laß es im Dunste kochen, zuletzt stelle es sammt dem Wasser in eine heiße Röhre, damit es fest werde; dann stürze es auf eine längliche Schüssel, bestreue es mit Semmelrinde, begieße es mit heißer frischer Butter und trage es auf den Tisch.

326. Karfiol in der Fasch.

Für 8 Personen nimm 6 Rosen Karfiol (sind sie von größerer Gattung, also 3 oder 4), putze sie rein und laß sie in guter Rindsuppe halb übersieden. Von einem Schock gekochten Krebsen putze die Schweifeln, die Scheren breche ab und lege sie extra, von dem Übrigen mache die Butter.

Die Fasch mache entweder vom Kalbfleisch oder, wenn es ein gehöriger Vorrath vom Geflügel zuläßt, von Hühner- oder Kapaunerbrüsteln, was noch zarter ist; doch müssen für 8 Personen beiläufig 500 Gramm Fleisch, auf 70 Gramm Rindsmark gerechnet, genommen werden, welches fein gehackt wird; gib dazu 3 gerührte Eier, ein bischen Muskatenblüte, salze es, dann füge noch eine abgeriebene, in Schmetten geweichte ausgedrückte Semmel bei, hacke und treibe alles recht fein ab, gib es auf eine Schüssel, schlage darein ein ganzes Ei und treibe es nochmals recht ab. Nun schmiere entweder eine Form, was immer sicherer ist, oder eine runde weiße Schüssel mit Krebsbutter aus, mache einen Kranz von den

aufbewahrten Krebsscheren, von welchen man die eine Spitze abbrechen kann, einen zweiten Kranz lege von kleinen, in der Rindsuppe überkochten Morcheln aus, den dritten Kranz bilde von den Krebsschweifeln; ist es zur Zeit, wo Spargel ist, so kann man unter diese Kränze auch einen von in der Rindsuppe überkochten Spargelköpfchen machen, in Ermangelung dessen aber lege noch einen Kranz von grüner Petersilie aus, dann bestreiche den Boden recht dick mit der Fasch, belege sie mit überkochtem zerlegtem Karfiol und Krebsschweifeln, besprenge es mit Krebsbutter, darauf gib wieder einen Theil Fasch, belege ihn wie zuvor, endlich gib den Deckel von dem dritten Theile der Fasch, stelle es in siedendes Wasser und laß es eine Stunde im Dunste kochen, dann stelle es sammt dem Wasser in die Röhre und laß es oben schön goldgelb abbacken. Indessen mache ein bischen weiße Einbrenn, gieße die Suppe, worin der Karfiol gekocht hat, daran und laß es aufkochen; haben dabei auch die Morcheln gekocht, so kannst du einige Löffel voll abgekochten Schmetten dazu gießen, dann seihe die Soß durch und würze sie mit Muskatenblüte. Wenn die Fasch gekocht ist, so stürze sie, gib herum erbsengroße Stückchen Krebsbutter, welche, wenn sie zergehen, es sehr zieren, und um die Schüssel mache einen Kranz von Petersilienblättern; die Soß gib extra.

Auch hier kann eine geübte Köchin Verschiedenes ändern, z. B. zwischen den Karfiol mit Krebsschweifeln kann sie in der Rindsuppe überkochte, zierlich geschnittene Lebern, Flügelspitzen von jungen Hühnern, dann Hahnenkämme beifügen; dergleichen Änderungen sind dem Geschmack und der Einsicht derselben überlassen.

327. Karfiol in Krem.

Koche sauber geputzten Karfiol in der Rindsuppe, schmiere eine Schüssel, welche auf den Tisch kommen kann, mit Butter aus, lege den Karfiol schön zierlich darein, koche ⅓ Liter süßen Schmetten, laß ihn auskühlen, für 8 Personen schlage darein 10 bis 12 Dotter, quierle es recht ab, salze es ein wenig, würze es mit Muskatenblüte, begieße damit den Karfiol und stelle ihn in eine warme Röhre; wenn er oben fest geworden ist, so mache herum einen Kranz von Krebsschweifeln, Spargelköpfchen, Hahnenkämmen oder jungen frischen Morcheln; auch können Flügelspitzen von gekochten Hühnern beigemischt und Petersilienwurzel zur Verzierung verwendet werden; das Zierliche und Mannigfaltige überläßt man der Einsicht einer geübten Hausfrau oder Köchin. Kurz vor dem Auftragen belege es noch mit Krebsbutter und laß es in der Röhre schön goldgelb rösten.

328. Spargel.

Wenn der Spargel dünn ist, so ist er auf die gewöhnliche Art zubereitet unansehnlich, schneide ihn daher klein, damit er so wie junge grüne Erbsen aussehe. Für 6 Personen nimm 1 Liter geschnittenen Spargel (das harte Weiße wird weggeworfen), begieße ihn mit heißem Wasser, seihe ihn aber gleich wieder ab; hierauf laß auf einer Kasserolle 70 Gramm Butter mit 35 Gramm gestoßenem Zucker aufschäumen, gib den Spargel hinein und laß ihn dunsten, bis er weich ist; dann mache ein bischen dünne weiße Einbrenn, gieße darein halb Rindsuppe und halb gekochten Schmetten, quirle es ab, gieße es über den Spargel, doch nicht so viel, damit es suppig wäre, sondern so wie die grünen Erbsen dicklich bereitet werden, gib dazu etwas kleingeschnittene grüne Petersilie und würze es mit Muskatenblüte, hernach richte es auf eine Schüssel an und herum mache einen Kranz mit Karbanateln oder gebackenen Semmeln oder Hühnchen; im Falle Krebse zu haben sind, so belege es mit Krebsschweifeln und besprenge es mit Krebsbutter. Wer es nicht süß haben will, der kann es ohne Zucker und ohne Schmetten bereiten und bloß mit Rindsuppe ein wenig einbrennen.

329. Sauerampfer mit gebackener Leber.

Nimm einen jungen Garten-Sauerampfer, putze ihn sauber, wasche ihn in einigen Wässern, zuletzt werfe ihn in heißes Wasser und laß ihn ein wenig aufkochen, hernach seihe ihn ab, gib ihn auf das Hackbrett und hacke ihn klein so wie den Spinat; nun laß auf einer Kasserolle 70 Gramm Butter heiß werden, gib den Sauerampfer hinein, und wenn er unter beständigem Rühren ein

wenig austrocknet, so verrühre darein einen Löffel voll Mehl, einige Löffel voll saueren Schmetten und zuletzt ungefähr zwei mit ein wenig kaltem Wasser abgesprittelte Eierdotter; dann gib den Sauerampfer auf die Schüssel und belege ihn entweder mit gebakkener Leber oder Bratwürsteln.

330. Gemischte Grünspeise auf französische Art.

Putze 2 Kohlhäupeln, schneide sie in Hälften, wasche sie früher in kaltem, dann brühe sie mit kochendem Wasser; schneide 4 gelbe Rüben auf feine Nudeln, dann 2 weiße Rüben auf Scheiben, aus denen steche mit einem kleinen Ausstecher kleine runde Plättchen aus, ferner schneide eine Sellerie früher auf Scheiben, dann auf kleine Vierecke, wasche alles rein und hernach dünste jedes extra in Butter und ein bischen fetter Rindsuppe, bis es halb weich ist. Es ist zwar etwas mühsam, aber für junge Mädchen, die sich zu künftigen Hausfrauen ausbilden wollen, ist es eine angenehme Prüfung der Geduld.

Nun mache die Fasch: Hacke fein 500 Gramm Kalb- oder Schweinfleisch, zum Kalbfleisch nimm 70 Gramm, zum Schweinfleisch 35 Gramm Rindsmark, 3 gerührte Eier, eine abgeriebene, im Wasser geweichte, ausgedrückte Semmel, ein bischen Muskatenblüte, hacke alles recht fein und mische es gut durch; dann gib es auf eine Schüssel, salze es, füge ein ganzes rohes Ei und einen Dotter bei und treibe es recht ab. Nun schmiere eine beliebige, am besten eine Melonenform mit Butter aus, mache von den Kohlherzeln, welche du zierlich zerschneidest, am Boden einen Stern, um diese lege zierlich einen Kranz von weißen oder gelben Rüben, darüber lege einen Theil der Fasch, belege ihn mit einem Theil von dem gedünsteten Grünzeug, welches du entweder mit Schnitzeln von geselchtem, weichgekochtem Fleisch oder Zunge, oder mit einem zierlich geschnittenen Lamms-Brüstchen, oder mit jungem Schweinfleisch vermischen kannst, dann gib wieder Fasch, darauf wieder Grünzeug, zuletzt bedecke es abermals mit Fasch und laß es eine Stunde im Dunste kochen, dann eine Viertelstunde sammt dem Wasser in einer heißen Röhre oben schön goldgelb abbacken. Die Soß mache wie folgt: Schneide 1 Kohlhäupel, 2 gelbe Rüben, ein Stückchen Sellerie und ein Stück weißer Rübe, wasche alles rein, gib es in einen Topf, gieße daran eine gute Fleischsuppe und laß es weich kochen; es können dabei auch die Abschnitzeln von dem Fleische, besonders wenn es Schweinfleisch ist, gekocht werden. Nun mache eine braune Einbrenn, wozu du ein Stückchen gestoßenen Zucker beifügen kannst, damit die Soß eine schöne braunhelle Farbe bekomme, gieße die Suppe, worin das Grüne gekocht hat, daran und laß es aufkochen, dann seihe es durch, gib dazu etwas grüne Petersilie und würze es ein wenig mit Ingber und Muskatenblüte. Wenn die Fasch gestürzt ist, kannst du die Soß entweder extra in einer Sauciere auftragen, oder dieselbe unter die Fasch gießen.

331. Artischoken gedünstet.

Putze die Artischoken (siehe Rezept Nro. 332) und laß sie in gesalzenem Wasser nicht ganz weich kochen, dann lege sie in eine Kasserolle, deren Boden recht stark mit Butter ausgeschmiert sein muß, und laß es dünsten; gieße dazu ein bischen Weinessig und ein bischen guter Rindsuppe, würze es mit gestoßenem Pfeffer, Muskatenblüte und kleingeschnittener Lemonieschale, und während dem Dünsten begieße die Artischoken immerwährend mit dem Safte; wenn sie genug weich sind, nimm sie heraus, lege sie auf die Schüssel, in den Saft gib einen Löffel voll Suppensulze, einen Kochlöffel voll Mehl und ein Stück Butter, rühre es ein, gieße es über die Artischoken und trage sie zur Tafel.

332. Artischoken mit einer Soß.

Die Artischoken werden rein geputzt, die oberen Blätter gleich zugeschnitten, die untern Blätter und Stengel abgeschnitten, und die Artischoken in gesalzenem Wasser weich gekocht. Indessen mache auf einer Kasserolle aus einem Stück Butter und zwei Löffeln voll feinen Mehles eine blasse Einbrenn, gieße darauf 2 Deciliter Wein und 2 Deciliter Rindsuppe, rühre es recht ein, füge hiezu ein Stück Zucker, aus einer Lemonie den Saft und ein bischen gestoßene Muskatenblüte, gieße es in einen Topf, quirle es noch recht ab, damit die Soß glatt wäre, und laß sie aufkochen. Wenn die Artischoken weich gekocht sind, so nimm sie heraus und laß sie abtrocknen, dann richte sie auf die Schüssel an, in die Soß quirle noch drei mit ein bischen kalter Suppe abgesprittelte Eierdotter ein, gieße sie in die Sauciere und trage sie zugleich mit den Artischoken auf den Tisch.

333. Passirte Erbsen.

Wenn die Erbsen weich gekocht sind, laß auf einer Kasserolle kleingeschnittene Zwiebel mit Fett aufschäumen, passire die Erbsen darein durch einen Seiher, salze sie, wenn es nöthig ist, und verrühre darein einen Löffel voll geriebener Semmel, dann gib es auf die Schüssel, schmalze es mit Fett oder Butter ab und belege es entweder mit geselchten Würsteln oder mit Schweinkoteletts.

334. Linsen.

Klaube schöne große Linsen durch und wasche sie aus, gib sie in einen Topf, gieße darauf weiches Wasser, salze sie und laß sie weich kochen. Schneide eine Zwiebel recht klein und laß sie auf der Butter goldgelb rösten; dann seihe die Linsen ab, schütte sie auf eine Schüssel aus, begieße sie oben mit der Butter sammt der Zwiebel und belege sie entweder mit gebackener Kalbsleber oder gebackenem Kuheuter.

Pilzgerichte

335. Gerührte Eier mit Herrenpilzen.

Schneide schöne kleine Herrenpilze klein und laß sie mit Butter, grüner Petersilie und Pfeffer abdünsten; dann quirle Eier mit grüner Petersilie ab, salze sie, gieße sie auf ein Reindel in heiße Butter und mache ein Gerührtes, jedoch nicht zu fest; hernach richte die Eier in die Mitte der Schüssel an (ist weniger davon, also auf einen Teller) und von den Schwämmen mache herum einen Kranz, oder gib die Schwämme in die Mitte und mache aus den Eiern einen Kranz, dann trage es auf.

336. Pfanzel von getrockneten Schwämmen.

Koche 4 Deciliter schöne getrocknete Herrenpilze im Salzwasser, dann seihe sie ab, hacke sie ganz klein, treibe 70 Gramm frische Butter ab, gib die Schwämme darein, gib dazu eine abgeriebene, im Wasser geweichte, wohl ausgedrückte Semmel, eine halbe ganz klein geschnittene Zwiebel, ein bischen Lemonieschale, 3 ganze Eier und 3 Dotter, treibe alles wohl ab, salze es ein wenig und würze es mit Muskatenblüte; nun schmiere die Form mit Butter und streue sie mit geriebener Semmelrinde aus, gieße das Gehacke darein und laß es schön resch oben und unten backen, dann trage es zur Tafel. – Es kann als Nebenspeise oder als Beleg zu Grünspeisen gebraucht werden.

337. Schwammenpfanzel mit Erdäpfeln.

Schneide kleine Herrenpilze feinblätterig, wasche sie in kaltem Wasser und dünste sie mit Butter, Salz, grüner Petersilie und Pfeffer; koche kleine Erdäpfel etwas mehr als halb, dann schäle sie und schneide sie auf dünne Scheiben; nun schmiere eine Schüssel oder Form mit Butter aus, gib nach unten eine Lage Erdäpfel, darauf eine Lage Schwämme, dann wieder Erdäpfel und wieder Schwämme, und so fort, bis alles gar ist, obenauf müssen aber ordentlich gelegte Erdäpfel kommen; hast du Krebse oder Karpfenmilch, so kannst du die Schwämme damit belegen, es ist schmackhafter, dann belege es oben mit Butter; hernach quirle 2 oder 3 ganze Eier mit 2 Deciliter abgekochten überkühlten Schmetten ab, salze es ein wenig und begieße damit das Pfanzel; der Schmetten darf jedoch nicht darüber schwimmen, sonst möchte es sich kaschartig auflösen und sowohl an Wohlgeschmack als Ansehen verlieren; daher muß man sich nach der Menge der Schwämme und Erdäpfel richten, damit der Schmetten nur bis zur Hälfte des Pfanzels reiche; dann laß es in der Röhre schön langsam ausbacken, und auf die Tafel trage es mit demselben Gefäß, worin es ist.

338. Schwammenpfanzel.

Schneide kleine frische Herrenpilze feinblättrig, wasche sie in kaltem Wasser, dünste sie mit Butter, Salz und grüner Petersilie, und würze sie mit Muskatenblüte und Pfeffer. Laß in einer Kasserolle 2 Deciliter Schmetten sieden, in ein Töpfchen schlage 3 Dotter, gib dazu 3 Eßlöffel voll feines Mehl, zerrühre es recht mit 2 Deciliter kalten Schmetten, salze es ein wenig, quirle es recht ab, gieße es unter schnellem Umrühren in den kochenden Schmetten, damit daraus ein dickes Köchel werde, und treibe es auf der Glut recht glatt ab; dann gib es auf eine Schüssel und treibe es so lange ab, bis es auskühlt; hernach gib dazu 35 Gramm entweder frische oder Krebsbutter und würze es ganz wenig mit Muskatenblüte. Wenn die Schwämme ausgedünstet sind, laß sie ebenfalls auskühlen; in das Köchel schlage 3 Dotter, gib dazu von 2 Eiweiß den Schnee, und rühre es nur so viel, bis sich der Schnee damit vermischt; nun schmiere die Form mit Butter aus, gib darein die Hälfte des Köchels, darauf streife recht gerade die Schwämme, gieße darüber die zweite Hälfte des Köchels und laß es in der Röhre backen. Hast du Fische oder Krebse, so kannst du entweder gedünsteten Fisch auf Stückchen zerrupft oder Krebsschweifchen den Schwämmen beifügen.

Puddinge

339. Erdäpfel-Pudding.

Treibe 140 Gramm Butter recht ab, schlage darein 6 Dotter, gib dazu 500 Gramm gekochte und geriebene Erdäpfel, 35 Gramm Mehl, 105 Gramm Zucker, von einer Lemonie geschnittene Schale, etwas Zimmet, verrühre es recht, und rühre endlich den Schnee von den 6 Eiweiß hinein, dann schmiere die Form mit Butter, streue sie mit geriebener Semmel aus, gieße das Gemisch hinein, und laß es wenigstens eine Stunde im Dunst kochen, hierauf stelle es noch auf eine Viertelstunde in die Röhre, dann stürze es auf eine Schüssel, verdünne einige Löffel Himbeersaft mit rothem Wein, süße es nach Bedarf und gib es in einem eigenen Geschirre zu dem Pudding auf die Tafel.

340. Semmelpudding.

Reibe von 2 Semmeln die Rinde ab, die Semmeln schneide würflich und laß sie im Schmetten weichen; treibe 35 Gramm Butter ab, gib die Semmel darein, treibe sie recht auseinander, damit keine Knollen bleiben, schlage darein 6 Eierdotter, gib dazu Lemonieschale, Muskatenblüte, 70 Gramm Zukker, 35 Gramm kleine Rosinen, und salze es ein wenig; hernach schmiere die Form mit Butter und streue sie mit geriebener Semmelrinde aus, gieße es darein und laß es im Dunste kochen; wenn es gar ist, stürze es, begieße es mit Schodoh, bestreue es mit geschnittener Lemonie- oder eingelegter Pomeranzenschale und trage es zur Tafel.

341. Pudding von gebackenen Semmeln.

Schneide 2 abgeriebene Semmeln entweder auf Würfel oder auf dünne halbmondförmige Blättchen und laß sie im Butterschmalz schön goldgelb backen; nimm 4 Deciliter süßen Schmetten, schlage darein 4 Dotter, füge hiezu 28 Gramm länglich feingeschnittene süße Mandeln, so auch 10 Gramm gestoßene oder geriebene bittere Mandeln, 70 Gramm Zucker, quirle es wohl ab, und gib dazu die gebackenen Semmeln; nun tunke die Form in kaltes Wasser, lege sie mit Papier aus, welches mit Butter bestrichen sein muß, gieße das Gemisch hinein, und laß es im Dunste kochen, das heißt, eine Schüssel mit kochendem Wasser stelle in die Röhre, die Form mit dem Gemisch stelle hinein, und laß es so kochen, bis es gar ist; nur darf in die Form kein Wasser kommen; dann stürze es, nimm das Papier weg, glasire es oben mit goldgelb geröstetem Zucker, oder belege es mit eingesottenem Ribis oder Weichseln, bestreue es mit Zucker und trage es zur Tafel.

342. Pudding von gebackenen Semmeln auf eine andere Art.

Schneide 3 oder 4 abgeriebene Semmeln in Scheiben und backe sie schön goldgelb;

7 Deciliter guten rothen Wein laß in einem reinen Gefäß kochen, gib darein 280 Gramm Zucker, Lemonieschale, ein bischen gestoßenen Zimmet und Gewürznelken, und laß ein Drittel verdampfen, dann gieße es über die gebackenen Semmeln. Danach lege die Form mit einem mit Butter geschmierten Papier aus, gib darauf eine Schichte dieser angefeuchteten Semmeln, belege sie mit eingesottenem Ribis, darauf gib wieder Semmeln und wieder Ribis, bis alles gar ist, und laß es in der Röhre ein bischen ausdünsten; dann stürze es, nimm das Papier ab, bestreue es recht mit Zucker und trage es auf.

343. Pudding von gebackenen Nudeln.

Aus einem Ei mache feine Nudeln, backe sie in heißem Butterschmalz und bestreue sie mit gestoßenem Zucker. Koche in 2 Deciliter Schmetten feine Nudeln recht dick ein, treibe 35 Gramm frische Butter ab, und wenn der Koch auskühlt, gib ihn in die Butter, schlage darein 4 Eierdotter, salze es ein wenig, gib dazu entweder von einer halben Lemonie auf dem Reibeisen geriebene Schale, oder ein Stück mit Zucker gestoßener Vanilie, treibe es gut ab, gib dazu 35 Gramm gestoßenen Zucker und zuletzt verrühre darein von 3 Eiweiß den Schnee; nun schmiere eine Melonenform mit Butter und streue sie mit geriebener Semmelrinde aus, gib darein einen Theil des Koches, belege ihn mit der Hälfte der gebackenen Nudeln, dann gib wieder einen Theil des Koches, darauf die andere Hälfte der Nudeln und zuletzt den dritten Theil des Koches, und laß es im Dunste kochen; hernach stürze es wie gewöhnlich, und wenn du willst, kannst du einen Kranz von dickem Schodoh herum geben.

344. Topfen-Pudding.

Treibe 140 Gramm Topfen mit 70 Gramm frischer Butter ab, schlage dazu 4 Eierdotter, verrühre darein 250 Gramm Gries und den Schnee von den vier Eiweiß, salze es ein wenig und würze es ein bischen mit Muskatenblüte, dann schmiere eine Serviette mit Butter und bestreue sie mit geriebener Semmel, gieße das Gemisch hinein, binde es locker zu und laß es in ein wenig gesalzenem Wasser eine Stunde kochen; hernach nimm es mit einem großen Seiher heraus, binde den Pudding aus, stürze ihn auf die Schüssel, bestreue ihn mit geriebener Semmelrinde und begieße ihn mit heißer Butter.

345. Graupen-Pudding.

Röste 140 Gramm Graupen schön braun und stoße sie im Mörser fein wie Mehl, gib sie auf eine Kasserolle, gieße daran 5 Deciliter süßen kochenden Schmetten und rühre es beständig, bis daraus ein dicker Koch wird, dann gib es auf eine Schüssel in 35 Gramm abgetriebene frische Butter, und rühre es recht glatt ab, bis es kühl wird; hierauf schlage darein nach und nach 8 Dotter, gib dazu 100 Gramm gestoßenen Zukker, treibe es eine Viertelstunde ab, würze es mit Vanilie und Lemonieschale, und zuletzt verrühre darein von 6 Eiweiß den Schnee; nun schmiere die Form mit Butter und streue sie mit geriebener Semmelrinde aus, gib den Koch hinein und laß es eine Stunde im Dunste kochen, dann bestreue es mit Vaniliezucker und trage es zur Tafel. Diese Massa langt in zwei mittelmäßig große Melonenformen, daher ist für 6 Personen die Hälfte genug. Diese Speise kann auch, statt im Dunste gekocht, in der Röhre gebacken werden.

346. Reis-Pudding.

Wasche 140 Gramm geklaubten Reis zuerst in zwei kalten, dann in zwei kochenden Wässern recht durch, hernach seihe auch das zweite heiße Wasser ab, gieße wieder kochendes Wasser daran, und laß es eine Viertelstunde stehen, aber nicht an einem warmen Orte, so wird der Reis schön weiß; dann seihe das Wasser ab, gib den Reis auf eine Kasserolle, gieße daran 6 Deciliter warmen Schmetten, und laß ihn weich sieden, aber nicht zerkochen; er muß daher behutsam gerührt werden, damit er sich nicht breiartig zerrühre; wenn er gar ist, laß ihn auskühlen. Treibe 90 Gramm frische Butter ab, gib den ausgekühlten Reis darein, schlage dazu 5 Dotter, salze es, gib dazu 35 Gramm kleine, sauber gewaschene und geputzte Rosinen, 35 Gramm zerbrochene Biskoten, 35 Gramm auf Nudeln geschnittenen Citronat, von einer halben Lemonie die kleingeschnittene Schale, 70 Gramm gestoßenen Zucker, treibe Alles wohl ab, und zuletzt verrühre darein von 3 Eiweiß den Schnee; nun schmiere eine Serviette mit frischer Butter, gieße es hinein, binde es locker zu und laß es in einem großen Topf im Salzwasser anderthalb Stunde kochen; dann stürze es auf eine Schüssel, bestreue es recht dick mit Zucker und kleingeschnittenem Citronat oder Vanilie, und trage es auf. Diesen Pudding kannst du auch in eine mit Butter ausgeschmierte Form geben und im Dunste kochen, oder auch backen; in allen Fällen muß er aber recht mit Zucker und Citronat, oder in Ermangelung des letzteren auch mit Zimmet bestreut werden.

347. Gerösteter Grieskoch.

Gib auf ein Reindel 70 Gramm Butter und laß darin 250 Gramm Gries bräunlich rösten, dann gieße darein nach und nach unter beständigem geschwindem Rühren so viel Salzwasser, bis sich ein dicker Koch bildet, und laß ihn noch aufkochen, hernach gib ihn auf die Schüssel und begieße ihn mit heißer Butter. Obenauf kannst du einige gesetzte Eier geben.

348. Polenta mit Mohn.

Treibe 140 Gramm Butter ab, schlage dazu vier Dotter, rühre darein nach und nach 2 Deciliter süßen Schmetten und 3 Deciliter feines Mehl, salze es ein wenig, gib dazu von einer halben Lemonie die feingeschnittene Schale, ein bischen Muskatenblüte, und schließlich verrühre darein von den 4 Eiweiß einen festen Schnee; nun schmiere eine Serviette mit frischer Butter, gieße es darein, binde es locker zu und laß es im Salzwasser etwas über eine Stunde kochen; dann binde es auf, zerschneide es mit einem Zwirnfaden auf dünne Blätter, bestreue es recht dick mit gestoßenem Mohn, mit Zukker vermischt, schmalze es mit heißer Butter ab und trage es zur Tafel. Es ist eine gute Speise; in Italien macht man sie aus Kukuruzmehl.

349. Pudding mit Sago.

Auf 140 Gramm frische Butter gieße 2 Deciliter lauwarmen Schmetten und laß die Butter darin zergehen; gib auf ein Reindel 140 Gramm feines Mehl, verrühre darein nach und nach die Milch, und laß es unter fortwährendem Rühren zu einem dikken Brei aufkochen; dann gib es auf die Schüssel und rühre es beständig, bis es auskühlt und ein glattes Teigchen daraus wird; hernach schlage darein 8 Eierdotter, gib dazu von einer halben Lemonie die kleingeschnittene Schale, 140 Gramm Zukker, ein bischen Salz, und zuletzt verrühre darein von den 8 Eiweiß den Schnee; nun tunke eine reine Serviette in kaltes Wasser, winde sie aus, gieße das Gemisch hinein, binde es zu und laß es in ein bischen gesalzenem Wasser eine volle Stunde kochen; wenn es aufzugehen beginnt, so binde es langsam auf und binde es immer höher und höher zu. Die Soß mache folgends: In 2 Deciliter rothen Wein gib einen Becher gut ausgewässerten Sago und laß ihn zerkochen; laß dabei auch ein Stück Zimmet, 5 Gewürznelken und von einer halben Lemonie die Schale mitkochen, zerrühre es gut und seihe es durch, dann füge hiezu 140 Gramm Zukker, einen Löffel voll eingesottenen Ribis, und seihe es nochmals durch; sollte es zu wenig süß sein, so kann es noch mehr versüßt werden. Wenn der Pudding gargekocht ist, so binde ihn aus, gib ihn auf die Schüssel, gieße die Soß darüber, bestreue ihn mit Grobzucker und trage ihn zur Tafel.

350. Pudding mit geselchtem Fleisch.

Schlage 8 ganze Eier in 4 Deciliter guten süßen Schmetten und quirle es recht ab; in ein anderes Töpfchen gib 140 Gramm Mehl und gieße unter beständigem Umrühren den abgequirlten Schmetten darein, damit daraus ein dünner glatter Teig werde, salze es ein bischen, dann verrühre darein 140 Gramm gekochtes feingeschnittenes geselchtes Fleisch, tunke eine Serviette in kaltes Wasser, bestreue sie mit feinem Mehle, gieße das Gemisch hinein, binde es locker zu und laß es in ein wenig gesalzenem Wasser eine Stunde kochen; hernach stürze den Pudding auf eine Schüssel, bestreue ihn mit geriebener Semmelrinde und schmalze ihn mit heißer Butter ab. – Diesen Pudding kann man auch ohne geselchtes Fleisch machen und statt dessen gebackene Semmelwürfel hinein geben; oder man kann statt einer Serviette eine Melonenform mit Butter ausschmieren und mit Semmelbröseln ausstreuen, die Massa hinein geben und im Dunste kochen lassen, dann stürzen, schmalzen u. s. w.

351. Ein anderer Pudding mit geselchtem Fleisch.

Treibe 70 Gramm frische Butter ab, reibe die Rinde von 4 Semmeln ab und weiche sie im Schmetten, dann drücke sie aus, gib sie zu der Butter, treibe es recht glatt ab, schlage darein 3 Dotter und 3 ganze Eier, gib dazu einen Löffel voll Schmetten, von einer halben Lemonie die Schale länglich geschnitten, 18 Gramm entweder ebenfalls länglich geschnittene Pistazien oder süße Mandeln, ein bischen gestoßene Gewürznelken, ein bischen Muskatenblüte, dann 250 Gramm gekochtes, gehacktes geselchtes Fleisch, verrühre alles gut untereinander und salze es ein wenig, aber nicht viel, weil schon das geselchte Fleisch gesalzen ist; nun schmiere eine Serviette entweder mit frischer Butter, oder tunke sie in frisches Wasser, gib die Massa hinein, binde es locker zu und laß es entweder im Salzwasser oder in der Suppe, worin das Fleisch gekocht hat, eine Stunde kochen; dann stürze es auf eine Schüssel, bestreue es mit geriebener Semmelrinde und schmalze es mit heißer Butter ab. Verzieren kannst du es, indem du ein Kränzchen von länglich geschnittenen Pistazien oder Mandeln hineinstichst.

352. Pudding mit Salzhering.

Gib auf eine Schüssel 500 Gramm feinen Mehles, gieße 2 Deciliter lauen Schmetten in 35 Gramm zerlassene frische Butter, schlage darein 3 ganze Eier, quirle es recht ab, gib dazu Germ, salze es ein wenig, gieße es in das Mehl und arbeite den Teig recht ab, dann mache daraus 2 längliche Buchteln und laß sie aufgehen, hernach gib sie in siedendes Salzwasser und decke sie zu; wenn sie ein Weilchen kochen, fahre mit einem Messer um den Topf herum, weil sie sich gern an das Gefäß anlegen, du darfst jedoch damit nicht rühren, oder sie untertauchen oder umkehren. Wenn sie eine halbe Stunde in einem Sude fortgekocht haben, seihe das Wasser behutsam ab, die Buchteln stürze auf eine Schüssel und zerreiße sie mit zwei Gabeln; dann wirf einen kleingeschnittenen Salzhering in heiße Butter, laß ihn aufschäumen und begieße damit die Buchteln; es muß aber ein hübsches Stück Butter genommen werden, damit es gut geschmalzen ist, weil der Pudding viel Butter einsaugt.

353. Pudding vom Stockfisch.

Koche 500 Gramm Stockfisch im Salzwasser, dann nimm ihn heraus, löse die Gräten aus und zerschneide das Fleisch dünn. Treibe auf einer Schüssel 70 Gramm Butter ab, schlage darein 6 ganze Eier, gib dazu zwei abgeriebene, im Wasser eingeweichte und ausgedrückte Semmeln, einige dünn geschnittene Schalotten, etwa 1 Deciliter gute Milch, etwas gestoßenen Pfeffer und Muskatenblüte, salze es und verrühre es gut, endlich gib das gehackte Fleisch dazu und verrühre es noch; jetzt tauche eine reine Serviette in kaltes Wasser und drücke sie aus, dann gib das Gemisch hinein, binde es locker zu und laß es im Salzwasser eine Stunde kochen; dann nimm es heraus auf eine Schüssel, bestreue es mit Semmelbröseln und gieße Butter daran.

354. Hechten-Pudding.

Schneide das Fleisch von einem 750 Gramm schweren Hecht, lege es auf ein reines Brettchen, gib auf eine Kasserolle ein Stückchen Butter, lege darauf den Kopf, die Haut und die Gräten, gib dazu eine geschnittene Zwiebel, Sellerie- und Petersiliewurzel, decke es zu und laß es dünsten, achte jedoch darauf, damit es nicht braun werde. Das Fleisch hacke ganz fein, gib dazu eine abgeriebene, in Milch geweichte, ausgedrückte, mit 2 gerührten Eiern gehackte Semmel, und hacke nochmals alles zusammen, bis es wie ein Kasch ist, dann treibe auf einer Schüssel entweder 70 Gramm frische Butter, oder wenn Krebse sind, 3 Eßlöffel voll Krebsbutter ab, gib das Gehacke darein, salze es ein wenig, würze es mit Muskatenblüte und mit etwas feingeschnittener Lemonieschale, schlage dazu 3 Eierdotter und zuletzt verühre darein noch den Schnee von 3 Eiweiß; nun schmiere eine Serviette mit frischer Butter, mache in der Mitte einen Kranz entweder von Krebsschweifchen und grüner Petersilie, oder von Spargelköpfchen, oder von Morcheln, welche in Kränzchen geschnitten und in der Fischsuppe überkocht werden, oder auch von Karfiolbröckchen, und ist nichts anderes im Hause, also bloß von Petersilieblättern, gib das Gehacke darein, binde es locker zu und laß es im Salzwasser eine Stunde kochen; dann gieße etwas von diesem Wasser auf das Gedünstete, laß es ein wenig aufkochen, seihe es durch, gib dazu ein wenig weiße Einbrenn, würze es mit gestoßener Muskatenblüte, seihe es nochmals durch und gib dazu zwei Löffel voll schöne Krebsbutter, wenn sie vorhanden ist, wo nicht, laß es nur so; hernach binde den Pudding aus, stürze ihn auf eine Schüssel, gieße die Soß darunter, und um die Schüssel lege entweder schöne Krebse, oder in dem Wasser, worin der Pudding gekocht hat, überkochten Karfiol, oder mache einen Kranz von erbsengroß geschnittenem Spargel, welcher ebenfalls in dieser Suppe überkocht sein muß, oder, wenn die Jahreszeit nichts dergleichen biet, laß es nur so. Hier muß wieder, so wie überall, eine umsichtige Hausfrau oder geübte Köchin sich darnach richten, was gerade zu haben ist und was sie im Hause hat; sind mehrere Gäste, so kann sie auch, um die Speise zu vermehren, kleine goldgelb gebakkene Hechtenschnitzeln zierlich um die Schüssel legen.

355. Apfelkoch.

Schneide 4 abgeriebene Semmeln auf dünne Scheiben und backe sie schön goldgelb im Butterschmalz; schmiere eine Melonenform mit Butter und streue sie mit geriebener Semmelrinde aus, belege sie mit den gebakkenen Semmelschnitten, welche mit Eingesottenem beschmiert sind, dann mit dünngeschnittenen Borsdorfer Äpfelscheiben, bestreue sie mit großen Rosinen ohne Kerne, geschnittenen Mandeln und feingeschnittener Lemonieschale, darauf gib wieder gebakkene, mit Eingesottenem beschmierte Semmeln, Äpfelscheiben, Rosinen, Mandeln, und so fort, bis alles gar ist; indessen laß 4 Deciliter süßen Wein kochen, gib dazu ein Stück Zimmet, 6 Gewürznelken, 70 Gramm Zucker, und begieße damit die Semmeln überall gleich; nun laß es eine Stunde im Dunste kochen, und dann stelle es auf eine Viertelstunde sammt dem Wasser in eine heiße Röhre, damit es oben fest werde; hernach stürze es und gib es stark mit Zucker bestreut zur Tafel. – Zum häuslichen Gebrauche kann man die Semmeln auch mit guten Powideln schmieren, mit Mandeln bestreuen, in einer Kasserolle bakken und dann mit Zucker bestreut auftragen.

356. Äpfel-Pudding mit Biskoten.

Schäle und reibe auf dem Reibeisen 8 schöne Borsdorfer Äpfel, laß sie mit 18 Gramm frischer Butter dünsten, dann auskühlen; hernach treibe 35 Gramm frische Butter ab, gib die Äpfel hinein, schlage darein 4 Dotter, verrühre jeden wohl, gib dazu 35 Gramm gestoßenen Zucker, von einer halben Lemonie die kleingeschnittene Schale, 70 Gramm gestoßene Biskoten und zuletzt von den 4 Eiweiß den festen Schnee, verrühre es leicht, schmiere eine Melonenform mit Butter und streue sie mit Biskotenbröseln aus, gieße es hinein und koche es im Dunste, dann stürze es, bestreue es mit Zucker und gib es zur Tafel.

357. Omelettenspeise mit Äpfeln.

Gib in einen Topf einen gehäuften Löffel feines trockenes Mehl, 18 Gramm gestoßenen Zucker, schlage darein 2 Dotter und ein ganzes Ei, rühre es ab, salze es ein wenig, gieße daran so viel gute Milch, damit daraus ein dünner Teig werde, und backe 4 oder 5 Omeletteln; in den übrigen Teig gieße noch 1 Deciliter gute Milch zu, sprittle es recht ab, gieße es auf eine Kasserolle und rühre es auf der Glut so lange, bis daraus ein fester glatter Koch wird, dann gib ihn auf eine Schüssel und rühre ihn fort, bis er auskühlt; hernach treibe 35 Gramm frische Butter ab, gib den Koch dazu, schlage darein 3 Dotter, treibe es recht ab, gib dazu 18 Gramm gestoßenen Zucker und zuletzt verrühre darein von 2 Eiweiß den Schnee; dann reibe auf dem Reibeisen 4 abgeschälte Borsdorfer Äpfel, mache von 2 Eiweiß einen festen Schnee, gib die Äpfel hinein, dazu 35 Gramm gestoßenen Zucker, 35 Gramm Rosinen ohne Kerne, und rühre es leicht um; nun schmiere eine Melonenform mit

Butter, lege von einem Omelettel einen schönen Stern in die Mitte und einen schönen Kranz herum aus, gieße die Hälfte von dem Köchel hinein, das Äpfelgemisch streiche auf die Omeletteln, rolle sie und schneide daraus zwei Finger breite Spalteln, belege damit das Köchel, gieße darüber den übrigen Teig und laß es drei Viertelstunden im Dunste kochen, dann eine Viertelstunde in der Röhre gar werden; hernach stürze es und gib es stark mit Zucker bestreut zur Tafel.

358. Faumkoch von Marillen.

Gib auf eine Schüssel einen Eßlöffel voll eingesottene Marillen, dazu 140 Gramm feingestoßenen Zucker und treibe es mit einem festen Schnee von 8 Eiweiß schnell ab; dann verrühre darein die 8 Dotter, schmiere eine Melonenform mit Butter und streue sie mit Biskotenbröseln aus, gib es hinein und laß es eine gute Stunde im Dunste kochen, dann in der Röhre eine Viertelstunde oben fest werden; hernach stürze es und gib es mit Zucker bestreut zur Tafel; es ist sehr schön und gut.

359. Faumkoch von Himbeersaft.

Gib auf eine Schüssel einen Eßlöffel voll eingesottenen Himbeersaft, dazu 140 Gramm gestoßenen Zucker, dann von 8 Eiweiß einen festen Schnee, verrühre es schnell, schmiere eine Melonenform mit Butter und streue sie mit Biskotenbröseln aus, gib es hinein und laß es eine Stunde im Dunste kochen, dann eine Viertelstunde sammt dem Wasser in einer heißen Röhre oben fest werden; willst du die Farbe erhöhen, so gib dazu noch 2 Kaffeelöffel voll Alkermessaft, dann stürze es, bestreue es mit Zucker und trage es geschwind zur Tafel.

360. Pomeranzen-Pudding.

70 Gramm Butter mit 70 Gramm Mehl und 3 Deciliter Schmetten verrühre auf der Platte, bis es zu einem festen Kasch wird, dann füge von 1 Pomeranze den Saft, 100 Gramm Zucker, 8 Dotter nach und nach hiezu, zuletzt von 8 Klar den festen Schnee und laß es im Dunste eine Stunde kochen.

361. Lemonie-Pudding.

Gib eine schöne reife Lemonie in einen 7 Deciliter fassenden Topf, gieße darauf kochendes Wasser und laß sie eine Stunde kochen, dann gieße das Wasser ab, – gieße darauf frisches kochendes Wasser und lasse sie noch eine Stunde kochen. Wenn auf diese Art die Lemonie weich gekocht ist, so gieße das Wasser ab, lege die Lemonie auf einen reinen Teller, zerschneide sie in Scheiben, nimm alle Kerne heraus und stoße die Lemonie in einem messingenen Mörser ganz fein; dann gib sie auf eine Schüssel, treibe sie recht ab, schlage darein nach und nach 8 Eierdotter, verrühre jeden recht, so auch 140 Gramm feingestoßenen Zucker, nach jedem Dotter beiläufig 18 Gramm; nun treibe es wenigstens drei Viertelstunden ab, zuletzt verrühre darein ganz leicht den Schnee von den 8 Eiweiß, schmiere eine Melonenform mit Butter und streue sie mit Biskotenbröseln aus, gieße es hinein und laß es im Dunste kochen; dann stürze es, bestreue es entweder mit weißem oder gefärbtem Grobzucker und trage es geschwind zur Tafel. Von einer Lemonie langt dieser Auflauf für 12 Personen, daher muß man eine angemessene große Form nehmen.

362. Weinkoch.

Röste anderthalb geriebene Semmel schön goldgelb, gieße daran so viel kochenden Wein, damit daraus ein dickes Köchel werde, treibe es schön glatt ab, und laß es unter beständigem Rühren auskühlen. Treibe 35 Gramm frische Butter ab, gib das Köchel hinein, schlage darein 6 Dotter, gib dazu 140 Gramm gestoßenen Zucker, von einer halben Lemonie die Schale, 35 Gramm auf Nudeln geschnittenen Citronat, 35 Gramm große, sogenannte türkische Rosinen ohne Kerne, würze es ein wenig mit Zimmet und Gewürznelken, und zuletzt verrühre darein den Schnee von 4 Eiweiß; nun schmiere die Form mit Butter und streue sie mit geriebener Semmelrinde aus, gieße es darein und laß es schön goldbraun backen; bestreue es mit Zucker und Zimmet und trage es auf.

363. Pudding mit Biskoten oder Vaniliebusserln.

Schlage in einen Topf 4 Eierdotter, gib dazu 4 gehäufte Eßlöffel feinen Mehles, rühre darein nach und nach 3 Deciliter süßen Schmetten, salze es ganz wenig, rühre es noch recht ab, dann gieße es in eine Kasserolle und koche daraus einen dicken Kasch, der durch ein anhaltendes Rühren recht glatt sein muß; wenn er auskühlt, gib ihn auf eine Schüssel, worin du früher 70 Gramm frische Butter recht faumig abgetrieben hast, schlage darein 6 Eierdotter, gib dazu 70 Gramm feingestoßenen Zucker, 70 Gramm geschälte, feingeschnittene Mandeln und zuletzt den festen Schnee von 6 Eiweiß, dann 70 Gramm gebrochene Biskoten oder Vaniliebusserln, rühre es schnell ein und gieße es sogleich in zwei mit Butter ausgeschmierte, mit Vaniliebusserln oder Biskoten ausgelegte, mit geriebener Semmelrinde ausgestreute Formen, und laß es zuerst eine halbe Stunde im Dunste kochen, dann in der Röhre eine gute Viertelstunde gelblich backen; hernach stürze es und trage es recht mit Zucker bestreut auf.

364. Biskoten-Pudding mit Mandeln.

Schlage in einen Topf 2 Dotter, gib dazu 90 Gramm feines Mehl und 3 Deciliter süßen Schmetten, treibe es recht glatt ab, gieße es in eine Kasserolle und rühre es über der Glut so lange, bis ein festes Köchel daraus wird, dann laß es auskühlen. Treibe 70 Gramm frische Butter ab, gib den überkühlten Koch dazu, schlage darein 5 Dotter, füge hiezu 70 Gramm geschälte kleingeschnittene süße Mandeln, 70 Gramm gestoßenen Zucker, von einer halben Lemonie die Schale, salze es ein wenig, und zuletzt verrühre darein von 5 Eiweiß den Schnee; nun schmiere die Form mit Butter und streue sie mit Biskotenbröseln oder auch mit fein geriebener Semmelrinde aus, gib das Gemisch hinein und laß es entweder backen, oder, was noch besser ist, eine ganze Stunde im Dunste kochen; dann stürze es und trage es auf den Tisch entweder nur mit Grobzukker bestreut, oder begieße es mit Vanilie oder mit einem guten Liqueur, mit Schodoh, Schmettenkrem oder mit Punschessenz; im letzten Falle kann man noch ein wenig Weingeist beifügen, vor der Thüre es mit einem brennenden Papier anzünden und so brennend zur Tafel tragen.

365. Mehl-Pudding mit Chokolade.

Koche 70 Gramm geriebene Chokolade in 2 Deciliter Schmetten ein, quirle einen Dotter damit ab, daß er recht dicklich wird, und laß es ein bischen auskühlen. Indessen gib in ein Töpfchen 105 Gramm feines Mehl, rühre es nach und nach mit 3 Deciliter süßem Schmetten recht glatt ab, gieße es in eine Kasserolle, stelle es auf eine heiße Platte oder auf einen Dreifuß über glühende Kohlen, und rühre es beständig, bis daraus ein fester Kasch wird, dann gib ihn auf eine Schüssel und laß ihn unter beständigem Rühren auskühlen; hernach schlage darein 6 Dotter und gib dazu 105 Gramm feingestoßenen Zucker; auch kannst du mit dem Zucker ein Stückchen Vanilie stoßen, und nebstdem Schnee von 6 Eiweiß dazu geben; nun schmiere die Form mit Butter und streue sie entweder mit Biskotenbrösel oder mit geriebener feingesiebter Semmelrinde aus, gieße hinein etwas über die Hälfte des Koches und streiche ihn hübsch herauf, damit sich eine Vertiefung bilde, belege es mit Oblaten und gieße darein die überkühlte Chokolade, darauf lege wieder Oblaten, gieße darüber die andere Hälfte des Koches, stelle es geschwind in kochendes Wasser und laß es eine Stunde im Dunste kochen, dann in der Röhre oben recht fest werden; hernach stürze es behutsam, damit die Chokolade nicht hervorbreche, bestreue es mit Zucker und trage es auf. Es sieht schön aus, und ist für den, welcher zuerst von dieser Speise nimmt, sehr überraschend, wenn er mit dem Löffel ein Stückchen absticht, und aus der schön gelben Speise die braune Chokolade hervorbricht.

366. Pudding von gerösteten Zucker.

Laß 105 Gramm Zucker auf einer Kasserolle braun rösten, rühre 2 Löffel voll feinen Mehles in 3 Deciliter süßen Schmetten ab, gieße es unter beständigem Rühren in den Zucker und laß es zu einem dicken Koch einsieden; dann treibe 35 Gramm frische Butter ab, gib den überkühlten Koch hinein, schlage darein 6 Dotter, gib dazu noch 3 Löffel voll gestoßenen Zucker und den Schnee von 6 Eiweiß, schmiere eine Melonenform mit Butter, streue sie mit Biskotenbrösel oder auch mit geriebener Semmelrinde und lege sie mit auf Nuderln geschnittenen Pomeranzenschalen aus, gieße das Gemisch hinein und laß es eine Stunde im Dunste kochen; dann stürze es und gib es entweder so trocken mit Zucker bestreut oder mit einem Schodohkranz geziert zur Tafel.

367. Nudel-Pudding mit Chokolade.

Laß von 2 Eiern feingeschnittene Nudeln im Schmetten einkochen, und während des Kochens streue darein 2 Täfelchen geriebene Chokolade, dann gib es auf eine Schüssel und laß es unter beständigem Rühren auskühlen; hernach schlage darein 6 Eierdotter, gib dazu 70 Gramm gestoßenen Zucker, von einer halben Lemonie die feingeschnittene Schale, zuletzt verrühre darein von 6 Eiweiß den festen Schnee, gib es in eine mit Butter ausgeschmierte und mit geriebener Semmel ausgestreute Form, und laß es eine halbe Stunde im Dunste kochen, dann in der Röhre garbacken; hernach stürze es und trage es mit Zucker bestreut zur Tafel.

Oder koche die Nudeln und laß sie weiß, dann gib sie auf eine Schüssel, schlage die Eierdotter darein, gib dazu den Zucker, die Lemonieschale und den Schnee, und rühre es ab; nun theile es in zwei Theile, den einen Theil laß so, in den zweiten gib entweder ein größeres oder 2 kleinere Täfelchen feingeriebene Chokolade, dann gib in eine bereitete Form zuerst etwas von der gelben Massa, belege es mit ordinären Oblatten, darauf gib die schwere Massa, belege es wieder mit Oblaten, dann gib wieder gelbe Massa, und so fort, bis alles gar ist, und laß es wie das Vorige im Dunste backen; hernach trage es mit Zucker recht bestreut zur Tafel.

368. Chokolade-Pudding.

Treibe 105 Gramm Butter flaumig ab, füge hiezu nach und nach 6 Dotter, 140 Gramm Zucker, 3 Täfelchen geriebene Chokolade, etwas kleingeschnittene Lemonieschale, eine feingeriebene Semmel, und treibe es recht ab, zuletzt verrühre darein von 6 Eiweiß den festen Schnee, schmiere die Form mit Butter und streue sie mit Semmelbröseln aus, gib es hinein und laß es eine Stunde im Dunste kochen; dann stürze es und trage es zur Tafel.

369. Mährischer Chokolade-Pudding.

Für 12 Personen laß 4 Tafeln Chokolade in 2 Deciliter Schmetten zergehen, gib dazu 70 Gramm sammt der Schale gestoßene oder geriebene süße Mandeln und laß es gehörig aufkochen, dann gib es in ein Töpfchen oder Schüssel und rühre darein nach und nach 4 Deciliter guten süßen kalten Schmetten, 10 Eierdotter, 70 Gramm gestoßenen Zukker, 50 Gramm nudelförmig geschnittenen Citronat, von einer halben Lemonie die kleingeschnittene Schale, 2 oder 3 auf Nudeln geschnittene, im Zucker eingelegte wälsche Nüsse, 2 Löffel voll Rum oder Arak, treibe es eine Viertelstunde ab, schließlich verrühre darein von 6 Eiweiß den Schnee, schmiere die Form mit Butter und streue sie mit geriebener Semmelrinde aus, gieße es hinein und laß es eine Stunde im Dunste kochen. Auf jeden Fall ist es rathsamer, diese Massa in 2 kleineren Formen als in einer großen zu kochen, weil es besser durchkochen kann, und da diese Portion bis für 24 Personen hinreicht, so ist es auch schicklicher, 2 Formen aufzutragen; sind weniger als 12 Personen, so langt für diese die halbe Portion.

370. Chokolade-Pudding mit Schodoh.

Treibe 35 Gramm Rindsmark und 45 Gramm frische Butter ab, schlage darein 4 Eierdotter und treibe es noch mit 50 Gramm feingestoßenen Zucker recht ab, dann gib dazu eine abgeriebene, würflich geschnittene, im Schmetten geweichte Semmel, ein größeres oder 2 kleine geriebene Täfelchen Chokolade, eine geriebene, goldgelb geröstete und ausgekühlte Semmel, ferner 18 Gramm Citronat und von einer halben Lemonie die feingeschnittene Schale, würze es ein wenig mit gestoßenen Gewürznelken und Zimmet, und zuletzt verrühre darein den festen Schnee von 3 Eiweiß; nun schmiere eine Melonenform mit Butter aus, belege sie mit in die Hälfte getheilten Mandeln oder mit Citronat, unterstreue geriebene Semmelrinde, gib das Abgerührte hinein und laß es eine Stunde im Dunste kochen, dann in der Röhre eine Viertelstunde fest werden; hernach stürze es auf eine Schüssel, mache herum einen Kranz von festem Schodoh und trage es zur Tafel.

371. Brennender Pudding.

Treibe 140 Gramm frische Butter ab, schlage darein 10 Dotter, gib dazu 140 Gramm gestoßenen Zucker, 140 Gramm abgewischte, sammt der Schale zerriebene Mandeln, 2 Eßlöffel voll Arak und von einer halben Lemonie die Schale, und treibe es eine halbe Stunde ab, zuletzt verrühre darein von 6 Eiweiß den Schnee, schmiere die Form mit Butter und lege sie mit nudelförmig geschnittener Pomeranzen- und Lemonieschale aus, gib die Massa hinein und laß es eine Stunde im Dunste kochen; hernach stürze es, steche mit einem silbernen Kaffeelöffel Löcher darein, begieße es mit Arak, dann vor der Thüre noch mit ein bischen Weingeist, zünde es mit einem brennenden Papier an und trage es so in voller Flamme auf die Tafel.

Alle im Dunste gekochten Mehlspeisen kann man so durchstechen, mit Arak oder Weingeist begießen und brennend zur Tafel tragen; es dient aber keinesfalls zur Vermehrung des Wohlgeschmackes und ist hier angeführt nur für den, wer etwa vorzüglich dafür eingenommen wäre.

Aufläufe

372. Auflauf von geriebenem Brod.

Treibe 250 Gramm Butter flaumig ab und rühre darein nach und nach 12 Eierdotter; dann reibe 250 Gramm Brod und gieße darein ein volles Weinglas rothen Wein; wenn das Brod den Wein eingesaugt hat, so verrühre es mit der Butter und den Eiern, gib dazu 140 Gramm geriebene Mandeln, Zukker nach Belieben, einige gestoßene Gewürznelken und Zimmet, und rühre alles noch ab, dann gib es in eine mit Butter ausgeschmierte Form und laß es langsam backen; hernach bestreue es mit Zucker und trage es zur Tafel.

373. Ein anderer Auflauf von geriebenem Brod.

Reibe 70 Gramm gutes Kornbrod, gib es auf eine Schüssel, besprenge es mit Wein, damit es aufweiche, treibe 70 Gramm frische Butter ab, gib das Brod hinein und treibe es recht glatt ab, schlage darein 2 Dotter, gib dazu 70 Gramm ungeschälte, sauber abgewischte, geriebene süße Mandeln, 70 Gramm gestoßenen Zucker, etwas gestoßenen Zimmet und Gewürznelken, von einer halben Lemonie die Schale, ein bischen Muskatenblüte, und schließlich verrühre darein von 2 Eiweiß den Schnee; nun schmiere die Form mit Butter und streue sie entweder mit Biskotenbröseln oder mit geriebener Semmelrinde aus, gieße es hinein und laß es schön backen; dann stürze es, bestreue es mit Zucker und trage es zur Tafel.

374. Auflauf von Erdäpfeln.

Treibe 140 Gramm Butter ab, schlage darein 10 Dotter, gib dazu 210 Gramm gekochte, auf dem Reibeisen geriebene Erdäpfel, 90 Gramm gestoßenen Zucker, von einer halben Lemonie die Schale, ein bischen Muskatenblüte, treibe es eine Viertelstunde ab, dann verrühre darein von 4 Eiweiß den Schnee, schmiere die Form mit Butter und streue sie mit geriebener Semmelrinde aus, gieße es hinein und laß es schön goldgelb backen; hernach stürze es, bestreue es mit Zucker und trage es zur Tafel.

375. Ein anderer Auflauf von Erdäpfeln.

Zerreibe 8 gekochte Erdäpfel, gib sie auf die Schüssel, verrühre darein nach und nach 6 Eierdotter, 105 Gramm gestoßenen Zukker, von einer halben Lemonie die kleingeschnittene Schale, 35 Gramm geriebene oder gestoßene Mandeln und zuletzt den Schnee von den 6 Eiweiß, gieße es in eine mit Butter ausgeschmierte und mit geriebener Semmel ausgestreute Form, stelle es in die Röhre und laß es langsam backen, dann stürze es, bestreue es mit Zucker und trage es zur Tafel.

376. Spinat-Auflauf.

Treibe 70 Gramm frische Butter ab, schlage darein 6 Eierdotter, gib dazu 70 Gramm geschälte, geriebene süße Mandeln, 70 Gramm gestoßenen Zucker und ein bischen Muskatenblüte; stoße im Mörser 3 Handvoll geklaubten, reingewaschenen Spinat, und drücke den Saft durch eine reine schüttere Serviette; laß auf einem Reindel ein Stück Butter zergehen, gieße darein 4 abgequirlte, ein wenig gesalzene Eier und mache ein Gerührtes, dann hacke es noch ganz klein, vermische es mit dem Spinatsaft, füge es zu dem früheren Gemisch, schmiere die Form und streue sie aus, gieße es hinein und laß es langsam backen.

377. Auflauf von Tropfteig.

Laß 4 Deciliter süßen Schmetten kochen, mache von 2 Dottern und einem ganzen Ei einen ganz dünnen Tropfteig von feinem Mehle, gieße ihn unter beständigem Rühren in den kochenden Schmetten und laß es zu einem dicken Kasch aufkochen, dann auskühlen; hernach treibe 35 Gramm frische Butter ab, gib den überkühlten Koch darein, rühre es wohl ab, schlage darein 6 Dotter und gib dazu von 5 Eiweiß den Schnee, dann Lemonieschale oder Vanilie und Zucker so viel, damit es gehörig süß wäre, salze es ein wenig, schmiere die Form mit Butter und streue sie mit geriebener Semmelrinde aus, gieße es hinein und laß es schön goldgelb backen, dann stürze es und bestreue es mit Zucker.

Sind Krebse, so gib darein statt frischer Butter 18 Gramm Krebsbutter und von einem halben Schock Krebsen die geschnittenen Schweifel, was noch besser ist; dazu kann man auch Vanilie oder Lemonieschale geben. Wenn keine Krebse sind, so kann man auch gesottenen Ribis darein geben.

378. Auflauf von Omeletten.

Schlage in ein Töpfchen 3 ganze Eier und einen Dotter, gib dazu 2 Löffel voll feines Mehl, rühre es recht glatt ab wie einen Tropfteig, dann gieße darein 2 Deciliter süßen Schmetten, salze es, gib dazu ein Stückchen Zucker, und backe davon Omeletten oder gegossene Strudel; wenn alle gebacken sind, schneide daraus 2 Strohhalme breite Nudeln und backe sie schön gelb im Butterschmalz; dann schneide 52 Gramm geschälte süße Mandeln und 52 Gramm Citronat recht klein, und vermische es mit 70 Gramm gestoßenem Zucker, mit welchem du auch ein Stückchen Vanilie stoßen kannst; nun vermische alles mit den gebakkenen Omelettennudeln, schmiere die Form mit Butter aus, fülle sie damit, schlage in 4 Deciliter gekochten überkühlten Schmetten 6 Dotter, quirle es recht ab, gieße es über das Gemisch und laß es schön goldgelb ausbacken, oder eine Stunde im Dunste kochen; dann stürze es, bestreue es entweder mit Zucker und trage es so auf, oder begieße es mit Schodoh oder mit Schmettenkrem, wie bei den Buchteln Rezept Nro. 461 angegeben ist.

379. Auflauf von geriebenem Teig.

Mache von 3 Dottern einen geriebenen Teig und siebe ihn durch einen Durchschlag; laß 4 Deciliter süßen Schmetten aufsieden und koche darin den geriebenen Teig unter beständigem Rühren recht dick ein, dann gib es auf eine Schüssel und laß es auskühlen; treibe 35 Gramm frischer Butter ab, gib den ausgekühlten Koch hinein, rühre es recht ab, schlage darein unter beständigem Umrühren 6 Dotter, von den Eiweiß mache einen Schnee und gib ihn auch dazu, ferner von einer ganzen Lemonie auf Zucker abgeriebene Schale und Zucker so viel als nöthig ist, damit es gehörig süß wäre, salze es ein wenig, bereite die Form wie gewöhnlich, gieße die Hälfte von dem Teige hinein, belege ihn mit eingesottenem Ribis, das Übrige gieße nach und laß es langsam backen. Es kann auch ohne Ribis bleiben, und statt Lemonieschale kann man entweder geschälte geriebene Mandeln oder Vanilie geben. Wenn es gebacken ist, so stürze es, bestreue es mit Zucker und trage es auf.

380. Auflauf von hartgesottenen Dottern.

Treibe 9 hartgesottene Eierdotter mit ein bischen süßem Schmetten ab; reibe 3 abgeriebene Semmeln, seihe sie durch einen Durchschlag und laß sie in Butter unter beständigem Rühren schön goldgelb rösten, dann gieße daran so viel kochenden süßen Schmetten, damit daraus ein dicker Koch werde, und rühre damit beständig, bis es sich in einen Knödel zusammenzieht und die Butter davon abfließt; hernach nimm es von der Glut und laß es unter beständigem Rühren auskühlen; dann gib es zu den abgetriebenen harten Dottern, rühre es ab, schlage darein noch 4 oder 5 frische Dotter, gib dazu von den Eiweiß den Schnee, 105 Gramm Zucker, 35 Gramm geriebene süße Mandeln, und rühre alles wohl ab; nun schmiere die Form mit Butter und streue sie mit geriebener Semmelrinde aus, gieße es hinein und laß es schön goldgelb backen; dann stürze es, bestreue es mit Zucker und trage es zur Tafel. Diese Speise reicht für 12 Personen; für wenig Personen kann nur die Hälfte gemacht werden.

381. Auflauf von sauerem Schmetten.

Für 6 Personen treibe 50 Gramm frische Butter ab, stoße oder schneide fein 150 Gramm süße geschälte Mandeln, stoße 140 Gramm Zucker, gib beides in die Butter, schlage dazu 8 Dotter, gieße darein nach und nach 3 Deciliter guten saueren Schmetten, und füge noch von 6 Eiweiß den Schnee und von einer halben Lemonie die kleingeschnittene Schale bei; bevor der Schnee hineinkommt, muß es wenigstens eine Viertelstunde abgetrieben werden; dann schmiere eine Schüssel oder Form mit Butter aus, gib es hinein und laß es schön goldgelb backen; hernach bestreue es mit Zucker und trage es in derselben Schüssel oder Form auf, weil es sich nicht stürzen läßt.

382. Auflauf von Rindsmark.

Hacke 70 Gramm Rindsmark klein, dann treibe es ab; reibe 4 Semmeln ab, schneide sie würflich, weiche sie in Schmetten und drücke sie aus, dann gib sie zu dem Mark, treibe es zusammen wohl ab, schlage darein 4 Dotter und 4 ganze Eier, gib dazu ein bischen Lemonieschale, ein bischen Salz, 105 Gramm Zucker, und treibe alles wohl ab; nun schmiere die Form mit Butter und streue sie mit geriebener Semmelrinde aus, gieße es hinein und laß es langsam schön bräunlich backen; dann stürze es, bestreue es recht mit Zucker und Zimmet und trage es zur Tafel.

NB. Diese Quantität ist in 2 kleinere oder eine große Form und reicht für 12 Personen; für weniger Personen mache die Hälfte.

383. Krebs-Auflauf.

Gib auf eine Schüssel 3 Eßlöffel voll Krebsbutter, schlage darein 6 Dotter, gib dazu anderthalb abgeriebene, im Schmetten geweichte, ausgedrückte Semmel, treibe es ab, dann gib dazu 70 Gramm gestoßenen Zucker, ein bischen Muskatenblüte, 30 kleingeschnittene Krebsschweifchen, und zuletzt verrühre darein den Schnee von 5 Eiweiß; nun schmiere die Form mit Butter und streue sie mit geriebener Semmelrinde aus, gieße es hinein und laß es entweder in der Röhre backen oder im Dunste kochen; wenn es gestürzt ist, bestreue es mit Zucker und geriebenen Mandeln, und trage es auf. Man kann es auch ein wenig salzen, nur nicht so viel, damit man das Salz vor dem Zucker merke, sonst ist es nicht gut.

384. Auflauf von Karpfenmilch.

Laß eine schöne Karpfenmilch, nachdem sie von dem Übrigen abgelöst und reingewaschen ist, mit 18 Gramm Butter weich dünsten, dann treibe 70 Gramm Butter ab, gib die gedünstete und überkühlte Karpfenmilch hinein, treibe es recht ab, gib dazu anderthalb abgeriebene, in der Milch geweichte, ausgedrückte Semmel, schlage darein 6 Dotter, gib dazu 35 Gramm geschälte, kleingeschnittene Mandeln, Lemonieschale, ein bischen Muskatenblüte, salze es ein wenig, und zuletzt verrühre darein von 5 Eiweiß den Schnee und 35 Gramm gestoßenen Zucker; nun schmiere die Form mit Butter und streue sie mit geriebener Semmelrinde aus, gib das Gemisch hinein und laß es im Dunste kochen oder in der Röhre backen; dann bestreue es mit Zucker und gib es zur Tafel.

385. Topfen-Auflauf.

Treibe auf einer Schüssel 70 Gramm frische Butter und 140 Gramm guten Topfen ab, schlage darein 4 Eierdotter, gib dazu 70 Gramm gestoßenen Zucker, 70 Gramm geschälte feingestoßene süße Mandeln, von einer halben Lemonie die Schale, 70 Gramm weiße Semmelbröseln, treibe alles wohl ab, und zuletzt verrühre darein den festgeschlagenen Schnee von 4 Eiweiß; nun schmiere die Form mit Butter aus, bestreue sie mit geriebener Semmelrinde, gib das Abgerührte hinein und laß es etwas über eine halbe Stunde im Dunste kochen, dann in der Röhre schön goldgelb backen; hernach stürze es auf eine Schüssel und trage es mit Zucker bestreut zur Tafel.

386. Auflauf von Topfen mit Krebsbutter.

In ⅔ Liter süßen Schmetten schlage 3 ganze Eier und 3 Dotter, drücke darein den Saft von einer Lemonie, quirle es wohl ab, gib es in eine Kasserolle oder ein Reindel, stelle es auf die Glut und laß es unter beständigem Umrühren kochen, bis es ganz gerinnt und ein gehöriger Topfen daraus wird; dann gieße es in eine Serviette, binde es zu, lege es zwischen 2 Brettchen, gib einen Stein darauf und laß es gut auspressen; hernach zertreibe und zerdrücke es recht, damit darin keine Knollen bleiben (es kann allenfalls mit einem Stückchen frischer oder Krebsbutter zertrieben werden), schlage darein 6 Dotter, gib dazu 70 Gramm feingestoßenen Zucker, 3 Löffel voll Krebsbutter, ein bischen Muskatenblüte, ein bischen Lemonieschale oder Vanilie, treibe es recht ab, und zuletzt verrühre darein von 2 Eiweiß den Schnee; nun schmiere die Form mit Butter und streue sie mit geriebener Semmelrinde aus, gieße es hinein und laß es schön backen; dann stürze den Auflauf in die Schüssel, bestreue ihn recht mit Zucker und Vanilie und trage ihn auf.

387. Reis-Auflauf.

Wasche 140 Gramm Reis zuerst im kalten, dann noch wenigstens in zwei siedenden Wässern aus, und laß ihn in gutem süßem Schmetten zu einem dicken Koch einsieden, dann auskühlen. Treibe ein Stück frische Butter ab, gib den Reiskoch dazu, verrühre darein nach und nach 6 Eierdotter und 105 Gramm mit einem Stück Vanilie gestoßenen Zucker, salze es ein wenig, und zuletzt verrühre darein den Schnee von 6 Eiweiß; nun schmiere die Form mit Butter und streue sie mit geriebener Semmel aus, gieße das Gemisch hinein und laß es goldgelb backen, dann stürze es und bestreue es recht mit Zucker.

388. Reis-Auflauf mit gefüllten Äpfeln.

Klaube sauber 140 Gramm Reis, wasche ihn zuerst in kaltem, dann in 3 bis 4 kochenden Wässern, immer mit einem Kochlöffel wohl abgequirlt, und zuletzt wieder in kaltem Wasser; hernach seihe das Wasser ab, den Reis gib in kochenden Schmetten und laß ihn weich und dick einsieden, dann laß ihn überkühlen; hernach treibe 35 Gramm frische Butter ab, gib den Reis dazu, treibe es noch ein bischen ab, schlage darein 6 Dotter, von den Eiweiß mache Schnee und gib ihn ebenfalls dazu, ferner 70 Gramm gestoßenen Zucker mit Vanilie oder Lemonieschale, salze es ein wenig, schmiere die Form aus, gieße es hinein und laß es gemächlich backen. Oder, wenn der Reis zum Eingießen bereitet ist, schäle 6 schöne Borsdorfer Äpfel ab, schneide das Kerngehäus heraus, die Äpfel höhle ein bischen aus und fülle sie entweder mit eingesottenem Ribis oder mit geschnittenen Mandeln, kleinen Rosinen und Zucker, dann gieße etwas von dem Teig in die Form, stelle die Äpfel darein und gieße das Übrige darauf; nur muß diese Speise länger backen.

389. Kalter Auflauf.

Überklaube 140 Gramm Reis, gieße darauf kaltes Wasser und laß ihn eine Viertelstunde darin stehen, dann gieße das Wasser ab, gieße warmes Wasser darauf und laß ihn wieder eine Viertelstunde darin stehen, damit sich die ganze Herbe von dem Reis verliere; hernach laß ¼ Kilo Zucker mit 2 Deciliter Brunnenwasser aufschäumen, gib den Reis, nachdem du das zweite Wasser abgegossen hast, hinein, und rühre es langsam um, damit der Reis ganz bleibe, dann stelle es von der Glut weg und laß es ein wenig auskühlen; hierauf mische darunter so viel Rum, wie stark du es haben willst, gib es in eine Schüssel, mit welcher es aufgetragen wird, und laß es stehen, bis es ganz auskühlt, dann gib es zur Tafel.

390. Äpfel-Auflauf.

Schmiere eine Form mit Butter und streue sie mit geriebener Semmel aus, belege sie mit auf Scheiben geschnittenen Borsdorfer Äpfeln, diese bestreue mit gestoßenem Zucker und kleingeschnittenen Mandeln, darauf gib wieder eine Schichte Äpfel, bestreue sie mit Zucker und Mandeln, und so fahre fort, bis die Form zur Hälfte voll ist; nun messe so viel Mehl ab, als 4 Eier wiegen, und auch so viel Zucker, die 4 Eier schlage auf eine Schüssel und treibe sie mit dem Zucker eine halbe Stunde ab, dann verrühre darein nach und nach das Mehl, füge hiezu entweder Lemonie- oder Vanilie-Geschmack, gieße es in die Form über die Äpfel und laß es in der Röhre eine Stunde langsam backen. Es ist ein vortrefflicher Auflauf.

391. Ein anderer Äpfel-Auflauf.

Treibe 90 Gramm frische Butter recht ab, gib dazu 8 Dotter und von 4 Eiweiß den Schnee, dann 3 Löffel voll geriebene durchgesiebte Semmelbröseln, und rühre es wohl ab. Schäle Borsdorfer Äpfel, schneide den Gröbs heraus, die Äpfel gib auf ein Reindel, dazu etwas Zucker, Zimmet, Gewürznelken und einen Löffel voll Wasser, und laß es unter immerwährendem Umrühren zu einem Brei eindünsten, dann laß es auskühlen; hernach mische es in das Vorige, rühre es recht ab, gib dazu ein bischen Lemonieschale und noch so viel Zucker, damit es genug süß werde, lege eine Melonenform mit Butterteig aus, gieße es hinein, mache darüber einen Deckel wieder von Butterteig und laß es langsam schön goldgelb backen; dann stürze es, bestreue es mit Zucker und trage es zur Tafel.

392. Geschwinder Äpfel-Auflauf.

Für 6 Personen schäle 9 oder 12 Borsdorfer Äpfel, reibe sie auf dem Reibeisen, gib sie in einen Topf, schlage darein 5 oder 6 ganze Eier, gib dazu eine geriebene Semmel, Lemonieschale, ein bischen Gewürznelken, ein bischen auf Nudeln geschnittene Pomeranzenschale und Zucker so viel, damit es genug süß wäre, gieße dazu 6 oder 8 Löffel süßen Schmetten (ist die Semmel größer und sehr hart, so kannst du auch fast 2 Deciliter geben, damit es die rechte Dicke hätte) und rühre es eine Viertelstunde wohl ab; nun schmiere die Form mit Butter und streue sie mit Semmelbröseln aus, gieße es hinein und laß es schön bräunlich backen; dann stürze es, bestreue es mit Zucker und trage es auf. Auch kann die Form mit Butterteig ausgelegt werden.

393. Äpfel-Auflauf noch auf eine andere Art.

Schäle 12 schöne Borsdorfer Äpfel, schneide den Gröbs heraus, die Äpfel gib auf ein Reindel, gieße darunter ein bischen Wein oder Wasser, laß es zu einem Brei eindünsten und dann auskühlen; treibe ein Stück frische Butter ab, gib den Äpfelbrei dazu und verrühre es gut, dann schlage darein 3 ganze Eier und 3 Dotter, gib dazu kleingeschnittene Lemonieschale, einen Löffel voll geriebene Semmel und einen Löffel voll feines Mehl, 70 Gramm Zucker, und mische alles gut durch; nun schmiere die Form mit Butter und streue sie mit geriebener Semmelrinde aus, gib das Gemisch hinein und laß es in der Röhre backen, dann stürze es, bestreue es mit Zucker und trage es zur Tafel.

394. Zwetschken-Auflauf.

Schmiere die Form mit Butter und streue sie mit geriebener Semmelrinde aus, schlage in einen Topf sechs ganze Eier, gib darein eine geriebene Semmel, gieße daran 2 Deciliter süßen Schmetten, füge hiezu Lemonieschale, Zucker, ein wenig Salz, und quirle alles recht ab; nun schlichte in die Form schöne reife Zwetschken, gieße das Abgerührte darüber, belege es mit frischer Butter und laß es in der Röhre schön goldgelb backen, dann bestreue es ein wenig mit Zucker, und auf die Tafel gib dazu gestoßenen Zimmet und Zucker, damit sich jeder nach Belieben bedienen könne.

Anstatt Zwetschken kann man auch Kirschen oder Weichseln geben, die letzteren muß man jedoch recht stark mit Zucker bestreuen.

395. Erdbeeren-Auflauf.

Zerdrücke 7 Deciliter Erdbeeren und seihe sie durch einen Durchschlag; laß 280 Gramm gestoßenen Zucker mit ein wenig Wasser in der Pfanne zergehen, gib jedoch Acht, damit der Zucker nicht braun werde, dann gieße ihn auf eine Schüssel, gib dazu die durchgeseihten Erdbeeren und rühre es recht ab, zuletzt verrühre darein allmälig den Schnee von 10 Eiweiß, bis er recht fest wird, so daß der Löffel darin stecken bleibt; hernach nimm eine Blechschüssel, belege den Boden mit Oblaten, gib darauf die Mischung hübsch hoch und im Kreise, bestreue es mit Zucker und laß es in der Röhre langsam backen. Wenn es von außen zu zerspringen anfängt, so ist das ein Zeichen, daß der Auflauf genug gebacken ist; dann bestreue ihn mit Zucker und trage ihn schnell zur Tafel. Dieser Auflauf kann auch auf einen Teller von festem Steingut oder einem anderen festen Material gebacken werden; in diesem Falle muß jedoch der Teller auf ein mit Salz oder Asche dicht bestreutes Blech gestellt werden.

396. Marillen-Auflauf in Flamme.

Laß auf einer Kasserolle 35 Gramm frische Butter zergehen, gib darein einen gehäuften Löffel feines trockenes Mehl und mache eine ganz wenig gelbliche Einbrenn; sollte sie zu dünn sein, so kann noch ein gehäufter Kaffeelöffel Mehl zugegeben werden; hernach gieße darein zwei Deciliter heißen süßen Schmetten, der nicht gerinnt, und rühre es glatt ab, damit ein dicker Koch daraus werde; dann gib ihn auf eine Schüssel und rühre ihn beständig, bis er auskühlt: nun schlage darein 4 Dotter, gib dazu 35 Gramm gestoßenen Zucker, salze es nur ganz wenig und verrühre darein von 2 Eiweiß den Schnee. Auf einer anderen Schüssel treibe einen Löffel voll eingesottener Marillen mit 70 Gramm gestoßenen Zucker ab; hernach gib von dem Einbrennkoch löffelweis in die Marillen, und verrühre es wohl, bis alles beisammen ist, und zuletzt füge dazu noch von 2 Eiweiß den Schnee. Nun schmiere mit Butter eine Form aus, in welcher es zur Tafel kommt, gib darein den dritten Theil des Gemisches, belege es mit Biskoten, dann gib wieder einen Theil des Gemisches, darauf abermals Biskoten, zuletzt gib das übrige Gemisch und laß es in der Röhre langsam backen. Beim Auftragen begieße es vor der Thüre mit Rum oder Arak, zünde es mit einem brennenden Papier an und gib es in Flamme zur Tafel. Es kann auch in einer mit Butter ausgeschmierten und mit Semmelrinde ausgestreuten Melonenform im Dunste gekocht, gestürzt und angezündet werden – ist auch schön und gut.

397. Lemonie-Auflauf.

Gib auf eine Schüssel 140 Gramm feingestoßenen Zucker, schlage darein 6 Dotter und treibe es drei Viertelstunden ab, dann gib dazu von einer halben Lemonie die kleingeschnittene Schale, von einer ganzen Lemonie den Saft und von 6 Eiweiß den Schnee, rühre es noch ganz wenig um, schmiere eine Schüssel mit Butter aus, gieße es hinein und laß es ganz langsam backen, damit es schön semmelgelb werde, dann bestreue es mit Zucker und trage es auf. Für mehr als 6 bis 8 Personen nimm 140 Gramm Zucker und 8 Dotter.

398. Auflauf von Kastanien.

Treibe 140 Gramm frische Butter ab, brühe 105 Gramm süße Mandeln und reibe sie auf dem Reibeisen, dann gib sie mit 280 Gramm gebratenen und ebenfalls geriebenen Kastanien in die Butter, schlage darein 6 Eierdotter, gib dazu 150 Gramm gestoßenen Zucker, von einer halben Lemonie die kleingeschnittene Schale, ein bischen gestoßenen Zimmet, von 3 Eiweiß den Schnee und treibe alles recht ab; nun schmiere die Form mit Butter aus, bestreue sie mit geriebener Semmelrinde, gib es hinein und laß es schön goldgelb backen; dann stürze es, bestreue es mit Zucker und trage es auf.

399. Gries-Auflauf mit Mandeln.

Mache von 6 Deciliter Schmetten einen festen Grieskoch, treibe 35 Gramm frische Butter ab, gib den überkühlten Grieskoch hinein, schlage darein 5 Dotter, gib dazu 70 Gramm geschälte kleingeschnittene Mandeln, von einer halben Lemonie die Schale, oder 18 Gramm geschnittenen Citronat, 70 Gramm gestoßenen Zucker, salze es ein wenig, und schließlich verrühre darein den Schnee von 4 Eiweiß; nun schmiere die Form oder Kasserolle oder Schüssel mit Butter und streue sie mit geriebener Semmelrinde aus, gieße es hinein und laß es in der Röhre schön gelb backen, dann bestreue es mit gestoßenem Zucker und trage es schnell sammt der Form zur Tafel; es geht schön hoch auf. Man kann den Geschmack auch verändern, wenn man statt Lemonieschale oder Citronat Vanilie gibt, und wenn es gebacken ist, es mit Vanilie und Zucker bestreut; sind viele Personen, so kann man alles vermehren.

400. Mandel-Auflauf.

Gib auf eine Schüssel 140 Gramm geriebene ungeschälte Mandeln mit 105 Gramm feingestoßenem Zucker und rühre es mit 8 Eierdottern drei Viertelstunden, dann mache von den Eiweiß einen festen Schnee, gib die Hälfte davon zu dem Gemisch und rühre es wieder eine halbe Stunde, hernach verrühre den übrigen Schnee sammt feingehackter Lemonieschale langsam hinein, gieße es in eine mit Butter ausgeschmierte und mit geriebenen Mandeln bestreute Form, und laß es eine Stunde im Dunste kochen, dann stelle es sammt dem Wasser auf eine Viertelstunde in die Röhre; hernach stürze es auf eine Schüssel, bestreue es mit Zucker und trage es zur Tafel. Dieser Auflauf ist vorzüglich.

401. Mandel-Auflauf mit harten Dottern.

Treibe 140 Gramm frische Butter ab, rühre darein nach und nach 8 harte Dotter, welche zuerst zertrieben oder im Mörser gestoßen werden müssen, gib dazu

140 Gramm abgeschälte und geriebene Mandeln, 105 Gramm gestoßenen Zucker, dann entweder von einer halben Lemonie die Schale oder ein Stückchen mit Zucker gestoßene Vanilie, schlage dazu 4 Dotter, zuletzt verrühre darein von 2 Eiweiß den Schnee, schmiere die Form mit Butter und streue sie mit geriebener Semmelrinde aus, gib es hinein und laß es backen, dann stürze es, bestreue es mit Zucker und trage es zur Tafel.

402. Kaffee-Auflauf.

Koche 140 Gramm gebrannten ungemahlenen Kaffee in 7 Deciliter gutem süßen Schmetten und laß ihn klar werden; schneide 3 abgeriebene Semmeln würflich, gieße den abgekühlten Kaffee darüber und laß sie aufweichen, dann auf einem Reindel unter beständigem Rühren recht dick einkochen; wenn der Koch auskühlt, schlage darein 8 Dotter, gib dazu 70 Gramm Zucker, ein Stückchen Vanilie und treibe es ab; zuletzt verrühre darein von 2 Eiweiß den Schnee, schmiere die Form mit Butter und streue sie mit geriebener Semmelrinde aus, mache auf dem Boden ein Gitter von Butterteig, gieße es hinein und laß es backen; hernach stürze es, bestreue es mit Zucker und trage es auf.

403. Chokolade-Auflauf.

Schneide 2 abgeriebene Semmeln würflich, weiche sie in süßem Schmetten, gib sie auf ein Reindel, streue darein 3 Täfelchen geriebene Chokolade, und laß es unter beständigem Rühren auf der Glut schön dick einkochen, dann auskühlen; hernach treibe 35 Gramm frische Butter ab, gib den ausgekühlten Koch darein, treibe es ab, schlage darein 5 bis 6 Dotter, füge dazu von 4 Eiweiß den Schnee, dann Zucker, ein bischen Vanilie, auf Nudeln geschnittene verzuckerte Pomeranzenschale, und verrühre es wohl; nun schmiere die Form mit Butter und streue sie mit geriebener Semmelrinde aus, gib es hinein und laß es backen; hernach stürze es, bestreue es mit Zucker und trage es geschwind zur Tafel.

404. Biskoten-Auflauf.

Gib 280 Gramm feingestoßenen Zucker in einen Topf, schlage darein 6 ganze Eier und treibe es eine halbe Stunde ab, damit es recht fäume, dann gib dazu kleingeschnittene Lemonieschale, 210 Gramm feines durchgesiebtes Mehl, und rühre es noch eine Viertelstunde; nun schmiere die Form mit Butter und streue sie mit geriebener Semmelrinde aus, gieße es hinein und laß es langsam backen, dann bestreue es mit Zukker und trage es auf. Stürzen läßt sich dieser Auflauf schwer.

405. Schodoh-Auflauf.

Schlage in einen 7 Deciliter fassenden Topf 7 Dotter, gib dazu 2 Löffel voll feines Mehl, treibe es recht glatt ab, dann rühre darein nach und nach 3 Deciliter guten österreicher Wein, gib dazu von einer halben Lemonie die kleingeschnittene Schale, 70 Gramm Zucker und ein wenig gestoßenen Zimmet, quirle es recht ab, gieße es in eine Kasserolle und rühre es so lange über der Glut, bis sich daraus ein dickes Köchel bildet; hernach treibe 35 Gramm frische Butter wohl ab, gib das Köchel darein und rühre es so lange, bis es auskühlt; dann schlage dazu noch 2 frische Dotter und verrühre langsam darein von 7 Eiweiß den Schnee; nun schmiere die Form mit Butter und streue sie mit Biskotenbröseln aus, gieße es hinein und laß es schön goldgelb

backen; wenn es oben ein wenig fest geworden ist, bestreue es mit gestoßenem Zucker, und dieses wiederhole einigemal, damit sich oben eine schöne Kruste bilde; zuletzt bestreue es noch recht mit Zucker und trage es zur Tafel.

406. Griespfanzel.

Treibe 210 Gramm frische Butter ab, verrühre darein 8 Eierdotter einen nach dem anderen und 280 Gramm schönen Gries, salze es ein bischen, zuletzt verrühre darein von einer halben Lemonie die kleingeschnittene Schale und den Schnee von den 8 Eiweiß, schmiere eine Kasserolle mit Butter aus, gieße das Gemisch hinein und laß es goldgelb backen, dann stürze das Pfanzel auf ein Brett, und so lange es noch heiß ist, schneide es mit einem scharfen Messer in Stücke, gib es in eine größere Kasserolle, gieße daran 1⅓ Liter kalte Milch, stelle es in eine heiße Röhre und laß es so lange kochen, bis das Pfanzel recht aufgegangen ist; hernach gib es auf eine Schüssel, sprittle ungefähr 3 Dotter in kaltem Schmetten ab, gieße daran die heiße Milch von dem Pfanzel, versüße es nach Belieben mit Zucker, quirle es recht ab und gieße es wieder über das Pfanzel.

Reisspeisen

407. Gebackener Reis mit Haschee.

Koche 500 Gramm gut ausgewaschenen und abgebrühten Reis in fetter Rindsuppe so, damit jedes Körnchen ganz bleibe; dann gib ihn auf eine Schüssel und laß ihn abkühlen. Zerschneide eine Zwiebel, gib sie mit einem Stück Butter auf ein Reindel und laß es aufschäumen, dann lege darein 500 Gramm auf zierliche Stückeln geschnittenes Lamm- oder Kalbfleisch, gib dazu etwas zerhackte grüne Petersilie, salze es und laß es weich dünsten, wobei du die Suppe zugießen mußt, daß es nicht roth werde. Wenn das Fleisch genug weich ist, gib dazu zwei Löffel voll geriebener Semmel, 4 abgeputzte und kleingeschnittene Sardellen, die Schale von einer halben Lemonie, und zerrühre es recht. Jetzt rühre in den Reis zwei Eier ein, salze ihn gehörig, die Hälfte davon gib in eine recht mit Butter ausgeschmierte Kasserolle, zertheile ihn überall herum auf den Seiten, in die Mitte gib das gedünstete Fleisch sammt der Soß, darauf gib die andere Hälfte von dem Reis, richte es oben hübsch an und laß es in der Röhre backen; dann stürze es entweder oder stelle es sammt der Form auf die Tafel und gib dazu eine Schwammensoß in einer eigenen Sauciere.

408. Reis mit geselchtem Fleisch.

Koche 250 Gramm gut gewässerten Reis in süßem Schmetten und laß ihn auskühlen, dann schlage darein 6 Dotter und salze es ganz wenig; hacke 250 Gramm gekochtes geselchtes Fleisch, und wenn gerade frische Herrenpilze sind, so gib sie kleingehackt auf Butter gedünstet dazu, und würze es ein bischen mit Muskatenblüte; wenn keine frischen Schwämme sind, so koche getrocknete in der Rindsuppe und gib sie kleingehackt dazu; hernach schmiere die Form mit frischer Butter aus, gib darein eine Schichte Reis, dann eine Schichte geselchtes, mit Schwämmen vermischtes Fleisch, darauf wieder Reis und so fort, bis alles gar ist, und laß es langsam eine Stunde in der Röhre backen.

409. Reis mit Chocolade.

Koche in einem halben Liter guter Milch 140 Gramm Reis zu einem dicken Kasch ein, verrühre darein 2 Tafeln fein geriebene Chocolade und laß ihn auskühlen. Breite dann den Kasch auf das Nudelbrett, und mache kleine längliche Würsteln, tunke sie in Ei und ballire sie in Semmelbröseln und backe sie schön goldgelb im Butterschmalz. – Dann reibe noch ein Täfelchen Chocolade, vermische sie mit Zucker und ballire die warmen Würsteln hinein.

410. Radetzky-Reisspeise.

Koche 280 Gramm Reis, jedoch so, damit er ganz bleibe, dann drücke darein den Saft von 2 Lemonie und einer Pomeranze, füge hiezu 35 Gramm Butter, versüße es nach Belieben und laß es noch zusammen auskochen, dann auskühlen. Nun gib die Hälfte des Reises auf eine mit Butter ausgeschmierte Schüssel, belege ihn mit Eingesottenem, darauf gib die zweite Hälfte des Reises, reibe 160 Gramm Zucker auf einer Lemonieschale oder stoße mit dem Zucker ein Stückchen Vanilie, mache von 3 Eiweiß einen festen Schnee, gib den Zucker darein, streiche die Massa auf den Reis, bestreue es mit geschnittenen Mandeln und laß es langsam backen. – Diese Reisspeise kann auch kalt zur Tafel getragen werden.

411. Reiswandeln.

Stoße 170 Gramm gut gewaschenen und abgewischten Reis im messingenen Mörser, gib ihn in heißen Schmetten und laß daraus einen dicken Koch einsieden, dann auskühlen; hernach treibe 105 Gramm frische Butter ab, gib den ausgekühlten Reiskoch hinein, schlage darein 2 ganze Eier und 3 Dotter, gib dazu 70 Gramm geschälte, geriebene Mandeln, 70 Gramm gestoßenen Zucker, von einer halben Lemonie die kleingeschnittene Schale, auf feine Nudeln geschnittene eingelegte Pomeranzenschale, und treibe alles wohl ab; nun zerwalge messerrückendick ein Stück Butterteig, lege damit eine mit Butter geschmierte Wandelform aus, gieße das Gemisch hinein und laß es eine Stunde langsam backen, dann stürze es, bestreue es mit Zucker und trage es zur Tafel. Sollte es zu dicklich sein, so kann man allenfalls noch einen Dotter oder auch ein ganzes Ei beifügen.

Mehlspeisen und kleine Bäckereien

Semmelspeisen und Schmarren

412. Gebackene Semmelschnitte.

Reibe die Rinde von 2 Semmeln ab, die Semmeln zerschneide in dünne Scheiben und richte sie auf eine mit Butter ausgeschmierte Blech- oder andere Schüssel, welche in die Röhre gestellt werden kann; schlage in ein Töpfchen 8 Eier, quirle sie recht ab, salze sie ein bischen, gieße sie in heiße Butter und mache unter stetem Umrühren kleingerührte, nicht gar zu feste Eier; dann gib sie auf eine Schüssel, füge hiezu 35 Gramm geschälte, kleingeschnittene Mandeln, 35 Gramm gestoßenen Zucker, mische es gut durch und bestreiche damit die Semmelschnitte; nun schlage in 2 Deciliter gekochten ausgekühlten Schmetten 2 Dotter, quirle es recht ab und begieße damit die bestrichenen Semmeln überall gleich; sollten vielleicht die Semmeln zu hart sein, obgleich Tags zuvor gebackene sich am besten dazu eignen, so muß mehr Schmetten genommen werden; hernach stelle die Schüssel mit den Semmeln in die Röhre, und wenn sie halb gebacken sind, zerreibe 20 Gramm geschälte Mandeln, vermenge sie mit 20 Gramm gestoßenen Zukker, besprenge die Semmeln mit zerlassener Butter, bestreue sie mit dem Zucker und Mandeln, und laß sie schön goldgelb backen; dann gib sie mit derselben Schüssel auf die Tafel. Im Falle du Krebse hast, so wird die Schüssel mit Krebsbutter ausgeschmiert, so auch die Semmelschnitte damit besprengt, und zu den Eiern werden kleingeschnittene Krebsschweifchen beigemischt.

413. Semmelschnitzeln mit Rindsmark.

Schneide 2 abgeriebene Semmeln würflich, hacke ein Stückchen Rindsmark fein, vermische es mit kleinen Weinbeeren und geschnittener Pomeranzen- und Lemonieschale, schmiere die Form mit Butter aus, gib darein etwas von den Semmelwürfeln, bestreue selbe mit dem Gemisch, dann gib wieder eine Schichte Semmeln, wieder Gemisch, und so fort, bis es gar ist; nun quirle 2 Deciliter guten süßen Schmetten mit einem ganzen Ei und einem Dotter ab, gib darein 36 Gramm gestoßenen Zucker, salze es ein wenig, begieße damit das Gemisch, belege es oben mit Butterbröckchen, bestreue es mit Zucker und laß es in der Röhre schön gelblich backen, dann bestreue es mit Zucker und trage es auf.

414. Geschwinder Semmelkoch.

Sprittle in einem Topf 6 ganze Eier wohl ab, gib darein anderthalb geriebene Semmel, gieße daran 2 Deciliter süßen Schmetten, mische es recht durch, gib dazu so viel Zucker als nöthig ist, ferner ein bischen gestoßene Gewürznelken und kleingeschnittene Lemonieschale, und quirle es nochmals ab; nun bereite die Form wie gewöhnlich, gieße hinein die Hälfte von dem Gemisch, mache darauf Häufchen von guten, mit Zucker, Lemonieschale und Gewürznelken bereiteten Powideln, dann gieße darauf die andere Hälfte des Gemisches und laß es schön resch backen; hernach stürze es, bestreue es mit Zucker und trage es auf. Man kann auch eingesottenen Ribis, Weichseln oder Kirschen darein geben.

415. Gefüllte Semmeln.

Reibe kleine, eigens dazu gebackene Semmeln ab, schneide oben ein rundes Deckelchen aus und nimm die Brosame heraus; doch gib Acht, damit du beim Aushöhlen keine Öffnung machst. Laß sowohl die Semmeln als auch die Deckel in heißem Butterschmalz schön goldgelb backen, die Brosame trockne und stoße sie im Mörser, dann röste sie ebenfalls schön goldgelb. Auf 8 Semmeln, welche wenigstens für 6 Personen angerichtet werden müssen, treibe 4 hartgesottene Eierdotter ab, gib dazu die gerösteten Semmelbröseln, ferner einen Eßlöffel voll eingesottenen Ribis, Weichseln oder Hagebutten, einen Eßlöffel voll gebratene geschälte kleingeschnittene Kastanien, einen Eßlöffel voll geschälte kleingeschnittene süße Mandeln, ein bischen kleingeschnittene Lemonieschale, treibe alles wohl ab, und mische noch den Saft von Ribis oder Weichseln bei, oder in Ermangelung dessen verdünne es mit einem Löffel voll guten Wein; nun fülle damit die Semmeln, decke sie mit den Deckeln zu und richte sie auf eine Schüssel an; indessen laß in 2 Deciliter rothen Wein ein Stück Zimmet, einige Gewürznelken und ein Stück Lemonieschale kochen, gib darein 70 Gramm Zucker und einen Löffel voll Eingesottenes, zerrühre es recht und seihe es durch, dann gieße es unter die Semmeln, stelle sie in die Röhre und laß sie etwa eine halbe Stunde ausbakken; damit die Schüssel nicht springe, stelle sie auf ein mit Salz oder Asche bestreutes Blech; wenn die Semmeln ausgebacken sind, gib auf jedes Deckelchen eine eingesottene Weichsel oder ein Häufchen eingesottenen Ribis, bestreue es recht mit Zucker und Zimmet und trage es zur Tafel.

416. Semmelspeise mit Rum.

Reibe von zwei Semmeln die Rinde ab, zerreibe eine halbe Semmel und zerschneide anderthalb Semmeln in dünne Blätter; mache von 4 Eiweiß einen festen Schnee, zerrühre darein 4 Dotter, gib dazu die halbe geriebene Semmel, 50 Gramm gestoßenen Zucker, 35 Gramm kleine Rosinen, etwas dünn geschnittene Pomeranzenschale, zerrühre es gut, salze es etwas, schmiere eine

Form oder Bratpfanne gut mit Butter aus, womit es zur Tafel kommt, lege den Boden mit den Semmelblättern aus, beschmiere diese mit dem Brei, dann gib darauf wieder die Blätter, dann wieder den Brei darauf, und richte oben wieder die Blätter zierlich an, bestreue es mit Zucker, bespritze es mit zerlassener Butter und laß es backen; wenn es halb gebacken ist, begieße es mit Rum, bestreue es mit geriebenen Mandeln, vermischt mit Zucker, bespritze es wieder mit Butter und laß es hübsch goldgelb backen; dann trage es zur Tafel.

417. Brodschmarn.

Reibe ungefähr 5 Deciliter (½ Liter) Brodkrumme, dann schäle 8 oder 10 schöne Äpfel und schneide sie in dünne Scheiben, hernach schmiere eine Form recht mit Butter aus, gib auf den Boden eine Schichte des geriebenen Brodes, belege es mit den Äpfelscheiben, diese bestreue mit Zucker, vermischt mit gestoßenem Zimmet, und besprenge es ein bischen mit zerlassener Butter, dann gib wieder eine Schichte Brodes, darauf abermals Äpfelscheiben, bestreue es mit Zucker und besprenge es mit Butter, und so fahre fort, bis alles verbraucht ist; oben muß wieder Brod kommen; nun belege es mit kleinen Stücken frischer Butter und laß es in der Röhre backen; wenn es gar ist, bestreue es mit Zucker und trage es auf. – Zu dieser Speise kann das härteste Brod verwendet werden, wenn es nämlich gedörrt und dann gestoßen wird.

418. Schmarn in Vaniliesud.

Schlage in 2 Deciliter süßen Schmetten 6 ganze Eier, quirle es wohl ab, füge hiezu so viel feines Mehl, als zu einem dünnen Tropfteig nöthig ist, salze es und gib darein 18 Gramm gestoßenen Zucker, dann laß auf einem Reindel Butter heiß werden, gieße den Teig hinein und laß es in der Röhre schön bräunlich backen; indessen koche Schmetten mit Vanilie und Zucker; wenn der Schmarn gebacken ist, stürze ihn und laß ihn ein wenig auskühlen, dann lege ihn in den Vanilieschmetten, laß ihn noch aufkochen und trage ihn zur Tafel.

Knödel

419. Mehlknödel.

Treibe ein Stück frische Butter ab, schlage darein nach und nach 6 ganze Eier, nach jedem Ei gib eine Hand voll Mehl und einen Löffel voll süßen Schmetten, salze es, treibe es recht ab, gib dazu eine würflich geschnittene, im Butterschmalz goldgelb geröstete, ausgekühlte Semmel, arbeite es recht ab, und zuletzt verrühre darein so viel Mehl, damit der Teig gehörig fest werde, so zwar, damit, wenn man mit der flachen Hand darauf schlägt, er sich nicht an die Hand klebe; hernach mache große Knödel, koche sie in siedendes Salzwasser ein und laß sie recht aufkochen, damit sie in der Mitte nicht roh bleiben; dann nimm sie heraus, schneide einen jeden in vier Theile, bestreue sie mit geriebener Semmelrinde, begieße sie mit heißer Butter und trage sie auf. Diese Knödel sind zum schwarzgesottenen Karpfen vortrefflich.

420. Mehlknödel auf eine andere Art.

Quirle vier Eierdotter in vier Deciliter Wasser, bis es sich schäumt, salze es und mache damit 500 Gramm feinen Mehles ein; schneide zwei Semmeln in kleine Würfel, lege sie oben auf den Teig, begieße sie vorsichtig mit 140 Gramm zerlassener frischer Butter, und laß den Teig zwei Stunden stehen. Wenn die Zeit zum Einkochen ist, so verrühre mit dem Kochlöffel die Semmelwürfel in den Teig und arbeite ihn noch recht ab, dann mache ziemlich große Knödel, gib sie in siedendes Salzwasser und laß sie unbedeckt recht aufkochen; hernach nimm sie heraus, reiße einen jeden mit zwei Gabeln in der Hälfte auf, bestreue sie mit geriebener Semmelrinde und begieße sie mit heißer Butter. Auch diese Knödel sind sehr gut.

421. Erdäpfelknödel auf eine andere Art.

Koche 8 Erdäpfel und schäle sie so geschwind als möglich, dann gib sie auf's Nudelbrett, zerwalge sie mittelst eines Walgers noch recht heiß in 140 Gramm schönen Gries und vermische es (denn von dem geschwinden Vermischen der heißen Erdäpfel mit dem Gries hängt das Gedeihen dieser Knödel ab), schlage darein 1 Ei, gib dazu eine würflich geschnittene, goldgelb gebackene Semmel und salze es; nun mache daraus ziemlich große Knödel, gib sie in siedendes Wasser und laß sie eine gute Viertelstunde kochen; hernach nimm einen Knödel zur Probe heraus, reiße ihn mit zwei Gabeln auf, und wenn er gar ist, so nimm alle heraus auf die Schüssel, reiße sie so wie die ersten auf, bestreue sie mit geriebener Semmelrinde und begieße sie mit heißer Butter.

422. Topfenknödel.

Treibe 70 Gramm frische Butter ab, verrühre darein 500 Gramm angemachten Topfen, treibe es recht ab, damit keine Knollen bleiben, dann schlage darein 4 ganze Eier, gib dazu 3 geriebene Semmeln, salze es ein wenig, und mische alles gut durch, hernach mache daraus schöne runde Knödel und koche sie im Salzwasser; wenn sie gar sind, nimm sie heraus auf die Schüssel, bestreue sie mit geriebener Semmelrinde, schmalze sie mit heißer Butter ab und trage sie zur Tafel.

423. Zwetschkenknödel.

Treibe 70 Gramm Butter auf einer Schüssel ab, schlage darein vier ganze Eier und zwei Dotter, gieße daran 3 Deciliter Milch, füge hiezu 140 Gramm geriebenen Topfen, salze es ein wenig und verrühre darein so viel feines Mehl, damit daraus ein festerer Teig als zu kleinen Buchteln wäre, und arbeite ihn recht ab; dann gib den Teig auf das Nudelbrett, dehne immer ein Stück länglich aus, lege darauf schöne reife Zwetschken unweit von einander, und wenn das ganze Stück belegt ist, so schneide mit dem Messer ein jedes Theilchen mit einer Zwetschke ab, ballire die Zwetschke in den Teig gut ein, und so fahre fort, bis alle Knödel fertig sind; nun gib sie einzeln in siedendes Wasser und rühre sie sogleich von unten mit dem Kochlöffel vorsichtig um, damit sie nicht anlegen; wenn sie auf die Oberfläche ausschwimmen und noch einige Minuten aufgekocht haben, so nimm sie mit einem durchgelöcherten Schöpflöffel heraus auf die Schüssel, bestreue sie mit geriebenem Topfen, oder mit Pfefferkuchen mit Zucker vermischt, und begieße sie mit heißer frischer Butter.

424. Zwetschkenknödel mit Germ.

Mache einen Teig wie vorher und füge hiezu 18 Gramm Preßhefe; wenn dann die Knödel fertig sind, so laß sie aufgehen; übrigens verfahre damit so, wie vorstehend angeführt ist.

Nudeln, Nocken und ähnliches

425. Erdäpfelnudeln.

Koche schöne Erdäpfel und reibe sie auf dem Reibeisen, dann gib sie auf ein reines Nudelbrett, zertreibe sie noch recht mit dem Nudelwalger, schlage darein zwei ganze Eier, salze sie, und arbeite darein so viel Mehl, damit daraus ein schöner glatter, fester Teig werde; dann mache davon fingerdicke Rollen, diese schneide in fingerbreite Nudeln, schmiere ein reines Blech mit Butter, gib die Nudeln darauf und laß sie in der Röhre schön resch backen; während des Backens bestreiche sie öfters mit Butter, hernach richte sie auf die Schüssel an und schmalze sie ab; wenn du willst, kannst du sie auch entweder mit geriebenem frischem Topfen oder mit Pfefferkuchen bestreuen. – Aus diesem Teig kann man auch Talken machen; man zerwalgt sie ganz dünn, läßt sie schön gelb backen, bestreicht sie während des Backens mit Butter und bestreut sie dann mit frischem Topfen oder Pfefferkuchen; es ist eine ganz ordinäre Speise, aber besonders für Kinder leicht zu verdauen.

426. Nudeln im Schmetten.

Mache von 3 Eiern Nudeln, von 2 Eiern koche ihrer in Schmetten ein, während des Kochens gib darein ein Stückchen frische Butter und laß sie schön abdünsten, dann auskühlen; hierauf gib sie auf eine Schüssel, schlage darein 5 Eierdotter, gib dazu von 4 Eiweiß den Schnee, Zucker, von einer Lemonie die kleingeschnittene Schale, ein wenig Salz, und mische alles wohl durch; nun schmiere eine andere Schüssel mit Butter aus, gib es hinein, stelle es auf einen Dreifuß in die Röhre und laß es oben gelblich anlaufen. Indessen backe die übrigen Nudeln schön goldgelb, dann bestreue und vermische sie recht mit Zucker und Zimmet. Wenn die ersten Nudeln gargedünstet sind, nimm sie aus der Röhre, mache von den gebackenen Nudeln herum einen Kranz und trage es zur Tafel. Ist es zur Zeit, wo Krebse zu haben sind, so verrühre statt frischer Butter Krebsbutter in die Nudeln, so ist es noch besser; und hast du einen Butterteig, so mache davon um die Schüssel einen Rand, die gebackenen Nudeln richte in die Mitte an, so sieht es noch zierlicher aus.

427. Gebackene Nudeln.

Mache von 2 Eiern feine Nudeln und laß sie im Schmetten schön abdünsten, rühre sie jedoch öfters um; wenn sie abgedünstet sind, laß sie auskühlen; dann schlage darein 4 Dotter, gib dazu von 2 Eiweiß den Schnee, Zucker, Lemonieschale, ein wenig Salz, und treibe es recht ab; hernach schneide Oblaten in Stücke, netze sie mit Eiweiß; lege auf ein jedes Stück ein Häufchen von den Nudeln und ballire es schön rund wie Krapfen, dann tunke sie in aufgeschlagene Eier, ballire sie in geriebener Semmel und laß sie in heißem Butterschmalz schön goldgelb backen; hernach bestreue sie mit Zucker und trage sie zur Tafel. Statt Lemonie kann man auch Vanilie in die Nudeln geben. Auch kann man statt Nudeln überklaubten Reis nehmen, im kochenden Wasser auswaschen und ausweichen, dann wird er im Schmetten gekocht; übrigens verfährt man damit sowie mit den Nudeln.

428. Nudeln mit Topfen.

Für etwa 9 Personen mache von 2 Eiern 2 Messerrücken breite Nudeln und koche sie im Salzwasser; dann treibe ½ Kilo schönen frischen Topfen mit 18 Gramm frischer Butter ab, damit keine Bröckeln bleiben, schlage darein 3 ganze Eier, treibe es gut ab, salze es ein wenig, gib dazu 70 Gramm gestoßenen Zucker, 35 Gramm große Rosinen ohne Kerne, 18 Gramm kleine Weinbeerl, 35 Gramm geschälte geschnittene Mandeln und ein bischen Lemonieschale, zuletzt gib dazu die abgeseihten Nudeln und vermische sie gut mit dem Topfen; nun schmiere eine schöne Kasserolle mit frischer Butter aus, gib die Mischung hinein und richte es schön glatt zu, belege es mit Stückchen frischer Butter, schlage in 2 Deciliter Schmetten 2 ganze Eier, sprittle es recht ab, salze es ein wenig, begieße damit die Nudeln, bestreue sie mit Zucker und laß es backen; wenn es halb gebacken ist, bestreue es abermals mit Zucker, vermischt mit geriebenen Mandeln, besprenge es mit zerlassener frischer Butter, und laß es garbacken, bis es schön goldgelb ist, dann bestreue es nochmals mit Zucker, winde die Kasserolle mit einer Serviette um und trage es zur Tafel.

429. Nudeln mit Krebsen.

Mache von 2 ganzen Eiern feine Nudeln und koche sie im Schmetten; während des Kochens gib darein ein Stück frische Butter und ein Stück auf Lemonie abgeriebenen Zucker, und laß sie hübsch abdünsten, dann auskühlen. Gib in ein Töpfchen 5 Löffel voll Mehl, 6 Eierdotter und 4 Deciliter guten süßen Schmetten, quirle es recht ab, salze es ein wenig, gieße es auf ein Reindel und laß es auf Kohlen kochen; doch mußt du es beständig rühren, damit es sich nicht am Boden anlege, und koche es so lange, bis es genug dicklich wird und vom Reindel sich ablöst; dann gib es auf eine Schüssel, treibe es mit einem Stückchen frischer Butter ab, gib darein feingestoßenen Zucker, schmiere es auf ein Papier, lege es auf's Blech und laß es schön gelblich backen; hernach bestreiche es mit den bereiteten Nudeln, bestreue es mit kleingeschnittenen Mandeln, besprenge es mit Krebsbutter, rolle es schön wie einen gezogenen Strudel zusammen und schneide

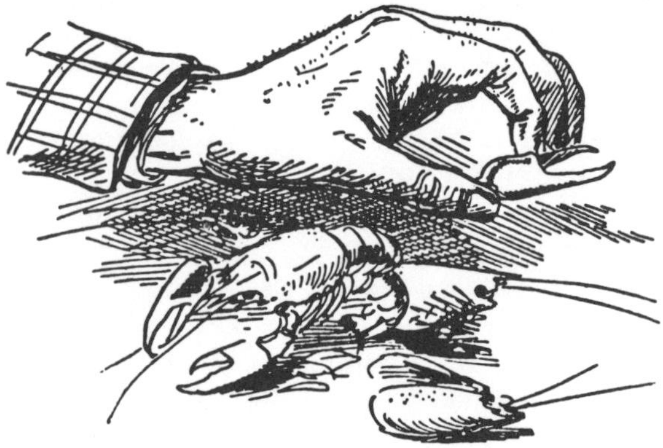

daraus fingerbreite Stückchen, dann stürze einen tiefen Teller auf einen seichten um, schlichte die Stückchen schön darauf, bis der ganze Teller belegt ist, besprenge es ein wenig mit süßem Schmetten, belege es mit Krebsschweifchen, bestreue es mit Zucker und geschnittenen Mandeln, besprenge es mit Krebsbutter, dann stelle es etwa auf eine Viertelstunde in die Röhre, damit es oben ein wenig resch werde, und trage es auf.

430. Nudeln mit Mandeln.

Mache von 2 Eiern Nudeln und koche sie im Salzwasser, dann seihe sie ab, schneide 35 Gramm geschälte süße Mandeln klein, treibe 18 Gramm frische Butter ab, gib die Nudeln und die Mandeln darein, dazu 35 Gramm gestoßenen Zucker und entweder ein Stückchen Vanilie, oder von einer Lemonie die Schale, oder 18 Gramm kleingeschnittenen Citronat, gieße daran etwa 2 Deciliter süßen Schmetten und mische es wohl durch; nun schmiere eine Form oder Schüssel mit Butter aus, gib die Nudeln darein, belege sie mit Butterbröckeln, bestreue sie mit Zucker, welchen du mit geriebenen Mandeln vermischen kannst, und laß es schön goldgelb in der Röhre ausbacken, dann bestreue es mit Zucker und trage es zur Tafel.

431. Nockerln in Schmetten.

Treibe 105 Gramm frische Butter und 35 Gramm Butterschmalz schön faumig ab, schlage darein nach und nach 6 ganze Eier, gib nach jedem Ei einen Löffel voll Mehl, salze es ein wenig, und treibe den Teig recht glatt ab, mache ihn jedoch nicht zu dick; hernach koche mit einem Löffel Nockerln in siedenden Schmetten ein, ist es nöthig, so salze es noch ein bischen, und laß es ein wenig aufkochen; dann bestreue es mit gröblich gestoßenem Zucker, gib es in die Röhre, laß es abdünsten und oben schön gelblich auflaufen; hernach trage es sammt dem Gefäß zur Tafel. Hast du ein bischen Krebsbutter, so gib selbe obenauf, es ist schön und verbessert den Geschmack.

432. Griesnockerln in Krem.

Mache aus 3 Deciliter guter Milch einen festen Grieskoch, und so lange er noch im Sude ist, laß darin 18 Gramm frische Butter einkochen, dann schlage darein ein ganzes Ei und einen Dotter, füge hiezu gestoßenen Zucker, salze es ganz wenig, rühre es über dem Feuer recht ab und laß es auskühlen, dann koche davon mit einem Kaffeelöffel kleine Knöderln in siedendes Salzwasser ein; wenn sie gargekocht sind, laß sie auf einer reinen Serviette abtrocknen, schmiere eine Form mit Butter und streue sie mit geriebener Semmelrinde aus, und schlichte die Knöderln darein; schlage in 2 Deciliter gekochten und ausgekühlten Schmetten 4 Dotter und ein ganzes Ei, füge hiezu 36 Gramm gestoßenen Zucker, sprittle es recht ab, gieße es in die Form über die Knöderln und laß es wie gewöhnlich eine Stunde im Dunste kochen, dann stürze es und trage es zur Tafel. Für den häuslichen Gebrauch kann man die Knöderln bloß in eine mit Butter ausgeschmierte Kasserolle schlichten, im Schmetten weniger Dotter abspritteln, darüber gießen, es in der Röhre backen lassen und dann mit gestossenem Zucker bestreut sammt der Kasserolle auf den Tisch stellen – so ist es auch gut.

433. Krebsfleckel.

Mache von 2 Eiern mittelmäßig große Fleckel, koche sie im Salzwasser und seihe sie wohl ab, dann laß zwei Eßlöffel voll Krebsbutter auf einer Kasserolle zergehen, gib die Fleckel hinein und laß sie ein Weilchen dünsten; hernach gib dazu 30 Krebsschweifchen und ein Stück zerzupften, auf Butter gedünsteten Hecht, mische alles wohl durch, schmiere eine Schüssel mit Butter aus, gib es darein, gieße darauf 2 Deciliter Schmetten, mache darüber einen Reif oder ein Gitter von Butterteig und laß es in der Röhre schön gelb backen. Wenn du willst, kannst du auch ein Stückchen gestoßenen Zucker in den Schmetten beifügen; in diesem Falle mußt du aber bloß die Krebsschweifchen darein geben und den Hecht auslassen, weil sich derselbe mit dem Zucker nicht verträgt; auch muß der Butterteig oben mit aufgeschlagenen Eiern bestrichen werden. Ist die Speise süß, so wird sie mit Zucker bestreut; ist sie nicht süß, wird sie nur ohne Zucker zur Tafel gegeben.

434. Apfelfleckel.

Mache von 2 Eiern Fleckel, etwas kleiner als zu Schinkenfleckeln, oder es können auch Makarony sein, koche sie im Salzwasser, dann seihe sie ab. Treibe 35 Gramm frische Butter ab, gib die Fleckel darein, laß etwa 6 abgeschälte, von Putzen gereinigte Borsdorfer Äpfel zu einem Köchel dünsten, gib darein 35 Gramm kleine Rosinen, 35 Gramm geschälte kleingeschnittene süße Mandeln, ein bischen Zimmet, 52 Gramm Zucker, und vermische alles mit den Fleckeln; nun schmiere eine Form oder eine Kasserolle mit Butter und streue sie mit geriebener Semmelrinde aus, gib die Fleckel darein, bestreue sie mit Zucker und Zimmet, besprenge sie mit zerlassener Butter und laß sie in der Röhre schön gelblich ausbacken; während des Backens bestreue öfters mit Zucker und Zimmet und besprenge sie mit Butter; willst du die Speise noch schöner haben, so vermische den Zucker und Zimmet noch mit geschälten, auf einem Reibeisen geriebenen Mandeln, und wiederhole das Bestreuen öfters; zuletzt bestreue es aber bloß mit Zucker und Zimmet und trage es auf. Wenn Gäste sind, so richte es vor dem Backen auf eine Schüssel an, mit welcher es zur Tafel kommt.

435. Mandelfleckel.

Mache einen Teig von zwei ganzen Eiern und zwei Dottern, arbeite ihn so ab, wie auf Nudeln, und zerwalge ihn ebenso, dann radle daraus große viereckige Fleckel und laß sie im Salzwasser kochen; hernach schmiere eine Form mit Butter aus, lege darein eine Schichte Fleckel, bestreue sie mit kleingeschnittenen süßen Mandeln und Zucker, darauf gib abermals eine Schichte Fleckel, bestreue sie wieder und so fort, bis alles gar ist, oben belege es mit Stückchen frischer Butter, begieße es mit süßem Schmetten, bestreue es mit Zucker und laß es in der Röhre ausdünsten.

Strudel

436. Gegossene gebackene Strudeln.

Schlage in einen Topf 4 ganze Eier und 2 Dotter, und rühre es mit Mehl recht ab, dann gieße darein nach und nach 4 Deciliter guten Schmetten oder auch gute Milch, und gib immer Mehl zu, bis sich ein dünner Tropfteig bildet; nun gib in die Strudelpfanne immer ein bischen Butterschmalz und ein bischen Teig, gieße ihn gut auseinander, und laß die Strudeln auf einer Seite schön gelblich backen, dann lege sie auf reines Brett zum Auskühlen und mache die Fülle: Schäle und reibe 140 Gramm süße Mandeln, verrühre darein 4 frische Dotter und von 3 Eiweiß den Schnee, gib dazu 105 Gramm feingestoßenen Zucker, einen Löffel voll feingeriebene durchgesiebte Semmelbröseln, ein bischen Lemonieschale, und treibe Alles wohl ab, nun schmiere damit die ausgekühlten Strudeln, rolle sie zusammen, schneide sie in die Hälfte, tunke sie in aufgeschlagenes Ei, ballire sie in Semmelbröseln und laß sie in heißem Butterschmalz goldgelb bakken, dann bestreue sie mit Zucker und trage sie auf. Hiezu kann Schodoh auf den Tisch gegeben werden.

Diese Strudeln können auch entweder mit eingesottenem Ribis oder gut bereiteten Powideln geschmiert, gerollt und gebacken, dann mit Zucker und Zimmet bestreut aufgetragen werden; auch kann man geröstete Semmelbröseln mit Zucker, Zimmet und kleinen Weinbeerln vermischt hinein geben, sie rollen, in eine mit Butter ausgeschmierte Blechschüssel schlichten, mit Eierdottern und Zucker abgequirlten Schmetten daran gießen, sie in der Röhre ausdünsten lassen und dann mit Zucker bestreut auftragen.

437. Hascheestrudeln.

In 4 Deciliter guter süßer Milch schlage 5 ganze Eier, salze es ein wenig, gib darein so viel Mehl, als ein ordendlicher Strudelteig erfordert, damit es recht zum Gießen wäre, quirle es wohl ab und gieße die Strudeln. Treibe 35 Gramm Butter ab, mache 5 gerührte Eier, zerhacke und gib sie dazu; nebstdem füge dazu etwa 30 zerschnittene Krebsschweifchen bei, ein Stück auf Butter gedünstetes zerhacktes Kalbfleisch, drei rein abgewaschene und auf Butter abgeriebene Sardellen, eine abgeriebene, im Schmetten eingeweichte, ausgedrückte Semmel, rühre alles recht durch, gib etwas Muskatenblüte dazu, und salze ein wenig; hernach bestreiche damit die Strudeln, rolle sie zusammen, benetze sie mit einem aufgeschlagenen Ei, ballire sie in geriebener Semmel und laß sie in heißem Butterschmalz backen. Beim Auftragen werden Lemonievierteln dazu gegeben, damit sich jeder nach Belieben den Saft daran drücken kann.

438. Gezogener Strudel mit Kalbsgeschlinge.

Wasche eine Kalbslunge und Herz gut ab, und laß es im Salzwasser mit beigefügter Zwiebel und Lorbeerblatt weich kochen. Indessen gib auf ein Nudelbrett 250 Gramm feinstes Mehl, mache ein Grübchen darin, und mache mit kaltem Wasser und ein bischen Salz einen festen Teig wie auf Buchteln ein, schlage ihn aus und knete ihn auf dem Nudelbrett eine gute halbe Stunde, dann decke ihn mit einer Schüssel zu und laß ihn ausruhen bis die Fülle zubereitet ist. Wenn die Lunge und das Herz weich sind, nimm sie heraus, wasche sie im kalten Wasser ab, schneide die Fasern ab, hacke es klein und laß es auf einem Reindel mit

70 Gramm Butter etwa eine Viertelstunde dünsten, gib dazu klein gehackte grüne Petersilie, etwas gestoßene Muskatenblüte, von einer halben Lemonie geschnittene Schale, etwas Wein, salze es gehörig, rühre darein 3 oder 4 Dotter, daß es dick wird, und laß es auskühlen. Nun breite auf den Tisch ein reines Tischtuch aus, bestreue es mit Mehl, ziehe darauf den Teig dünn aus, beschmiere ihn überall gleich mit dem Brei, rolle den Strudel wie gewöhnlich zusammen, lege ihn auf ein mit Butter beschmiertes Reindel, belege ihn oben mit Butter, gieße einige Schöpflöffel voll fetter Rindsuppe daran und laß ihn langsam drei Viertelstunden backen, dann nimm ihn auf eine Schüssel heraus, bestreue ihn mit gerösteten Semmelbröseln und trage ihn zur Tafel.

439. Krebsstrudeln.

Gib auf ein Nudelbrett 500 Gramm feinen Mehles, schneide darein 35 Gramm frischer Butter, zerbröckle sie mit dem Mehle, dann schlage darein 2 ganze Eier und 2 Dotter, und mache den Teig an so wie auf Nudeln, salze ihn ein wenig, zerwalge ihn eben so wie auf Nudeln, und schneide daraus ein halbes Viertel lange und ebenso breite viereckige Stückchen. Früher mache die Fülle: Hacke Krebsschweifchen klein, schäle und reibe 100 Gramm süße Mandeln, gib dazu gestoßenen Zucker, und mische es recht durch; nun bestreue damit die Fleckeln, besprenge sie mit Krebsbutter, rolle sie und schmiere den einen Rand mit Eiweiß, so bleiben sie besser beisammen; hernach schlichte sie schön in einen Kranz um die Schüssel, und so fort in kleineren Zirkeln, bis alle geschlichtet sind, stecke in die Öffnung eines jeden Röllchens ein Stückchen Krebsbutter, quirle Schmetten mit Zucker ab, begieße damit die Strudeln und laß sie in der Röhre abdünsten; ehe du sie aus der Röhre herausnimmst, bestreue sie noch recht mit gestoßenem Zucker, und laß sie noch in der Röhre, bis der Zucker aufschäumt, dann bestreue sie nochmals mit Zucker und trage sie zur Tafel.

440. Reisstrudel.

Nimm auf ein Nudelbrett 6 Deciliter Mehl, 2 Deciliter laß zum Ausarbeiten, in das andere Mehl schneide 35 Gramm frische Butter, mische es untereinander, mache in der Mitte ein Grübchen, schlage darein 2 ganze Eier und 2 Dotter, salze es ein wenig, arbeite es zuerst mit dem Messer dann mit der Hand so wie auf Nudeln ab, walze es auch so wie auf Nudeln auseinander und laß es etwas ausruhen; inzwischen koche in Milch 140 Gramm ausgewaschenen und abgebrühten Reis weich aber dick und laß ihn abkühlen, dann gib dazu 35 Gramm Butter, 4 Dotter, 70 Gramm mit einem Stückchen Vanilie gestoßenen Zucker, den Schnee von zwei Eiweiß, und zerrühre es recht. Nun walze den Teig so dünn als möglich auseinander, beschmiere ihn mit dem Reisbrei, den Strudel rolle ein, lege ihn auf eine mit Butter ausgeschmierte Bratpfanne, schmiere ihn auch oben mit Butter auf und gib ihn in die Röhre; wenn er halb gebacken ist, gieße etwas Milch darunter, dadurch wird er linder, und wenn er vollkommen gebacken ist, nimm ihn heraus und bestreue ihn reichlich mit Zucker.

441. Gegossene Strudeln mit Powideln.

Mache einen Teig laut Rezept Nro. 436 und gieße davon kleine Strudeln; bereite die Powideln, mache sie aber nicht zu dünn, versüße sie, füge hiezu kleingeschnittene Lemonieschale und ein bischen gestoßenen Zimmet, dann beschmiere damit die Strudeln, rolle sie zusammen, schlichte sie in eine mit Butter ausgeschmierte Kasserolle, belege sie oben mit Butterbröckchen und laß sie in der Röhre backen, dann bestreue sie mit Zucker und trage sie zur Tafel. – Diese Strudeln kann man auch mit gut bereitetem süßem Topfen füllen.

442. Gegossene Strudeln mit Chokolade.

Backe kleine Strudeln laut Rezept Nro. 436; laß in 2 Deciliter Schmetten 140 Gramm Chokolade kochen, füge hiezu 70 Gramm Zucker und quirle es recht ab; sprittle 6 Eierdotter mit ein bischen kaltem Schmetten ab, gieße darein die kochende Chokolade und quirle es über dem Feuer so lange, bis es recht dicklich wird, und laß es auskühlen; dann beschmiere damit die Strudeln, rolle sie zusammen, schlichte sie in eine mit Butter ausgeschmierte Form, begieße sie ein bischen mit gutem süßem Schmetten, beschmiere sie mit Butter, bestreue sie mit Zucker und laß sie eine kleine halbe Stunde backen.

Dalken und Krapfen

443. Gegossene Mehltalken.

Schlage 3 ganze Eier und 4 Dotter in einen Topf, gieße darein 4 Deciliter süßen Schmetten, gib dazu Germ, ein bischen Lemonieschale, ein bischen Zucker und so viel Mehl, als zu einem dünnen Tropfteig nöthig ist, und laß ihn aufgehen; dann salze ihn, rühre ihn um, und gieße davon auf einem Grübchenblech kleine Talken; hernach kannst du sie entweder mit Zucker und Zimmet bestreuen und mit Butter begießen; oder schmiere sie mit gut bereiteten Powideln, bestreue sie mit geriebenem Topfen und begieße sie mit frischer Butter; auch mit Pfefferkuchen können sie bestreut werden.

444. Gegossene Semmeltalken gefüllt.

Zerreibe 4 Semmeln, gib sie in einen Topf, schlage darein 8 ganze Eier, gieße daran 4 Deciliter süßen Schmetten, gib dazu kleingeschnittene Lemonieschale, ein bischen Muskatenblüte, 70 Gramm Zucker, ein wenig Salz, und treibe es eine Viertelstunde wohl ab; hernach nimm ein Blech mit Grübchen, gib in jedes Grübchen ein bischen Butterschmalz, einen Löffel voll Teig, darauf ein Stückchen mit Lemonieschale, Zucker und Gewürznelken bereitete Powideln, dann wieder einen Löffel voll Teig, und laß es langsam backen; wenn es auf einer Seite gebacken ist, wende es um und backe es auf der anderen; so fahre fort, bis alle Talken fertig sind, dann gib sie auf eine Schüssel, bestreue sie mit Zucker und Zimmet, begieße sie mit heißer Butter und trage sie zur Tafel. Man kann sie auch ohne Fülle machen.

445. Krauttalken.

Hacke ein Krauthäupel ganz klein, gib auf ein Reindel ein Stück frischer Butter, lege das Kraut darein, salze es, laß es weich dünsten und würze es mit Pfeffer; wenn es weich ist, laß es auskühlen. Das Kraut kannst du auch nach Belieben süßen und Schmetten nachgießen, Pfeffer und Salz gebe jedoch in diesem Falle zuletzt, damit das Kraut nicht gerinnt. Den Teig mache wie folgt: In 4 Deciliter süßen Schmetten schlage 2 oder 3 Dotter, quirle es ab, gib dazu 140 Gramm zerlassener Butter, gieße es in 1 Kilo feinen Mehles, gib dazu aufgelösten Germ, ein wenig gestoßenen Zucker, arbeite den Teig recht ab und laß ihn gähren, dann salze ihn und würze ihn ein bischen mit Muskatenblüte; hernach gib den Teig auf das Nudelbrett und mache daraus dünne Blättchen so groß, als du die Talken haben willst, bestreiche immer ein Blättchen mit dem Kraut auf einen Finger dick, lege ein zweites Blättchen darüber, rundum drücke es recht fest zusammen, und fahre so fort, bis der Teig und alles Kraut verbraucht ist, und laß die Talken ein wenig aufgehen; dann schmiere ein Blech mit Butter, lege die Talken darauf, schmiere sie mit zerlassener Butter und laß sie schön gelblich backen, kehre sie jedoch beständig um und schmiere sie immer mit Butter; wenn sie gebacken sind, nimm sie vom Blech, schmiere sie nochmals mit Butter und trage sie lauwarm auf. Sie können auch trocken ohne Butter gebacken, dann in zerlassener Butter eingetunkt, auf eine Schüssel gelegt und aufgetragen werden. Viel besser sind sie jedoch im Butterschmalz gebacken.

446. Gegossene Krauttalken.

Schneide ein halbes Krauthäupel klein, laß es mit 35 Gramm Butter weich dünsten, würze es ein wenig mit Pfeffer und gib dazu ein bischen feingestoßenen Zucker; dann treibe 70 Gramm Butter ab, gib das überkühlte Kraut hinein, schlage darein 2 ganze Eier und 2 Dotter, gieße daran 2 Deciliter Schmetten, gib dazu 35 Gramm gestoßenen Zucker, ein bischen Germ und 280 Gramm feines Mehl, treibe es wohl ab und laß es an einem warmen Orte stehen, damit es ein wenig gähre; dann salze es ein bischen und backe davon auf einem Grübchenblech gewöhnlich gegossene Talken. Da sie im Butterschmalz gebacken und dadurch genug fett sind, so brauchen sie nicht mehr geschmalzen zu werden.

447. Krauttalken ohne Germ.

Gib 500 Gramm Mehl auf die Schüssel, in ein Töpfchen schlage 8 Eierdotter, gieße daran ein bischen lauwarmen Schmetten, füge hiezu ein bischen Salz und ein bischen Zucker, mache damit einen festen Teig so wie auf Buchteln ein und arbeite ihn recht durch, dann gib ihn auf's Nudelbrett, zerwalge ihn, schneide darein 250 Gramm frischer Butter, und überlege und zerwalge es so wie beim Butterteig, bis keine Butter zu sehen ist; nun zerwalge den Teig in dünne Blätter, bestreiche immer ein Blatt mit gut bereitetem Kraut, lege ein zweites Teigblatt darauf, und so fahre fort, bis alle Talken fertig sind, hernach gib sie auf ein mit Butter beschmiertes Blech und laß sie backen.

448. Gegossene Erbsentalken.

Koche 4 Deciliter Erbsen, zerdrücke sie und passire sie durch ein Sieb; treibe 70 Gramm Butter ab, gib den Erbsenbrei darein, dazu eine abgeriebene, in Milch geweichte ausgedrückte Semmel, zertreibe es gut, schlage darein 2 ganze Eier und 2 Dotter, füge hiezu 18 Gramm gestoßenen Zukker, 35 Gramm geschälte, kleingeschnittene Mandeln, salze es ein wenig, und im Falle es zu dick wäre, so schlage dazu noch einen Dotter, rühre es wohl ab und backe daraus auf einem Grübchenblech kleine Talken, dann bestreue sie mit Zucker und trage sie warm zur Tafel.

449. Krapfen von Brandteig.

Laß auf einem Reindel 4 Deciliter Milch mit 70 Gramm Butter, 70 Gramm Zucker und ein bischen Salz aufkochen, dann verrühre darein 280 Gramm feines Mehl und rühre es beständig, bis sich daraus ein fester Teig bildet, welcher sich sowohl vom Reindel als auch vom Kochlöffel ablöset; nun gib ihn auf eine Schüssel, und wenn er auskühlt, verrühre darein 4 Dotter und 2 ganze Eier eins nach dem anderen, und rühre es noch recht ab; hernach gib den Teig auf ein mit Mehl bestreutes Nudelbrett, mache kleine runde Krapfen, lege sie auf ein mit Butter geschmiertes Blech, bestreiche sie mit aufge-

schlagenem Ei und laß sie bei gelinder Glut backen; wenn sie recht aufgehen, ziehe das Blech aus der Röhre heraus, bestreue die Krapfen mit Zucker und laß sie garbacken; dann nimm sie heraus, und wenn sie gänzlich auskühlen, schneide eine jede von der Seite auf und fülle sie mit irgend einem Eingesottenen.

450. Erdäpfel-Krapfen.

Koche schöne Erdäpfel, reibe sie auf dem Reibeisen oder zerdrücke sie auf einer Schüssel, treibe sie mit frischer Butter ab, schlage darein 3 ganze Eier, 3 Dotter und gib dazu so viel Mehl, damit der Teig schön glatt werde und nicht kleben bleibe, und salze ihn ein wenig; hernach gib ihn auf's Nudelbrett, arbeite ihn recht ab, dann theile ihn in 2 Theile, zerwalge beide in Blätter, auf das eine Blatt mache runde Zeichen mit einem Model, lege darauf gut bereitete Powidelhäufchen, decke das zweite Blatt darüber, steche die Krapfen aus und backe sie in heißem Butterschmalz schön gelb, dann bestreue sie mit Zucker und trage sie zur Tafel. Anstatt Powideln kannst du auch eine Fülle machen: Hacke frische Herrenpilze klein, dünste sie mit frischer Butter und grüner Petersilie, gib dazu einige gerührte Eier, kleingeschnittene Krebsschweifchen, ein bischen Muskatenblüte, auf Stückchen zerrupften gedünsteten Hecht, ein Stückchen Krebsbutter, ein bischen Salz, und mische es wohl untereinander, dann fülle damit die Krapfen. An Fleischtagen kann man sie mit einem guten Fleischhaschee füllen.

451. Topfen-Krapfen.

Treibe 250 Gramm guten Topfen ab, gib darein 4 Dotter, Germ, 3 Löffel voll lauen süßen Schmetten, salze es ein wenig und arbeite darein ungefähr 540 Gramm feinen Mehles; nun zerwalge es daumendick, steche mit einem Model Krapfen aus und laß sie ein wenig aufgehen, dann backe sie in heißem Butterschmalz und trage sie auf; gib dazu eine Schüssel grünen Salat, so ersetzen sie im Nothfalle an einem Fasttage den Backfisch.

452. Rosenkrapfen.

Nimm auf's Nudelbrett 280 Gramm Mehl, zerwalge darein 70 Gramm Butter, mache in der Mitte ein Grübchen, schlage darein ein ganzes Ei und 2 Dotter, gib dazu 3 Löffel voll gute Milch, 3 Löffel österreicher Wein, ein bischen gestoßenen Zucker, ein bischen Salz, mache den Teig an, arbeite ihn recht ab und zerwalge ihn so wie auf Nudeln; nun steche davon mit der Form schöne Röschen aus, feuchte sie in der Mitte ein bischen mit Eiweiß an, lege immer

4 Blätter aufeinander, drücke sie in der Mitte mit dem Finger fest zusammen, wirf sie in heißes Butterschmalz und laß sie schön goldgelb backen: dann gib in die Mitte einer jeden Rose entweder ein Häufchen eingesottenen Ribis oder Rosinenpowideln, bestreue sie mit Zucker und richte sie schön auf eine Schüssel an.

Aus diesem Teig kannst du auch die sogenannten Gottesgnaden machen, nämlich: wenn der Teig so wie auf Nudeln zerwalgt ist, schneide davon längliche, 3 Finger breite Streifen, radle sie in der Mitte zwei- oder dreimal ein bischen durch, wirf sie in heißes Butterschmalz und laß sie goldgelb backen; dann schlichte sie hügelartig auf eine Schüssel, bestreue sie mit Zucker und trage sie zur Tafel.

453. Lange große Faschingskrapfen.

Treibe 420 Gramm frische Butter schön faumig ab, gib darein 2000 Gramm gewärmtes durchgesiebtes Mehl, mache den Teig mit lauem süßem Schmetten an, füge hiezu aufgelöste Germ, kleingeschnittene Lemonieschale, einen Löffel voll gestoßenen Zukker und ein bischen Muskatenblüte, arbeite den Teig recht aus und laß ihn aufgehen; wenn er ein bischen aufgegangen ist, gieße darein etwa ein Deciliter guter österreicher Wein, arbeite ihn wieder ab, salze ihn und laß ihn wieder aufgehen; dann verrühre darein 140 Gramm kleingeschnittene Mandeln, arbeite ihn nochmals ab, gib ihn auf's Nudelbrett, mache davon etwa 16 Centimeter lange, ziemlich dicke Krapfen, lege sie auf ein mit Mehl bestreutes Brett und laß sie aufgehen, dann backe sie schön gemächlich. In der Pfanne muß recht viel Butterschmalz sein, damit sie schwimmen; sobald sie aus dem Butterschmalz kommen, ballire sie ganz

in gestoßenem Zucker und laß sie kalt werden. Diese Krapfen werden auf der Tafel in Scheiben geschnitten.

454. Spinat-Schlickkrapfen.

Putze und wasche den Spinat rein, und laß ihn ein wenig überkochen, dann hacke ihn ganz klein. Laß eine kleingeschnittene Zwiebel in Butter aufschäumen, gib darein drei Kochlöffel voll feinen Mehles und mache ein wenig weiße Einbrenn, gib den Spinat darein, salze ihn und laß ihn abdünsten, dann gieße daran ein wenig Fischsuppe, mit Eierdottern abgequirlt, würze ihn mit Muskatenblüte und laß ihn überkühlen; hernach mache davon auf den im Rezept Nro. 456 beschriebenen Teig kleine Häufchen, steche die Krapfen aus und koche sie im Salzwasser, dann nimm sie heraus auf die Schüssel, bestreue sie mit geriebener Semmelrinde und schmalze sie mit heißer Butter ab.

455. Schlick-Krapfen von Karpfenmilch.

Reinige eine Karpfenmilch, schneide sie klein, laß sie in Butter mit Semmelbröseln dünsten, gib dazu grüne Petersilie, Muskatenblüte, und wenn es gehörig eindünstet, gieße daran einige Löffel voll süßen Schmetten und laß es noch ein wenig aufdünsten, dann auskühlen. Mache einen Teig von Eiern (auf 2 Eier kann man einen Löffel voll Wasser geben), arbeite ihn aus so wie auf Nudeln und zerwalge ihn ebenso; nun mache auf ein Teigblatt Häufchen von der gedünsteten und ausgekühlten Karpfenmilch, darüber decke ein zweites Teigblatt, steche die Krapfen aus und koche sie im Petersilienwasser Rezept Nro. 30 oder auch in bloßem Salzwasser, dann bestreue sie mit geriebener Semmelrinde, schmalze sie mit heißer Butter ab und trage sie zur Tafel.

456. Schlickkrapfen mit Powideln.

Mache von 4 Eiern und 2 Löffeln voll Wasser einen festen Teig wie auf Nudeln, und salze ihn, dann zerwalge ihn so wie zu abgeschmalzenen Nudeln und benetze ihn mit im Wasser eingetauchter Spickfeder; nun mache auf die Hälfte des Teiges zwei Finger von einander kleine Häufchen von gut bereiteten Powideln, die andere Hälfte des Teiges schlage darüber, drücke ihn um die Häufchen herum mit den Fingern zu, und schneide mit einer dazu bestimmten Form kleine Schlickkrapfen aus; wenn alle ausgeschnitten sind, gib sie einzeln in siedendes Wasser, rühre sie sogleich von unten mit dem Kochlöffel vorsichtig um, damit sie nicht anlegen, und laß sie aufkochen; dann nimm sie mit einem durchgelöcherten Schöpflöffel heraus auf die Schüssel, bestreue sie mit geriebener Semmelrinde oder mit Pfefferkuchen und begieße sie mit heißer Butter.

Buchteln, Kuchen und Kolatschen

457. Geschwinde Buchteln.

Nimm 500 Gramm Mehl, ⅓ Liter Schmetten, 3 Eierdotter, 70 Gramm Butterschmalz, 30 Gramm Preßhefe und mache einen Teig an, dann gib dazu 34 Gramm Zucker, ein bischen Muskatenblüte, ein bischen geschnittene Lemonieschale, ein bischen Salz, und arbeite den Teig ab; hernach nimm ihn auf's Nudelbrett, schneide daraus so viel Stückchen, als du Buchteln haben willst, zerwalge sie auf kleinen Finger dick, bestreiche sie entweder mit Mohn, Powideln oder Topfen, oder schmiere sie mit Butter und bestreue sie mit geriebenem Pfefferkuchen, rolle sie ein, lege sie auf die Bratpfanne in zerlassenes Butterschmalz, bestreiche noch jedes Buchtel auf den Seiten mit einer in Butter eingetunkten Feder, daß sie nicht zusammenkleben, und laß sie aufgehen, dann backe sie; wenn sie gar sind, stürze sie und laß sie auskühlen.

Man kann die Buchteln auch in einer runden Form backen: man legt nämlich in die Form immer eine mit Mohn, eine mit Topfen, eine mit Powideln, und läßt sie so backen, dann stürzt man sie und bestreut sie mit Zucker.

458. Eine gute Buchte.

Treibe 140 Gramm frische Butter ab, schlage in 4 Deciliter guten saueren Schmetten 6 Eierdotter, gib dazu Germ, 70 Gramm Zucker, ein bischen Salz, und quirle alles wohl ab; hernach gib immer eine Handvoll Mehl in die abgetriebene Butter, gieße daran fortwährend von dem abgequirlten Schmetten und treibe es recht ab, bis daraus ein gehöriger Buchtelteig ist, dann arbeite ihn recht ab, bis er Blasen wirft und vom Kochlöffel sich ablöset; nun bestreue eine Serviette mit Mehl, zerwalge darauf den Teig zwei Messerrücken dick, schmiere ihn mit zerlassener Butter, bestreue ihn mit gestoßenem Zucker, Zimmet und länglich geschnittenen Mandeln, rolle ihn zusammen, gib ihn in die Form, laß ihn drei Viertelstunden aufgehen und dann wenigstens drei Viertelstunden gemächlich backen: hernach stürze die Buchte, bestreue sie mit Zimmet und Zucker und trage sie auf.

459. Kaiser-Buchte.

Laß in einem Topf 570 Gramm Butter an einem lauwarmen Orte zergehen, dann gieße bloß von oben die klare Butter in eine tiefe Schüssel und treibe sie immerwährend auf einer Seite so lange ab, bis sie weiß wird und aufschäumt; nun verrühre darein unter stetem Abtreiben auf einer Seite der Schüssel 12 frische Eierdotter, 500 Gramm feines gewärmtes, durchgesiebtes Mehl, 70 Gramm feingestoßenen Zucker, worauf du früher die Schale von einer Lemonie abgerieben hast, ferner einen Kaffeelöffel voll Salz und 52 Gramm Germ, und zwar so, damit du im Verlaufe einer Stunde den letzten Dotter und den letzten Theil Mehl einrührest; gib nämlich zu der Butter unter stetem Umrühren immer in fünf Minuten einen Dotter und einen gehäuften Löffel Mehl, jedoch den Zucker, Salz und Germ rühre erst zuletzt ein. Hernach schmiere eine Form mit Butterschmalz und streue sie mit geriebener durchgesiebter Semmel aus, gib darein von dem Teig so viel, damit derselbe nur etwas über die Hälfte der Form reiche, decke ihn zu, stelle die Form an einen nur ein wenig lauen Ort und laß die Buchte aufgehen; wenn sie bis zum Rand der Form emporgestiegen ist, stelle sie in eine nicht gar zu heiße Röhre auf einen Dreifuß und laß sie anderthalb Stunde langsam backen; hernach nimm sie langsam heraus und laß sie in der Form ungefähr zehn Minuten stehen, dann stürze sie vorsichtig auf ein Sieb und laß sie auskühlen, hierauf bestreue sie mittelst einer Streubüchse überall gleich mit gestoßenem Zucker, vermischt mit einem Stückchen gestoßener Vanilie, und trage sie zur Tafel. – Das vollkommene Gedeihen dieser vortrefflichen Buchte hängt von der genauen Verfolgung des hier angegebenen Verfahrens ab.

460. Erdäpfelbuchte mit Weinsoß.

Gib auf die Schüssel 500 Gramm geriebene Erdäpfel und einen Löffel voll Mehl, schlage darein 10 Eierdotter, gib dazu 280 Gramm gestoßenen Zucker, 70 Gramm gestoßene süße und 6 bittere Mandeln, rühre es recht ab und zuletzt verrühre darein den Schnee von 9 Eiweiß; nun schmiere eine Form recht mit Butter und streue sie mit geriebener Semmelrinde aus, gib die Mischung hinein und laß es bei gelindem Feuer ungefähr eine Stunde backen. Beim Auftragen kannst du dazu eine Weinsoß geben, welche auf folgende Art bereitet wird:

Gib auf eine Kasserolle einen Löffel voll feines Mehl und rühre es mit einem bischen Wein ab, schlage darein 8 Eierdotter und

rühre es abermals wohl ab; hernach gib dazu ein Stückchen Zimmet und von einer halben Pomeranze die kleingeschnittene Schale, gieße darein 3 Deciliter Wein, füge hiezu 280 Gramm Zucker, und rühre es langsam über dem Feuer, bis es dicklich wird; wenn es zu kochen anfangen sollte, nimm es von der Glut, seihe es durch ein Haarsieb und stelle es auf einen Ort, wo es bis zum Gebrauche warm bleibt.

461. Buchteln mit Krem.

Nimm auf eine Schüssel 500 Gramm feines Mehl, mache in der Mitte ein Grübchen und gib darein Germ. In ein Töpfchen gib 35 Gramm zerlassene frische Butter, 35 Gramm Butterschmalz, einen Dotter und so viel süßen Schmetten, als nöthig ist, quirle es wohl ab, und mache damit einen gewöhnlichen Buchtelteig an, salze ihn, gib darein 70 Gramm gestoßenen Zucker, Lemonieschale, Muskatenblüte und arbeite den Teig recht ab, bis er Blasen wirft; hernach gib ihn auf das Nudelbrett und mache kleine runde Buchteln, nicht größer als ein Borsdorfer Apfel; nun laß auf einer runden Bratpfanne Butterschmalz lau werden, lege die Buchteln schön zierlich, aber recht fest darein, und laß sie aufgehen, dann stelle sie in die Röhre und laß sie unten und oben schön gelb backen; hernach stürze sie auf eine runde Schüssel und bestreue sie mit Zucker. Laß in einem Töpfchen 4 Deciliter Schmetten kochen, gib darein geschnittene Lemonieschale, oder reibe sie am Zucker und laß diesen in dem Schmetten aufkochen; in einem anderen Töpfchen rühre 4 bis 5 Eierdotter mit ein wenig gekochtem, ausgekühlten Schmetten ab, würze es ein wenig mit Muskatenblüte, salze es ein wenig, gieße den kochenden Lemonieschmetten daran und quirle es auf der Glut recht ab, dann gieße es in die Saucieren und gib es zu den Buchteln auf die Tafel.

462. Erdäpfelmehl-Kugelhupf.

Gebe in einen Topf 8 ganze Eier, von einer Lemonie an 140 Gramm Zucker abgeschabte Schale, etwas feingestoßene Vanilie, stelle dies in einen anderen größeren Topf, wo das Wasser beständig kocht und schlage dies ohne zu ruhen mit der Schneeruthe, bis es recht dick und faumig ist, was beiläufig eine Stunde währt, dann verrühre von einer Lemonie den Saft und zuletzt langsam und leicht 130 Gramm Erdäpfelmehl. Die Form schmiere mit Butter, streue mit feinen durchgesiebten Semmelbröseln aus und laß es bei gelinder Hitze sehr vorsichtig ¾ Stunde backen.

463. Der Mohr von Venedig.

Treibe auf einer Schüssel 140 Gramm frische Butter und 140 Gramm Butterschmalz recht ab, verrühre darein 4 ganze Eier und 4 Dotter eins nach dem anderen, gib dazu Germ und 3 Löffel Schmetten, und mache alles mit 250 Gramm Mehl ein, damit daraus ein so leichter Teig werde wie zu einem Kugelhupf; dann stoße ⅓ Liter Mohn und verrühre ihn in den Teig mit 250 Gramm gestoßenen Zucker und geschnittener Schale von einer halben Lemonie, salze es ein wenig und gib es in eine Tortenform.

464. Kleine braune Kuchen.

Wische 140 Gramm Mandeln mit einem reinen Tuche ab und reibe sie sammt der Schale auf einem Reibeisen; treibe 250 Gramm frische Butter ab, gib dazu 140 Gramm feingestoßenen gesiebten Zucker, schlage darein 2 frische Eierdotter, und treibe es eine Viertelstunde ab, dann gib dazu die geriebenen Mandeln, von einer halben Lemonie die feingeschnittene Schale, 5 Gramm Gewürznelken, 10 Gramm Zimmet, beides feingestoßen und gesiebt, zuletzt 420 Gramm feines Mehl, und rühre es recht ab; hernach gib den Teig auf ein mit Mehl bestreutes Nudelbrett, zerwalge ihn zwei Messerrücken dick, steche davon mit einer Blechform thalergroße Kuchen aus, lege sie auf ein mit weißem Wachs geschmiertes Blech, beschmiere sie mit frischem kaltem Wasser, bestreue sie reichlich mit Zuckergries und laß sie langsam backen. Sie sind recht gut.

465. Guter Topfen-Kuchen.

Vorerst bereite 140 Gramm Topfen mit einem Eierdotter, Zucker und einigen bitteren Mandeln zu; hernach gib auf's Nudelbrett 140 Gramm durchgesiebtes feines Mehl, zerwalge darein nach und nach 140 Gramm frische feste Butter, zerquirle in einem halben Becher Wasser einen Eierdotter, mache damit den Teig an, dann theile ihn in zwei gleiche Hälften, aus der einen Hälfte mache einen großen dünnen Fladen, lege ihn auf's Blech auf ein reines Papier, bestreiche ihn dick mit dem zubereiteten Topfen, hernach mache aus der anderen Hälfte des Teiges einen zweiten Fladen, lege ihn vorsichtig obenauf, knüpfe die Ränder ringsherum vorsichtig zusammen und gib den Kuchen in die Röhre; wenn er gebacken ist, bestreue ihn sogleich mit Vaniliezucker.

466. Gebackene Topfenwürsteln.

Treibe etwa 40 Gramm frische Butter mit 140 Gramm guten Topfen ab, schlage darein 2 ganze Eier und 3 Dotter, gib dazu Germ, ein wenig gestoßenen Zucker, sauber gewaschene kleine Rosinen, treibe alles zusammen wohl ab, salze es ein wenig, gib es auf ein Nudelbrett und arbeite es im Mehle ab, bis es sich nicht klebt; nun formire daraus fingerlange und fingerdicke Würsteln, laß sie ein wenig aufgehen, dann backe sie schön gelblich in heißem Butterschmalz; hernach bestreue sie mit Zucker und trage sie zur Tafel.

467. Obst-Kuchen.

Vermenge 100 Gramm Mehl mit 70 Gramm frischer Butter am Nudelbrett, füge hiezu 2 Dotter, 2 Löffel Schmetten, 30 Gramm Zucker, arbeite den Teig recht aus und laß ihn rasten. Walke ihn dann zu einem runden Kuchen aus und laß ihn auf dem Blech backen. Belege ihn dann mit Eingesottenem oder Kompot, oder frischem Obst recht viel. Mache dann von 2 Eierklar festen Schnee, füge hiezu 140 Gramm Zukker, überziehe dann das Obst mit dem Schnee und laß es in heißer Röhre ein bischen nur trocknen ja nicht gelb werden, überhaupt Krem nie backen nur trocknen.

468. Apfel-Kuchen.

Gib auf's Nudelbrett 140 Gramm feines Mehl und knete es mit 140 Gramm Butter recht durch, dann füge hiezu 105 Gramm gestoßenen Zucker, 70 Gramm geriebene Mandeln, von einer halben Lemonie die kleingeschnittene Schale und ein bischen Salz, mache es mit 2 frischen Dottern und mit dem Safte von einer halben Lemonie an, knete den Teig recht durch, dann zerwalge ihn nach der Größe eines nach einem Teller oder einer Schüssel rund zugeschnittenen Papiers, biege den Rand des Papiers ringsherum nach oben um, den Kuchen belege reichlich mit schönen, in dünne Scheiben geschnittenen Äpfeln, bestreue ihn mit Zukker und mit 70 Gramm kleingehackten Mandeln, und laß ihn schön backen.

469. Zwetschken-Kuchen.

Treibe 100 Gramm Butterschmalz mit 6 frischen Eierdottern und 100 Gramm gestoßenem Zucker eine halbe Stunde ab, dann verrühre darein 100 Gramm feines Mehl und von 6 Eiweiß den Schnee, schmiere eine Form, von welcher sich der Rand herabnehmen läßt, mit Butter und streue sie mit geriebener Semmel aus, gieße den Teig hinein, belege ihn dicht mit frischen, in 8 Theile geschnittenen Zwetschken, und zwar mit der Schale nach unten, und laß den Kuchen drei Viertelstunden langsam backen; dann nimm den Formenrand herab, laß den Kuchen auskühlen und bestreue ihn mit Zukker.

470. Ein anderer Zwetschken-Kuchen.

Treibe 100 Gramm frischer Butter mit 100 Gramm Butterschmalz auf einer Schüssel eine halbe Stunde ab, dann füge hiezu unter stetem Einrühren 12 frische Eierdotter, 15 Löffel voll lauwarmen Schmetten, 30 Gramm Germ, 4 Löffel voll gestoßenen Zucker, von einer halben Lemonie die kleingeschnittene Schale und so viel Mehl, damit daraus ein gelinder Teig wäre, salze ihn ein wenig und laß ihn aufgehen; hernach mache davon auf ein mit Butter beschmiertes Blech einen großen Kuchen, belege ihn reichlich mit frischen Zwetschken, aus welchen die Kerne herausgenommen werden müssen, den Teigrand bestreiche mit zerlassener Butter und laß den Kuchen noch ein wenig aufgehen, dann backe ihn schön goldgelb und bestreue ihn mit Zucker.

471. Kirschen-Kuchen.

In diesem Kuchen bereite dir folgende Bestandtheile vor: 370 Gramm Mehl, 3 Deciliter übergekochten Schmetten, 6 frische Eierdotter, 70 Gramm Butterschmalz, 70 Gramm gestoßenen Zucker und von 6 Eiweiß den Schnee.

Zuerst treibe das Butterschmalz auf einer Schüssel ab und verrühre darein nach und nach die Eierdotter, hernach vermische darein wechselweise immer ein bischen Schmetten, dann ein bischen Mehl, bis alles vermischt ist, und zuletzt füge hiezu den Schnee; nun schmiere ein langes Blech, welches mit einem niedrigen Rand versehen ist, mit Butter, bestreue es mit geriebener Semmel, gieße den Teig fingerdick überall gleich darauf, belege ihn mit Kirschen dicht nebeneinander und laß den Kuchen schön backen, dann bestreue ihn reichlich mit Zucker.

472. Mährischer Weichsel-Kuchen.

Treibe 200 Gramm frischer Butter bis zum Schäumen ab, dann verrühre darein 4 Eierdotter, 200 Gramm gestoßenen Zukker, von einer halben Lemonie die kleingeschnittene Schale und 200 Gramm feines Mehl, treibe alles zusammen recht ab, salze es ein wenig und zuletzt verrühre darein von 4 Eiweiß einen festen Schnee. Nun bestreiche einen halben Bogen starkes Papier mit Butter, biege die Ränder ringsherum auf zwei Finger hoch um, die Ecken knüpfe mit Spenadeln zusammen, lege den Teig auf das Papier, zertheile ihn mit einem Messer überall gleich, belege ihn mit Weichseln dicht neben einander und laß den Kuchen schön goldgelb backen; dann nimm das Papier ab und den Kuchen bestreue mit Zucker.

473. Ein anderer Weichsel-Kuchen.

Laß auf einem lauwarmen Orte 200 Gramm Butter zergehen, dann gieße bloß das klare auf eine Schüssel, schlage dazu 5 Eierdotter und treibe es bis zum Schäumen ab, hernach verrühre darein 200 Gramm gestoßenen Zucker, 100 Gramm geschälte geriebene Mandeln, ein bischen gestoßenen Zimmet, von einer halben Lemonie die kleingeschnittene Schale, 200 Gramm feines Mehl und zuletzt von 4 Eiweiß einen festen Schnee. Nun bereite einen halben Bogen starkes Papier so wie vorhin, gib den Teig darauf, zertheile ihn auf kleinen Finger dick überall gleich und belege ihn mit Weichseln dicht nebeneinander. Indessen mache geschwind auf einem Reindel aus einem Deciliter Schmetten und einem Löffel voll Mehl ein festes Köchel und laß es auskühlen, dann verrühre darein 2 Eierdotter, 35 Gramm gestoßenen Zucker, ein bischen gestoßenen Zimmet und von 2 Eiweiß den Schnee; nun bestreiche damit den Kuchen und laß ihn in einer gut erhitzten Röhre eine halbe Stunde backen. Im Falle von dem Teig etwas übrig bleibt, so mache noch einen solchen Kuchen.

474. Weintrauben-Kuchen.

Knete zu einem Teige 280 Gramm Mehl, 210 Gramm Butter, 140 Gramm Zucker, 2 Löffel Schmetten, 1 Ei, 1 Dotter, walze ihn fingerdick auf das Blech. Dann mache von 4 Klar festen Schnee, füge hiezu 160 Gramm fein gestoßenen Zucker, 100 Gramm sammt den Schalen geriebene Mandeln und 400 Gramm abgerebelte Weintrauben, streiche es leicht über den Kuchen und laß ihn langsam backen.

475. Mohn-Kuchen.

140 Gramm Mehl knete mit 100 Gramm frischer Butter zusammen, dann füge 2 Dotter, 1 Becher Schmetten, 20 Gramm Preßhefe hiezu und walge ihn messerrückendick aus.

Stoße 2 Deciliter Mohn sehr fein, gebe beiläufig 2 Deciliter Schmetten dazu und laß ihn recht kochen, gib dann nach Belieben Zucker mit Citronengeschmack, wenn er ausgekühlt ist, streiche ihn über den Kuchen, rolle ihn leicht, bestreiche mit Ei, belege mit Mandeln, laß ihn aufgehen und bei gelindem Feuer backen.

476. Kleine Gewürzkuchen.

Wische mit einem reinen Tuche 140 Gramm schöne Mandeln ab, reibe sie auf dem Reibeisen, gib dazu 105 Gramm gestoßenen Zucker, eine geriebene Muskatnuß, 5 Gramm gestoßenen Zimmet, 5 Gramm Gewürznelken, von einer halben Lemonie die kleingeschnittene Schale, 140 Gramm Butter, 140 Gramm feines Mehl, mische alles wohl untereinander, mache es mit 3 Eierdottern an, arbeite es recht ab und laß es an einem kühlen Orte eine Stunde stehen; hernach zerwalge es auf 2 Strohhalme dick, steche davon mit verschiedenen Formen kleine Kolatschen aus und laß sie auf ungeschmiertem Papier backen; wenn sie auskühlen, bestreiche sie oben mit verschiedener Glasur, laß sie abtrocknen und trage sie mit anderen Bäckereien auf.

477. Punschschaum-Kuchen.

Verarbeite schnell zu einem Teige 140 Gramm Butter, 210 Gramm Mehl, 70 Gramm Zucker, 1 Dotter, nachdem du zuerst am Nudelbrett Butter und Mehl zerbröselt hast. Mache einen Kuchen, backe ihn in einer Tortenform lichtgelb, bestreiche ihn gut mit Marillenmarmelade, welche du mit etwas Zucker und Rum verrührst. Dann mache aus 2 Eiklar sehr festen Schnee, rühre 120 Gramm feingesiebten Zucker und etwas Rum dazu, bestreiche damit den Kuchen recht hoch und gib ihn nochmals in die Röhre um den Schaum gelb werden zu lassen.

478. Kuchen zum Kaffee.

Nimm auf eine Schüssel 750 Gramm feines durchgesiebtes Mehl, laß in einem Töpfchen 140 Gramm Butter zergehen, füge hiezu 3 Deciliter lauwarmen Schmetten, 3 frische Dotter, Germ und von einer halben Lemonie die kleingeschnittene Schale, mache damit das Mehl an, salze den Teig und versüße ihn gehörig, arbeite ihn recht aus und laß ihn aufgehen; hernach bestreiche entweder Bleche oder Papiere mit Butter, mache darauf von dem Teig große Kuchen, die Ränder bestreiche mit Butter, die Kuchen bestreue reichlich mit gestoßenem Zimmet, vermengt mit Zucker und kleingehackten Mandeln, oder mit der Streubrühe Rezept Nro. 502, und laß sie schön backen.

479. Schneehügel.

Gib auf ein Nudelbrett 500 Gramm feines Mehl, schneide darein 18 Gramm frische Butter und verarbeite es mit einem Messer, hernach mache in der Mitte ein Grübchen, schlage darein 2 ganze Eier, gib dazu 2 Löffel voll süßen Schmetten, 2 Löffel voll Wein, ganz wenig Salz und 10 Gramm feingestoßenen Zucker, und mache damit den Teig an, dann arbeite ihn aus und zerwalge ihn so wie auf gewöhnliche Nudeln; nun mache daraus so viel runde Blätter, als der Teig gibt, immer ein Blatt kleiner als das andere, das erste Blatt mußt du aber nach dem Teller oder nach der Schüssel, womit es auf die Tafel kommt, zuschneiden; in die Blätter steche mit einer Gabel Löcher ein und backe sie einzeln schön semmelgelb in heißem Butterschmalz, gib aber Acht, damit du sie beim Herausnehmen nicht zerbrichst, und laß sie auskühlen.

Koche in 7 Deciliter süßen Schmetten ein Stückchen Vanilie und laß es auskühlen. Schlage in einen reinen Topf 10 Eierdotter, gib darein einen gehäuften Eßlöffel feines Mehl, 70 Gramm feingestoßenen Zucker, treibe es recht glatt ab, dann gieße darein nach und nach unter beständigem Rühren den lauen Vanilieschmetten, gieße es in eine Kasserolle und laß es unter fortwährendem Rühren zu einem glatten Köchel einsieden, dann auskühlen. Nun lege auf die Schüssel, welche auf die Tafel kommt, das größte Blatt, bestreiche es mit dem Eierköchel, darauf lege ein kleineres Blatt, bestreiche es wieder, und so fahre fort, bis alles gar und das kleinste Blatt oben ist; hernach mache von den 20 Eiweiß einen festen Schnee, belege schnell damit den aufgeschlichteten Hügel, bestreue es recht mit gestoßenem Zucker, mit geriebenen geschälten süßen Mandeln vermischt, stelle es gleich in eine warme Röhre und laß es langsam backen, bis es schön semmelgelb wird; während des Backens kannst du es noch zweimal mit feingestoßenem Zucker bestreuen, was mittelst einer zu diesem Zwecke eigens verfertigten Streubüchse von Blech am besten geschieht; wenn es zur Tafel getragen wird, bestreue es nochmals recht stark mit Vaniliezucker.

480. Scheiterhaufen von Biskoten.

Nimm entweder Biskoten oder Mandelbrod, schmiere immer ein Stück mit eingesottenen Himbeeren oder Marillen, das zweite Stück klebe darauf, dann schlichte davon auf einen Teller einen Scheiterhaufen so hoch, als es sich thun läßt, nimm 2 Deciliter guten süßen Ausbruch oder Malaga, drücke darein den Saft von einer Pomeranze, und begieße damit löffelweiß den Scheiterhaufen, damit es sich hineinziehe; ist der Haufen zu hoch, so ist es besser, gleich jede Schichte mit dem Wein zu besprengen; wenn es angesaugt ist, mache Glasur von zwei Farben, weiß und mit Alkermessaft roth, dann mache davon herum Kränze abwechselnd roth und weiß, und laß es abtrocknen; ehe du es zur Tafel gibst, belege es noch mit eingesottenen Marillen, Ribis, Mirabellen u. s. w. Trage es entweder statt einer Mehlspeise oder nach dem Braten auf, es wird immer willkommen sein, weil es sehr schön und gut ist.

481. Kränzchen von Eiweiß mit Schodoh.

Treibe 140 Gramm frische Butter ab, gib darein 140 Gramm gestoßenen gesiebten Zucker und 175 Gramm feines Mehl, treibe es recht ab, und zuletzt verrühre darein den festen Schnee von einem Eiweiß; hernach gib auf das Nudelbrett etwa 35 Gramm Mehl und zerwalge damit den Teig auf 2 bis 3 Messerrücken dick, dann steche davon mit einer hiezu bestimmten kleinen Form Kränzchen aus, lege sie auf ein ungeschmiertes Papier, bestreiche sie mit aufgeschlagenen Eiern, bestreue sie mit geriebenen oder kleingeschnittenen Mandeln oder Grobzukker, und laß sie schnell schön semmelgelb backen; hernach benetze das Papier unten mit einem nassen Schwamm, löse die Kränzchen geschwind ab und laß sie an einem warmen Orte stehen, dann richte sie berghoch auf eine Schüssel an, begieße sie mit Schodoh und trage sie auf.

482. Torteletten mit Schodoh.

Für 6 Personen schäle 140 Gramm süße Mandeln und reibe sie auf dem Reibeisen, dann gib sie in einen Topf, schlage darein 2 ganze Eier und 3 Dotter, gib dazu von einem Eiweiß den Schnee (sind die Eier klein, also von zwei), 140 Gramm Zucker, von einer halben Lemonie die kleingeschnittene Schale, einen Eßlöffel voll feingeriebene, durchgesiebte Semmel, und schlage es eine halbe Stunde in dem Topfe wohl ab; dann schmiere kleine Tortelettenformen mit zerlassener Butter und streue sie mit feingeriebener Semmelrinde aus, gieße die Formen halb voll mit dem Teig und laß die Torteletten schön goldgelb backen, hernach stürze sie und laß sie auskühlen; dann schlichte sie bergförmig auf eine Schüssel, begieße sie mit Schodoh und trage sie auf.

483. Wandeln mit Schodoh.

Treibe 140 Gramm frische Butter bis zum Schäumen ab, schlage darein 7 Eierdotter, gib dazu 140 Gramm gestoßenen Zucker, einen kleinen Löffel voll Mehl, 140 Gramm geschälte Mandeln, von einer halben Lemonie die Schale, beides kleingeschnitten und mische es eine halbe Stunde gut durch, zuletzt verrühre darein allmälig den Schnee von den 7 Eiweiß, schmiere kleine Wandelformen mit Butter und streue sie mit geriebener Semmel aus, gieße sie halb voll mit dem Gemisch und laß die Wandeln goldgelb backen; hernach schlichte sie auf die Schüssel, begieße sie mit Schodoh und trage sie sogleich zur Tafel.

484. Ein Kranz von Brandteig.

Gib in 2 Deciliter Milch ein haselnußgroßes Stückchen Butter, ein Stückchen Zucker und laß es aufkochen; wenn es kocht, wirf unter schnellem Umrühren so viel feines durchgesiebtes Mehl darein, damit ein dikker Koch daraus werde, und rühre es beständig, bis ein Klumpen daraus wird und nicht mehr am Reindel kleben bleibt; nun laß diesen Teig, den man Brandteig nennt, auskühlen; hernach gib ihn in einen messingenen Mörser, schlage darein 3 ganze Eier und 4 Dotter, und zerstoße es recht; dann laß in einer Pfanne Butterschmalz heiß werden, in der andern Schmetten mit Vanilie und Zukker sieden, gib die Hälfte des Teiges in die Spritzkrapfenspritze und drücke ihn schön rund aus in den kochenden Schmetten, die andere Hälfte fülle wieder und drücke sie kranzförmig in das Butterschmalz und laß es schön goldgelb backen. Wenn das in dem Schmetten genug gekocht hat, seihe den Schmetten ab, lege den Kranz behutsam, damit er nicht zerfalle, auf eine Schüssel, den gebackenen Kranz lege darauf, den Schmetten laß kochen, quirle einige Dotter mit ein bischen kaltem Schmetten ab, gieße den kochenden Schmetten daran, quirle es recht ab, begieße damit die beiden Kränze, bestreue sie mit Zucker und Vanilie und laß sie an einem warmen Orte stehen; wenn du es auftragen willst, bestreue es nochmals mit Zucker, halte eine glühende Schaufel darüber, damit der Zucker aufschäume, und gib es zur Tafel. – Von diesem Teig kann man auch nockengroße runde Stücke in heißes Butterschmalz werfen, schön goldgelb bakken lassen, dann entweder mit Zucker bestreut trocken auftragen, oder den Vanilieschmetten wie oben angezeigt ist, bereiten, und damit so wie mit dem Kranz verfahren.

485. Brennheiße Mandelwürste.

Stoße oder reibe 140 Gramm Mandeln sammt der Schale, reibe eine Semmel, gib beides in einen Topf, schlage darein 2 ganze Eier und 2 Dotter, gib dazu von einer halben Lemonie die kleingeschnittene Schale, und rühre es recht ab; dann treibe 35 Gramm frische Butter ab, gib das Abgerührte darein, füge hiezu 90 Gramm gestoßenen Zucker und treibe noch alles wohl ab; nun mache daraus kleine fingerdicke und fingerlange Würstel und backe sie in heißem Butterschmalz schön goldgelb, dann lege sie in ein tiefes Gefäß, gieße daran 5 Deciliter Punschessenz und laß sie darin weichen; wenn du sie auftragen willst, richte sie zierlich in eine Schüssel an; ist noch etwas von der Essenz darunter, so gieße es darüber, begieße es oben mit Weingeist, zünde es an und trage es brennend zur Tafel.

486. Gebackene Äpfelkränzchen.

Schäle schöne Borsdorfer Äpfel und schneide sie in runde Scheiben, den Gröbs steche mit einer kleinen runden Blechform aus und die Äpfel begieße mit Rum oder Arak; gib in ein Töpfchen 2 Löffel voll feines Mehl und 35 Gramm gestoßenen Zucker, gieße daran 6 Löffel voll österreicher Wein, schlage dazu 2 ganze Eier, und mische es gut durch; sollte es zu dick sein, so gieße noch Wein zu; hernach tunke darin Äpfelkränzchen, wirf sie in heißes Butterschmalz und laß sie goldgelb backen, dann bestreue sie mit Zucker und Zimmet und trage sie gleich warm zur Tafel.

487. Gebackene Zwetschken.

Koche schöne gedörrte Zwetschken, drükke die Steinkerne heraus und anstatt deren stecke in jede Zwetschke eine geschälte

Mandel; hernach mache ein Teigchen laut Rezept Nro. 486, ballire die Zwetschken darin, lege sie in heißes Butterschmalz und laß sie goldgelb backen, dann bestreue sie mit Zucker und Zimmet und trage sie auf.

488. Gebackene Gewinde mit Erdbeeren.

Wie viel Gewinde du machen willst, darnach nimm schöne reife Erdbeeren und klaube sie; auf 4 Deciliter Erdbeeren stoße 105 Gramm Zucker, bestreue damit die Erdbeeren und mische sie durch; schneide aus Oblaten vier Finger lange und ebenso breite Blätter, in die Mitte eines jeden Blattes gib ein Häufchen von den Erdbeeren und rolle sie zusammen, mache ein Teigchen laut Rezept Nro. 486, tunke die Gewinde darin ein und laß sie in heißem Butterschmalz backen, hernach richte sie schön auf einen Teller an und bestreue sie mit Zucker.

489. Eis- oder Schnee-Kolatschen.

Messe 750 Gramm feines durchgesiebtes Mehl ab, 500 Gramm davon gib auf eine Schüssel, 250 Gramm gib auf's Nudelbrett und walge hinein mittelst einer Nudelwalze 570 Gramm frische Butter, dann mache davon einen Fladen, lege ihn zwischen zwei Teller und stelle ihn an einen kühlen Ort. In 2 Deciliter Schmetten schlage 5 Dotter und ein ganzes Ei, füge hiezu 35 Gramm aufgelöste Preßhefe, 35 Gramm gestoßenen Zucker, ein bischen Salz, quirle es recht ab und mache damit die 500 Gramm Mehl auf der Schüssel an; wenn der Teig dünn ist, so gib noch Mehl zu, damit er ziemlich fest werde; hernach gib ihn auf ein mit Mehl bestreutes Nudelbrett, zerwalge ihn, lege den Butterfladen darauf, überlege den Teig herum, damit der Fladen ganz bedeckt wäre, und zerwalge

es zusammen so dünn als möglich, dann lege es zusammen und zerwalge es wieder; auf diese Art wiederhole es dreimal, nach dem dritten Zusammenlegen tunke eine Serviette in Wasser ein und winde sie aus, gib den Teig darein, lege ihn auf eine Schüssel, decke ihn zu und laß ihn über die Nacht im Keller stehen. Den anderen Tag gib den Teig auf ein mit Mehl bestreutes Nudelbrett, zerwalge ihn recht dünn und steche davon mit einem Weingläschen oder mit einer Krapfenform kleine Kolatschen aus, in die Mitte eines jeden gib entweder ein Stückchen irgend eines Eingesottenen, oder ein Stückchen Powideln, Mohn oder Topfen, lege die Kolatschen auf ein Blech, ohne daß dasselbe mit Butter bestrichen sein muß, und laß sie eine Weile aufgehen; hernach belege sie mit festem Schnee von Eiweiß, bestreue sie ein bischen mit Grobzucker und laß sie schön backen.

490. Kolatschen von Eiweiß.

Nimm 2000 Gramm feines durchgesiebtes Mehl, schneide darein 1000 Gramm frische Butter, gib dazu Germ, 7 Deciliter guten süßen Schmetten, 3 Löffel voll gestoßenen Zucker, einen Kaffeelöffel voll Salz, von einer halben Lemonie geschnittene Schale und von 12 Eiweiß den Schnee, arbeite den Teig zuerst mit einem Kochlöffel recht ab, bis er sich zieht, dann mit den Händen, und laß ihn aufgehen; nimm ihn auf's Nudelbrett und mache gewöhnliche zusammengelegte Kolatschen, fülle sie mit Mohn, Powideln und Topfen, oben belege sie mit festem Schnee, bestreue sie recht dick mit Zucker und geriebenen Mandeln, lege sie auf geschmierte Papiere auf's Blech und laß sie noch ein wenig aufgehen, dann backe sie schön goldgelb; hernach bestreue sie mit Zucker und gib sie zur Tafel.

491. Kolatschen von Eierdottern.

Gib in ein Töpfchen 8 Dotter, 16 Löffel voll Schmetten, 70 Gramm zerlassene Butter, 30 Gramm aufgelöste Preßhefe, 3 Löffel voll gestoßenen Zucker, die Schale von einer halben Lemonie und einen Kaffeelöffel voll Salz, zerquirle es recht und mache damit 500 Gramm feines Mehl ein, welches du früher auf einer Schüssel zubereitet hast, mache einen recht festen Teig und schlage ihn recht aus; dann bestreue eine kleine Serviette mit Mehl, gib den Teig hinein, drehe die Zipfeln der Serviette locker zusammen, und lege sie in warmes Wasser, welches in einem tiefen Gefäß zubereitet sein muß, stelle das Gefäß auf einen warmen aber nicht heißen Ort und laß den Teig gähren; wenn der Teig auf die Oberfläche des Wassers herausschwimmt, so nimm ihn heraus und drücke ihn etwas in der Serviette aus, dann gib ihn auf ein mit Mehl bestreutes Nudelbrett, zerwalge ihn einen Finger dick und steche daraus mit einem Ausstecher kleine runde Kolatscherln aus, diese beschmiere mit aufgeschlagenem Ei, gib in die Mitte eines jeden ein kleines Stückchen gut zubereitete Powideln, darauf lege die Hälfte einer der Breite nach zerschnittenen abgeschälten Mandel und laß die Kolatschen langsam backen.

492. Deutsche Kolatschen.

Treibe 280 Gramm frische Butter ab, verrühre darein nach und nach 8 Dotter, und zwar gib immer einen Dotter und einen Löffel voll Mehl; hernach gieße darein ebenfalls nach und nach 7 Deciliter Schmetten, gib beständig Mehl zu, dann Germ, 70 Gramm gestoßenen Zucker, von einer Lemonie die kleingeschnittene Schale, und so viel Mehl, als nöthig ist, damit daraus ein leichter Buchtelteig wäre, arbeite ihn ab und laß ihn aufgehen, dann salze ihn, gib dazu ein bischen Muskatenblüte und schlage ihn ab; nun schneide runde Papiere so groß, als du die Kuchen haben willst (kannst entweder alle gleich machen, oder mache immer eins kleiner als das andere, damit der letzte ganz klein ist), schmiere die Papiere mit zerlassener Butter, lege auf jedes ein Stückchen von dem Teig, zerwalge ihn ganz dünn, so daß man die Schrift durchsieht, wenn das Papier beschrieben ist, mache herum mit dem Messer von dem Teig ein Rändchen, dann schmiere einen Kuchen mit Powideln, den anderen mit Mohn, den dritten mit Topfen (versteht sich, daß alles gut zubereitet sein muß), belege sie zierlich mit Rosinen und Mandeln, bestreiche sie oben sammt dem Rändchen mit aufgeschlagenem Ei und laß sie auf einem Blech gemächlich backen; wenn sie gebacken sind, laß sie auskühlen, dann schlichte sie aufeinander, und zwar gib

immer einen mit Powideln, darauf einen mit Mohn, dann einen mit Topfen, und so fort, bis alle aufeinander sind; sind sie jedoch von verschiedener Größe, so lege zu unterst den größten, dann gib immer einen kleineren und kleineren, so daß obenauf der kleinste kommt; es sieht wie ein Thurm aus und zieret den Tisch.

493. Böhmische Kolatschen.

Treibe auf einer Schüssel 100 Gramm Butterschmalz und 100 Gramm frische Butter ab, dann verrühre darein nach und nach 6 Eierdotter, 30 Gramm aufgelöste Preßhefe, von 4 Eiweiß den Schnee, ein Deciliter lauwarme Milch, einen gehäuften Löffel gestoßenen Zucker, von einer halben Lemonie die kleingeschnittene Schale, ein bischen Salz und 500 Gramm feines Mehl, arbeite den Teig aus, bis er sich vom Kochlöffel ablöset, und laß ihn aufgehen. Indessen bereite die Powideln, Mohn und Topfen nach Rezept Nro. 499, 501 und 489. Wenn der Teig aufgegangen ist, gib ihn auf ein mit Mehl bestreutes Nudelbrett, zerwalge immer ein Stück davon recht dünn, dann zerschneide es auf kleine viereckige Stücke, in die Mitte eines jeden Stückes gib ein Häufchen einer beliebigen Fülle, knüpfe alle vier Teigspitzen und zwar immer zwei gegenüber stehende zusammen, lege die Kolatschen auf ein mit Butter stark beschmiertes Blech, bestreiche sie mit aufgeschlagenem Ei, bestreue sie mit geschälten kleingehackten Mandeln, laß sie noch ein bischen aufgehen und dann backe sie in einer gut erhitzten Röhre; wenn sie gebacken sind, bestreue sie mit Zucker. Man kann auch einen großen Kolatschen über's ganze Blech machen, den Rand herumbiegen und mit Eiweiß bestreichen, den Kolatschen mit frischen Zwetschken-Hälften belegen, mit Zucker bestreuen und ihn backen lassen; oder man kann den Kolatschen vor dem Backen mit gut zubereitetem Topfen bestreichen und mit Rosinen ohne Kerne bestreuen – er ist auf jede Art gut.

494. Böhmische Kolatschen anderer Art.

Gib auf eine Schüssel 750 Gramm feines durchgesiebtes Mehl, schneide darein 70 Gramm Butter, schlage in ein Töpfchen 8 Dotter, gib dazu 30 Gramm Preßhefe, 3 Löffel voll gestoßenen Zucker, gieße dazu 3 Deciliter guten süßen Schmetten, quirle es ab und mache damit den Teig an, dann arbeite ihn recht ab, bis er sich zieht, salze ihn ein bischen, gib dazu ein wenig Muskatenblüte und laß ihn aufgehen. Wasche 500 Gramm frische Butter recht im Wasser durch, gib sie auf's Nudelbrett, zerwalge sie, bestreue sie mit Mehl und überlege sie so wie zum Butterteig, zuletzt mache daraus einen runden Fladen, gib ihn zwischen zwei zinnerne Teller und laß ihn beim Eis recht kalt werden. Wenn der Teig aufgegangen ist, laß ihn ebenfalls auskühlen, hernach zerwalge ihn auf einen Finger dick, so auch die Butter, dann lege die Butter auf den Teig, überlege ihn so wie Butterteig und zerwalge ihn, dann überlege ihn nochmals und zerwalge ihn wieder; dieses wiederhole dreimal; wenn du den Teig zum viertenmal zerwalgt hast, zerschneide ihn so wie vorhin auf kleine viereckige Stücke, fülle sie mit Powideln, Mohn und Topfen, knüpfe die Teigspitzen zusammen, bestreiche die Kolatschen mit aufgeschlagenem Ei, lege sie auf ein unbeschmiertes Papier auf's Blech, laß sie noch recht aufgehen und backe sie dann in einer gut erhitzten Röhre. Sie sind sehr gut.

495. Fingerkolatschen.

Treibe 140 Gramm frische Butter und ebensoviel Butterschmalz faumig ab, dann verrühre darein nach und nach 3 Eierdotter, 140 Gramm Zucker, von einer halben Lemonie die Schale und 400 Gramm feines Mehl; hernach gib den Teig auf ein mit Mehl bestaubtes Nudelbrett, arbeite ihn aus, mache davon kleine Kugeln wie ein kleiner Erdapfel, lege sie auf ein ungeschmiertes Papier auf's Blech, in der Mitte einer jeden Kugel mache mit dem Finger ein Grübchen und laß die Kolatschen schön goldbraun backen; wenn sie ein wenig auskühlen, lege in jedes Grübchen ein Stückchen Eingesottenes, bestreue die Kolatschen mit Zucker und trage sie zur Tafel.

496. Karlsbader Kolatschen.

Treibe 140 Gramm Butterschmalz und 140 Gramm frische Butter faumig ab, schlage darein 9 Eierdotter, gib dazu 8 Löffel von Schmetten, Germ, 20 Gramm gestoßenen Zucker, etwa 500 Gramm feines durchgesiebtes Mehl und ein bischen Salz, treibe alles wohl ab und laß es eine Viertelstunde stehen; hernach schmiere ein Papier mit frischer Butter, nimm immer einen Löffel voll von dem Teig und mache auf das Papier runde Häufchen, in die Mitte eines jeden Häufchens mache mit dem Messer ein Grübchen, gib darein eingesottenen Ribis oder Weichsel, dann mache die Grübchen wieder zusammen, belege die Kolatschen mit festem Schnee, bestreue sie mit Zucker und geriebenen Mandeln, und laß sie ganz wenig aufgehen, dann backe sie schnell schön semmelfarb; wenn sie auskühlen, bestreue sie mit Zucker und trage sie auf.

Buchteln-, Kuchen- und Kolatschenfülle

497. Zucker-Einbrenn.

Gib auf ein Reindel 70 Gramm feines Mehl mit einem kleinen Stückchen frischer Butter und laß es gelblich rösten, dann füge hiezu 70 Gramm gestoßenen Zucker. Diese Einbrenn kann man anstatt geschnittener Mandeln zum Bestreuen kleiner Kolatschen gebrauchen.

498. Topfen.

Nimm einen schönen süßen Topfen, der nicht spröde ist, zertreibe ihn mit einem Reiber oder Kochlöffel, damit keine Knollen darin bleiben, dann schlage darein so viel Dotter und ganze Eier, bis er sich gehörig schmieren läßt (auf 500 Gramm Topfen kann man allenfalls 3 Dotter und ein ganzes Ei rechnen), und gib darein so viel Zucker, damit er gehörig süß sei, ferner ein bischen Salz und ein bischen Muskatenblüte; ist der Topfen zu Buchteln oder zusammengelegten Kolatschen zu verwenden, so kann man allenfalls kleine Rosinen darein geben, zu deutschen Kolatschen aber darf es nicht sein. Manche pflegen wegen gelberer Farbe auch Safran darein zu geben, dies ist aber nicht schmackhaft, daher wird es nicht anempfohlen.

499. Zwetschken-Powideln.

Nimm entweder gute Powideln oder gehackte abgekochte dürre Zwetschken, gib sie auf ein Reindel, füge hiezu ein Stückchen frische Butter, ein bischen kleingeschnittene Lemonieschale, ein bischen Gewürznelken und so viel Zucker, damit sie genug süß sind, und laß sie ein wenig aufdünsten; dann laß sie auskühlen und fülle damit entweder Kolatschen, Krapfen oder was du willst. – Wenn die Powideln gut sein sollen, so müssen sie zu jedem Gebrauche, wie hier angegeben ist, bereitet werden.

500. Rosinen-Powideln.

Wasche 250 Gramm große Rosinen, nimm alle Kerne heraus, die Rosinen hacke ganz klein, gib sie auf ein Reindel, dazu kleingeschnittene Lemonieschale, Gewürznelken, Zimmet und so viel Zucker, damit es gehörig süß sei, gieße daran einige Löffel voll guten österreicher Wein und laß es ein wenig eindünsten, dann auskühlen. Diese Rosinenpowideln sind anstatt eingesottenen Ribis zu gebrauchen.

501. Mohn.

Der Mohn kann entweder gestoßen oder abgetrieben werden; willst du ihn stoßen, so wasche ihn zuerst in kaltem Wasser, dann stoße ihn in einem messingenen Mörser; hernach gib ihn auf ein Reindel, gieße darein süßen Schmetten, gib dazu ein Stückchen frische Butter und entweder Zucker oder guten böhmischen Honig, bis er recht süß ist, dann entweder geschnittene Lemonie- oder verzuckerte Pomeranzenschale (wer will, kann auch entweder ein bischen Gewürznelken oder Zimmet dazu geben), und laß ihn auf gemächlicher Glut abdünsten; hernach laß ihn auskühlen und fülle damit was du willst. Oder wasche und brühe den Mohn, dann gib ihn auf ein Reindel oder eine Kasserolle, gieße darein süßen Schmetten und laß ihn weich kochen; hernach gib ihn in die Mohnpfanne und treibe ihn mit dem dazu bestimmten Reiber recht ab, dann gib ihn auf ein Reindel, füge hiezu ein Stückchen Butter, böhmischen Honig oder Zucker, damit er recht süß sei, ferner kleingeschnittene Pomeranzenschale oder Citronat, oder wenigstens Lemonieschale, Gewürznelken und Zimmet, und laß ihn noch ein wenig ausdünsten; wenn er auskühlt, fülle damit was du willst.

502. Streubrühe.

Zerwalge auf dem Nudelbrett 105 Gramm frische Butter in 140 Gramm Mehl und 70 Gramm gestoßenen Zucker, mische es recht durch und bestreue damit große Kuchen zum Kaffee.

503. Pfefferkuchen.

Zerreibe einige Täfelchen Pfefferkuchen, gib ihn mit einem Stück Butter und gestoßenem Zucker auf ein Reindel und laß ihn ein wenig rösten. Zur Abwechslung eignet er sich zu deutschen Kolatschen, und so zubereitet kann man ihn auch als Buchtelfülle verwenden.

Kipfel, Brezeln und Zwieback

504. Geschwinde Kipfel.

Treibe 140 Gramm frische Butter schön faumig ab und gieße ein Kaffeebecherl laues Wasser unter schnellem Umrühren hinein, dann verrühre darein so viel Mehl, als zu einem dicken Nockenteig nöthig ist, salze ihn ein wenig und stelle ihn auf eine Viertelstunde an einen kühlen Ort, damit er fest werde; hernach mache daraus fingerdikke halbmondförmige Kipfel, belege sie mit Schnee, bestreue sie mit Zucker, geriebenen Mandeln und Vanilie, und laß sie geschwind schön gelb backen; wenn sie auskühlen, bestreue sie abermals mit Vanilie und Zukker, und trage sie auf.

505. Gute Kaffeekipfel.

Gib auf eine Schüssel 500 Gramm Mehl, nimm davon eine Handvoll auf das Nudelbrett und verarbeite es nach und nach in 140 Gramm frische Butter, dann mache daraus einen runden Fladen, lege ihn zwischen zwei Teller und laß ihn an einem kühlem Orte. Laß ein Stückchen Butterschmalz, ungefähr wie ein halbes Ei groß, in 2 Deciliter guter lauwarmen Milch zergehen, schlage darein 2 Dotter, gib dazu 35 Gramm aufgelöste Preßhefe, von einer halben Lemonie die kleingeschnittene Schale, einen Löffel voll Zucker und einen Kaffeelöffel voll Salz, quirle es recht ab und mache damit das Mehl auf der Schüssel an; im Falle es zu dünn wäre, so gib noch Mehl zu, denn der Teig muß ziemlich fest sein, und laß ihn gehörig aufgehen; hernach gib den Teig auf ein mit Mehl bestreutes Nudelbrett, zerwalge ihn, in die Mitte lege den Butterfladen, ballire ihn ganz mit dem Teig um, und zerwalge es mitsammen recht dünn, überlege es und zerwalge es wieder; dieses wiederhole dreimal so wie beim Butterteig; nach dem dritten Überlegen decke den Teig mit der Schüssel zu und laß ihn auf dem Nudelbrett wieder aufgehen; hernach zerwalge ihn halmdick, schneide davon einen vier Finger breiten Fladen ab, diesen zerschneide in lauter dreieckige Stückchen, und rolle jedes Dreieck von der breiten Seite zu der Spitze zusammen, so formiren sich kleine Kipfel, diese lege dann auf ein mit Butter beschmiertes Blech, bestreiche sie mit abgespritteltem Eiweiß, bestreue sie mit Mohn und laß sie schön backen.

506. Gefüllte Martini-Kipfel.

Treibe 250 Gramm feines Mehl, 125 Gramm Butterschmalz, 1 Deciliter süßen Schmetten, 30 Gramm Germ, 35 Gramm gestoßenen Zucker, und mache einen Teig an, füge hiezu Lemonieschale

und Muskatenblüte, und arbeite ihn ab, bis er Blasen wirft, dann bestreue ihn mit Mehl und laß ihn aufgehen; hernach salze ihn, gib ihn auf's Nudelbrett, mache daraus so viel Stückchen, als du Kipfeln haben willst, zerwalge sie länglich auf 2 Messerrücken dick, beschmiere sie mit Mohn oder Powideln, oder bestreue sie mit Mandeln und Zucker, rolle sie und formire Martini-Kipfeln, dann lege sie auf's Blech auf ein mit Butter beschmiertes Papier, bestreiche sie mit aufgeschlagenen Eiern, bestreue sie mit Zucker und geschnittenen Mandeln und laß sie schön resch backen; wenn sie auskühlen, bestreue sie noch mit Zucker und gib sie zur Tafel.

507. Gute Pretzeln.

Gib auf eine Schüssel 750 Gramm feines Mehl, in der Mitte mache ein Grübchen, gib darein 35 Gramm Germ, 3 Deciliter guten süßen Schmetten, ein wenig Salz, mache den Teig an, arbeite ihn recht ab, bis er Blasen wirft, und laß ihn aufgehen; hernach schneide darein 250 Gramm frische Butter, schlage darein 4 Eierdotter und arbeite den Teig nochmals recht aus; nun mache daraus kleine zierliche Pretzeln, lege sie auf ein mit Butter geschmiertes Blech und laß sie bakken, dann schmiere sie mit Eiweiß, bestreue sie reichlich mit gestoßenem Vaniliezucker, vermischt mit geschnittenen Mandeln, und laß sie noch in einer warmen Röhre austrocknen; wenn sie kalt werden, bestreue sie noch mit Vaniliezucker und trage sie zur Tafel.

508. Andere gute Pretzeln.

Gib auf die Schüssel 500 Gramm feines Mehl, schneide darein 250 Gramm gute frische Butter und zerwalge sie mit dem Mehle, damit keine Klumpen bleiben; dann füge hiezu einen geradevollen Löffel gestoßenen Zucker und ein bischen Salz, mache darin ein Grübchen, gib darein 34 Gramm Germ und so viel gute kalte Milch, damit daraus ein fester Buchtelteig wäre, arbeite ihn mit dem Kochlöffel recht ab, bis er Blasen wirft, und laß ihn eine Weile aufgehen; hernach gib den Teig auf ein mit Mehl bestreutes Nudelbrett und mache dünne Pretzeln, lege sie auf ein ungeschmiertes Papier auf's Blech, bestreiche sie mit aufgeschlagenem Ei, laß sie eine Weile aufgehen und dann backe sie schön goldgelb. – Diese Pretzeln eignen sich zur Jause zum Thee oder zum kalten Schmetten; sie sind sehr mürbe, und je dünner sie gemacht werden, desto besser sind sie.

509. Gewöhnliche Kaffeepretzeln.

Nimm 1 Kilo feines Mehl, 140 Gramm Butter, 4 Deciliter guten süßen lauen Schmetten, 30 Gramm Germ und mache einen Teig wie zu Buchteln an, dann gib dazu 35 Gramm gestoßenen Zucker, ein bischen Muskatenblüte, ein bischen kleingeschnittene Lemonieschale, ein bischen Salz, und arbeite den Teig recht ab, hernach gib ihn auf's Nudelbrett und arbeite ihn etwas fester als zu Buchteln aus; nun mache davon Pretzeln, lege sie auf ein mit Butter geschmiertes Papier auf's Blech, bestreiche sie mit aufgeschlagenen Eiern und laß sie aufgehen, dann backe sie schön semmelgelb. Sie sind statt Kipfeln zum Kaffee anzuempfehlen.

510. Kaffeepretzeln auf eine andere Art.

Treibe 70 Gramm frische Butter ab, schlage darein 3 Dotter, gib dazu 6 Löffel voll süßen Schmetten, 18 Gramm Germ, einen Löffel voll gestoßenen Zucker und mache damit einen festen Teig von feinem Mehle an, dann gib dazu von einer halben Lemonie die kleingeschnittene Schale und ein bischen Muskatenblüte, salze es ein wenig und arbeite den Teig ab, bis er Blasen wirft; nun mache daraus kleine Pretzeln, lege sie auf ein mit Butter geschmiertes Papier, schmiere sie mit aufgeschlagenen Eiern und laß sie aufgehen, dann backe sie schön goldgelb.

511. Königgrätzer Pretzeln.

Treibe auf einer Schüssel 140 Gramm Butterschmalz ab, verrühre darein nach und nach 3 ganze Eier und 3 Dotter, 2 Deciliter gute lauwarme Milch, 35 Gramm aufgelöste Preßhefe, von einer Lemonie die kleingeschnittene Schale, 35 Gramm gestoßenen Zucker und ein bischen Salz; nun mache mit feinem Mehle einen recht festen Teig an, schlage ihn mit dem Kochlöffel ab, dann gib ihn auf ein mit Mehl bestreutes Nudelbrett, zerwalge ihn, schneide darein 400 Gramm frische Butter und überlege und zerwalge ihn dreimal nach einander wie Butterteig; hernach mache daraus in einem kühlen Orte kleine Pretzeln und laß sie ebendaselbst zwei volle Stunden aufgehen, dann bestreiche sie mit abgespritteltem Eiweiß, bestreue sie mit Grobzucker und laß sie gemächlich backen.

512. Gesalzene Pretzeln.

Gib auf eine Schüssel 500 Gramm Mehl, mache ein Grübchen hinein und gib darein ein solches Stückel Butter, was ein Ei aufwiegt, dann zwei Dotter, ein ganzes Ei, etwas gestoßenen Ingber, Germ, einen Kaffeelöffel voll Salz und gieße allmälig soviel gute Milch zu, bis du einen recht festen Teig hast, hierauf arbeite ihn auf der Schüssel mit einem Kochlöffel gehörig durch, dann gib ihn auf ein mit Mehl recht bestreutes Nudel-

brett, knete ihn noch mit den Händen in dem Mehl recht durch und trachte, daß er soviel als möglich hart aber gut ausgearbeitet werde, was man am besten durch Ausschlagen mittelst einer Nudelwalze erzielt; wenn dann der Teig auf dem Nudelbrett aufgegangen ist, zerwalge ihn immer ein Stückel zu einer dünnen Flechte, mache kleine Pretzeln und laß sie abermals aufgehen; dann lege sie in siedendes Salzwasser, rühre damit mit dem Kochlöffel behutsam um, und sobald sie auf die Oberfläche herausschwimmen, nimm sie schnell heraus, bestreue sie mit Mohn, vermischt mit Salz, lege sie auf ein mit Butter bestrichenes Blech und laß sie in gut durchwärmter Röhre backen.

513. Kümmelstritzeln.

Schneide in 1000 Gramm feines Mehl 70 Gramm frische Butter, gieße darein 5 Deciliter süßen Schmetten, gib dazu 40 Gramm Germ, 20 Gramm Zucker, ein bischen Salz, ein bischen Ingber, ein bischen Lemonieschale, mache den Teig an und arbeite ihn recht ab, hernach nimm ihn auf's Nudelbrett und arbeite noch so viel Mehl darein, als zu einem festen Stritzelteig nöthig ist;

nun mache davon kleine Stritzeln, schmiere sie mit aufgeschlagenen Eiern, bestreue sie mit Kümmel und Salz, gib sie auf ein mit Butter geschmiertes Papier auf's Blech und laß sie schön resch backen. Diese Stritzeln sind zum Bier sehr gut.

514. Zwieback.

In 570 Gramm Mehl zerwalge 210 Gramm Butter, zerquirle in einem Töpfchen 3 ganze Eier und einen Dotter mit 3 Deciliter guter Milch, gieße es in das Mehl, füge hiezu 35 Gramm aufgelöste Preßhefe, 70 Gramm geschälte kleingehackte Mandeln, salze es gehörig und mache einen recht festen Teig an, arbeite ihn aus, bis er sich vom Kochlöffel ablöset, und laß ihn aufgehen; hernach gib ihn auf ein mit Mehl bestreutes Nudelbrett, mache davon längliche schmale Laibchen und laß sie an einem kühlen Orte, damit sie nicht zerfließen, recht aufgehen, dann bestreiche sie mit aufgeschlagenem Ei und backe sie. Wenn sie auskühlen, schneide sie überzwerch in gleiche, ungefähr auf einen Finger dicke Schnitte, laß sie auf einem Blech in der Röhre abtrocknen und bestreue sie auf beiden Seiten mit gestoßenem Zucker und Zimmet.

515. Kleiner Zwieback.

Gib auf eine Schüssel 140 Gramm feingestoßenen Zucker, schlage darein 4 ganze Eier, rühre es eine halbe Stunde wohl ab, gib dazu gestoßenen Zimmet und Gewürznelken, von jedem ungefähr ein Quentchen, von einer Lemonie die kleingeschnittene Schale, ein bischen überstoßenen Fenchel, dann so viel Mehl, als zu einem leichten Buchtelteig nöthig ist, und rühre alles noch recht ab; hernach mache aus dem Teig fingerbreite Stritzeln, schmiere ein Papier mit Butter, lege die Stritzeln darauf, gib sie auf ein Blech und laß sie in einer gut erhitzten Röhre schön semmelfarbig bakken; dann schneide sie gleich warm, und laß sie auf Papier und Blech in einer ausgekühlten Röhre trocknen. Sie können an einem trockenen Orte aufbewahrt werden.

516. Schneller Zwieback.

Gib auf ein Nudelbrett 140 Gramm Mehl, ebensoviel gestoßenen Zucker, 35 Gramm geschälte geschnittene Mandeln, 35 Gramm geschnittenen Citronat, ein bischen Anis, vermenge es gut zusammen, schlage darein ein ganzes Ei und einen Dotter und mache daraus einen Teig; dann mache davon 3 zapfenförmige Krapfen, lege sie auf ein mit Butter beschmiertes Papier, bestreiche sie mit zerquirlten Eiern und backe sie; hernach schneide davon mit einem scharfen Messer, so lange sie noch heiß sind, kleinen Zwieback, laß ihn jedoch nicht mehr trocknen, er trocknet von selbst.

517. Zwieback zum Wein.

Gib auf eine Schüssel 140 Gramm feingestoßenen gesiebten Zucker, schlage darein 10 frische Eierdotter und treibe es etwas über eine halbe Stunde ab, dann gib dazu ein wenig reingeklaubten Fenchel, von den 10 Eiweiß einen festen Schnee, und zuletzt

streue darein 170 Gramm feines Mehl; hernach gieße es in eine ausgeschmierte und ausgestreute Zwiebackform und laß es langsam backen; wenn es zu sinken anfängt, stürze es und laß es kalt werden; dann schneide es auf 2 Strohhalme dicke Schnitzeln, lege sie auf's Papier und Blech und laß sie in einer warmen Röhre abtrocknen.

518. Oblaten.

Gib in einen Topf 1000 Gramm Mehl, gieße darein 1 Liter gute Milch, schlage dazu 2 Dotter und ein ganzes Ei, füge hiezu ein Stück Zucker, und rühre es recht ab, bis sich daraus ein glattes Teigchen bildet. Nun laß eine Oblatenform heiß werden, bestreiche sie mit zerlassener Butter, gieße darein einen Löffel voll von dem Teigchen und backe über der Glut eine Oblate auf beiden Seiten: so fahre fort, bis der ganze Teig verbraucht ist. Wenn die Oblaten gebacken sind, so bestreiche immer eine mit zerlassener Butter, bestreue sie mit gestoßenem Zimmet, mit Zucker vermischt, und mit geriebenen Mandeln, darauf lege eine andere trockene Oblate, gib es wieder in die Form, drücke sie zusammen und laß die Oblate eine Weile darin, damit sie sich verbinden. So fahre fort, bis alle fertig sind.

519. Oblatenspeise.

Schmiere die Form mit Butter aus, nimm gute Oblaten, tunke eine schnell in gutem süßem Schmetten, lege sie in die Form, bestreue sie mit geschälten, geriebenen süßen Mandeln, worunter du auch einige bittere mischen kannst, und bestreue sie mit Zucker und Vanilie (wie viel Gramm Mandeln sind, so viel Gramm Zucker vermische damit, und Vanilie gib nach Belieben); darüber lege wieder eine mit Schmetten genetzte Oblate, bestreue sie wie zuvor, und so fahre fort, bis alles gar und die Form auf 2 Finger hoch voll ist. Auf 10 bis 12 Oblaten quirle 4 Eierdotter in 2 Deciliter süßen gekochten und ausgekühlten Schmetten ab, gib darein nach Belieben gestoßenen Zucker und ein wenig Salz, quirle es recht ab, begieße damit die Oblaten und laß sie in der Röhre semmelgelb backen; hernach mache von 2 Eiweiß einen festen Schnee, rühre darein einen gehäuften Eßlöffel gestoßenen Zucker, belege damit die Oblatenspeise entweder ganz, oder mache herum einen Kranz und in der Mitte ein Häufchen, bestreue es noch recht mit gestoßenem Zucker, gib es schnell in eine nicht zu heiße Röhre und laß es schön semmelgelb wie spanische Winde backen, dann trage es mit Zucker bestaubt zur Tafel. Es ist eine gute Speise und sieht sehr schön aus.

Torten

520. Schwarze Brodtorte.

Zerreibe 280 Gramm süße Mandeln sammt der Schale, stoße 320 Gramm feinen Zucker, zerreibe 2 Täfelchen gute Chokolade, stoße 70 Gramm braun geröstetes Brod und siebe es durch ein Haarsieb; dann schneide die Schale von einer Lemonie klein, zerreibe eine Muskatennuß, stoße 10 Gramm Zimmet und siebe es ebenfalls durch; nun gib alles in einen großen glasirten Topf, schlage darein 12 Dotter, von dem Eiweiß mache Schnee, gib ihn auch dazu, und rühre es eine halbe Stunde wohl ab; dann schmiere die Form mit zerlassenem Butterschmalz und streue sie mit geriebener Semmelrinde aus, gieße die Form halb voll mit dem Gemisch und laß es in der Röhre gemächlich backen; hernach stürze es und laß es kalt werden, dann ziere es nach Belieben mit färbigem Zucker, laß es abtrocknen, und lege es auf ein zierlich ausgeschnittenes Papier, mit welchem es aufgetragen wird. Wenn von dem Teig etwas übrig bleibt, backe daraus kleine Wandeln, dann kannst du die Torte damit zieren.

521. Brodtorte ohne Mandeln.

280 Gramm feingestoßenen Zucker und 16 Eierdotter rühre eine halbe Stunde auf einer Schüssel ab, dann füge hiezu ein bischen gestoßene Gewürznelken und Neugewürz, von einer Lemonie die kleingeschnittene Schale, 10 Gramm feingestoßenen und durchgesiebten Zimmet, 2 schöne Täfelchen Chokolade, 35 Gramm kleingeschnittenen Citronat, 140 Gramm geriebenes, durchgesiebtes, auf Butter goldgelb geröstetes und ausgekühltes Brod, zuletzt verrühre darein von den 16 Eiweiß einen festen Schnee, gieße es in eine mit gutem Butterschmalz recht ausgeschmierte und mit geriebener Semmelrinde ausgestreute Tortenform und laß es langsam backen; dann stürze die Torte vorsichtig, laß sie auskühlen und ziere sie mit weißem Zuckereis.

522. Krem-Torte.

Verarbeite auf dem Nudelbrette zu einem festen Teige 180 Gramm Mehl, 140 Gramm frische feste Butter, 140 Gramm Zucker, 3 Dotter, etwas Vanilie, und Lemonieschale, 70 Gramm geriebene Mandeln, 8 bittere Mandeln, und walge ihn zu einem großen runden Kuchen aus, laß ihn in einer heißen Röhre schnell backen; wenn er gänzlich ausgekühlt ist, beschmiere ihn mit Eingesottenem, mache von 8 Klar festen Schnee, gib hiezu 280 Gramm feingestoßenen Vaniliezucker langsam verrührt, streiche den Schnee auf den Kuchen und laß die Torte in warmer Röhre schnell stocken und trocknen, jedoch nicht mehr backen.

523. Mandeltorte.

Zerreibe 280 Gramm geschälte süße und 70 Gramm bittere Mandeln, gib sie in einen Topf, stoße 280 Gramm Zucker, laß ein bischen davon zum Glasurmachen, den übrigen gib zu den Mandeln, schlage darein 5 ganze Eier und 5 Dotter, füge hiezu von vierthalb Eiweiß den Schnee, von einer halben Lemonie die Schale, einen Löffel voll geriebene durchgesiebte Semmelbröseln, und rühre es eine Stunde wohl ab; dann schmiere die Form mit zerlassener Butter und streue sie mit geriebener Semmelrinde aus, gieße sie halb voll mit dem Gemisch und laß es eine ganze Stunde gemächlich backen; was von dem Teig übrig bleibt, laß in kleinen Wandelformen backen. Wenn die Torte gebacken ist, stürze sie und laß sie auskühlen, dann ziere sie mit einer färbigen Glasur und laß sie in einer ganz kühlen Röhre abtrocknen; hernach lege sie auf ein schön ausgeschnittenes Papier und trage sie zur Tafel.

524. Mandeltorte auf eine andere Art.

Schäle 655 Gramm süße Mandeln und theile sie in 3 Theile, den einen Theil reibe auf einem Reibeisen, den anderen Theil schneide klein und den dritten Theil schneide auf Nudeln; hernach gib die geriebenen und kleingeschnittenen Mandeln auf eine Schüssel, füge hiezu 570 Gramm gestoßenen durchgesiebten Zucker, schlage darein 4 ganze Eier und 8 Dotter, und treibe es eine halbe Stunde wohl ab. Die auf Nudeln geschnittenen Mandeln röste schön gelblich auf einem reinen Gefäß auf gelinder Glut, dann gib sie auf eine andere Schüssel und laß sie auskühlen; hernach füge hiezu 70 Gramm gestoßene Pistazien, 70 Gramm gestoßenen Citronat, von einer Lemonie die Schale würflich und von einer länglich geschnitten, ein bischen gestoßene Gewürznelken und Neugewürz, mische alles wohl untereinander, gib dazu 140 Gramm gestoßenen, geblich gerösteten Zucker, vermische es wohl, zuletzt verrühre es in das Vorige, schmiere die Form aus, gieße es hinein, oder noch besser, mache ein Tortenblättchen und Reif, und laß es gemächlich backen; wenn es gebacken ist, nimm den Reif ab und laß es auskühlen, dann schmiere es mit Lemonieglasur und laß es in einer lauen Röhre abtrocknen.

525. Mandel-Kranztorte.

Schäle 750 Gramm süße Mandeln, 500 Gramm schneide länglich ganz dünn und 250 Gramm reibe auf einem Reibeisen; nun gib die geriebenen Mandeln auf eine Schüssel, dazu 420 Gramm gestoßenen durchgesiebten Zucker, schlage darein 6 ganze Eier und verrühre jedes wohl, füge hiezu von einer ganzen Lemonie die kleingeschnittene Schale und treibe es eine halbe Stunde wohl ab; dann gib dazu die länglich geschnittenen Mandeln, einen Löffel voll geriebene durchgesiebte Semmelbröseln, und rühre es noch ein bischen ab; hernach schmiere ein Blech mit Butter, belege es mit Oblaten, mache darauf Kränze von dem Teig, immer einen

kleiner als den anderen, bis alles gar ist, und laß es schön semmelgelb backen. Wenn die Kränze gebacken sind, breche die überflüssigen Oblaten reinlich ab, schlichte die Kränze aufeinander immer einen etwas kleiner als den anderen, und zwar immer einen mit weißer Glasur bestrichenen, darauf einen, so wie er ist, bis alles gar ist, dann ziere es, in die Mitte gib entweder einen Blumenstrauß oder brennenden Weingeist in einer silbernen Schale, und trage es brennend zur Tafel.

526. Moostorte.

Mache von 6 Eiweiß einen festen Schnee, gib darein 250 Gramm Zucker und 14 Eierdotter, und schlage es mit der Schneeruthe in einem Topfe so lange, bis es ganz fest ist;

dann füge hiezu 250 Gramm geriebene ungeschälte Mandeln, 70 Gramm Citronat, etwas Gewürznelken und Zimmet, und mische es recht untereinander; hernach schmiere eine Reifenform gut mit Butter und streue sie mit Semmelbröseln aus, gib das Gemisch hinein und laß es backen.

527. Chokolade-Torte.

Schäle und zerreibe 420 Gramm süße Mandeln, stoße und siebe 570 Gramm feinen Zucker durch, schlage in einen Topf 15 Eierdotter, gib den Zucker und die Mandeln darein, und treibe es eine Viertelstunde ab, dann füge hiezu 250 Gramm geriebene Chokolade, von 9 Eiweiß den Schnee, ein wenig Vanilie, von einer Lemonie die Schale, einen Löffel voll geriebene durchgesiebte Semmel, und rühre es noch eine Viertelstunde ab; nun schmiere die Form mit Butterschmalz und streue sie mit geriebener Semmelrinde aus, gieße sie etwas über die Hälfte voll mit dem Gemisch und laß es backen, dann stürze die Torte, laß sie kalt werden und ziere sie, wie du willst.

528. Biskotentorte.

Mache von 15 Eiweiß einen Schnee, dann rühre darein nach und nach die 15 Dotter, gib dazu 420 Gramm feingestoßenen durchgesiebten Zucker, worauf früher die Schale von einer Lemonie abgerieben wurde, und rühre es noch eine Viertelstunde ab; hernach schmiere die Form mit zerlassenem Butterschmalz und streue sie mit geriebener, fein durchgesiebter Semmelrinde aus, gieße sie mit dem Gemisch weniger 2 Finger voll und laß es schön gemächlich backen; wenn die Torte gebacken ist, laß sie ein wenig stehen, sie stürzt sich besser; hernach stürze sie, laß sie auskühlen und ziere sie, wie du willst.

529. Biskotentorte mit Eingesottenem.

Gib auf eine Schüssel 280 Gramm gestoßenen gesiebten Zucker, schlage darein 8 Dotter einen nach dem anderen und rühre es wenigstens eine halbe Stunde bis zum Schäumen ab, dann füge hiezu ein bischen kleingeschnittene Lemonieschale, von den 8 Eiweiß einen festen Schnee, 210 Gramm feines Mehl, und rühre es noch recht ab; nun schmiere eine runde Blechform mit Butterschmalz und streue sie mit gestoßenem Zucker aus, gib den Teig hinein und laß die Torte gemächlich backen, dann stürze sie und laß sie über die Nacht auskühlen. Den anderen Tag schneide die Torte mit einem langen scharfen Messer in zwei gleiche runde Fladen, den unteren Fladen lege auf ein rundes, zierlich ausgeschnittenes Papier auf eine Schüssel, mit welcher es auf den Tisch kommt, besprenge ihn mit guter Punschessenz und bestreiche ihn mit Himbeer- oder Ribis-Eingesottenem, darauf lege den oberen Fladen, diesen aber besprenge nicht, sondern bestreiche ihn so wie die ganze Torte ringsherum mit Lemonieglasur, worin auch ein Löffel voll Punschessenz anstatt Lemoniesaft beigemischt werden kann, und laß die Torte in einer lauwarmen Röhre abtrocknen; hernach ziere sie oben, wie du willst.

530. Gute zusammengelegte Torte.

Koche 18 Eier hart, nimm die Dotter heraus und laß sie auskühlen, dann treibe sie recht ab; hernach treibe 420 Gramm frische Butter schön ab, gib dazu die Dotter, 250 Gramm gestoßenen Zucker, 5 Gramm gestoßene Muskatenblüte, von einer Lemonie die kleingeschnittene Schale, und treibe alles wohl ab, dann verrühre darein nach und nach 750 Gramm durchgesiebtes feines Mehl, nimm es auf's Nudelbrett und arbeite es mit den Händen recht ab; nun mache daraus 6 Stücke, zerwalge sie auf zwei Messerrücken dick, schneide nach einem runden Teller 6 gleiche Blätter, lege jedes Blatt auf ein Papier und Blech, und laß es schön semmelgelb backen. Die Abschnitzeln von dem Teig nimm zusammen, arbeite es wieder ein bischen ab und zerwalge es auf zwei Messerrücken dick, dann steche davon mit einem blechernen Stecher kleine Kränzchen aus, in der Mitte eines jeden mache entweder mit einem ganz kleinen Stecher oder mit einem Fingerhut ein Löchel, lege die Kränzchen auf ein Papier, schmiere sie mit aufgeschlagenen Eiern, bestreue sie mit gröblich gestoßenem Zucker und laß sie schön semmelgelb backen. Wenn die 6 Blätter gebakken sind, so lege das erste auf ein zierlich ausgeschnittenes Papier auf eine Schüssel, bestreiche es zwei Messerrücken dick mit eingesottenem Ribis, darauf lege ein zweites Blatt, bestreiche es wieder mit eingesottenem Ribis, und so fahre fort, bis alle 6 Blätter aufeinander sind; nun beschichte es mit der Glasur, welche recht dick sein muß, dann mache von den kleinen Kränzchen herum einen Kranz, gib eins von den Kränzchen in die Mitte, und wenn es der Raum gestattet, um dieses noch 5 bis 6 kleine Kränzchen, in ein jedes Kränzchen gib entweder eine eingesottene Weichsel oder ein Häufchen eingesottenen Ribis, und laß die Torte ein bischen abtrocknen, hernach bestreue sie mit Zucker und trage sie zur Tafel. – Aus diesem Teig können auch verschiedene Kleinigkeiten gemacht werden; mit aufgeschlagenen Eiern beschmiert, mit Grobzucker bestreut, semmelgelb gebacken, dann wieder mit Zucker bestreut, kann man es statt kleinem Zuckerwerk auf Konfekttellern zur Tafel geben.

531. Erdäpfel-Torte.

Schlage in einen Topf 9 Eierdotter, gib dazu 160 Gramm gestoßenen Zucker, 100 Gramm Erdäpfelmehl und von den Eiweiß den Schnee, dann stelle es in eine große, mit heißem, aber nicht siedendem Wasser gefüllte Schüssel, und peitsche es drei Viertelstunde mit einer Ruthe so wie den Schnee ab; hernach füge hiezu feingehackte Lemonieschale, drücke darein den Saft von einer ganzen Lemonie, verrühre es, schmiere die Form mit Butter und streue sie mit Biskoten- und Semmelbröseln aus, gieße es hinein und laß es gemächlich backen. – Bei dieser Torte ist hauptsächlich darauf zu achten, damit sie fortwährend in heißem Wasser gerührt werde, weßhalb, wenn das Wasser auszukühlen anfängt, heißes Wasser nachgegossen werden muß.

532. Vanilietorte.

210 Gramm Butter, 210 Gramm Mehl, 100 Gramm Zucker, 100 Gramm feingestoßene geschälte Mandeln und 10 Vanilie fein gestoßen knete zu einem Teig, theile ihn in 3 Theile und walze diese in drei runde Blätter aus, wovon du eines mit Zucker und länglich geschnittenen Mandeln bestreuest. Wenn sie gebacken sind, bedecke zwei Blätter mit Marillen-Eingesottenem, lege sie auf

einander, das dritte mit Mandeln bestreute Blatt obenauf und bestreue die Torte nochmals mit Vaniliezucker. Man kann auch auf das Eingesottene zwischen die Blätter Schnee mit Zucker oder Schlagschmetten mit Zukker geben.

533. Ribis-Torte.

Nimm auf's Nudelbrett 570 Gramm feines durchgesiebtes Mehl, schneide darein 280 Gramm gut ausgewaschene Butter, gib dazu 105 Gramm gestoßenen durchgesiebten Zucker, von einer halben Lemonie die geschnittene Schale, schlage darein 2 ganze Eier und einen Dotter, füge hiezu 2 Löffel voll saueren Schmetten und von einer halben Lemonie den Saft, mache den Teig an, arbeite ihn recht aus und mache davon ein rundes Blatt; schäle und reibe 280 Gramm süße, 140 Gramm bittere Mandeln, gib sie auf eine Schüssel, schlage darein 8 Dotter, füge hiezu 140 Gramm gestoßenen Zucker, 140 Gramm eingesottenen Ribis und treibe alles wohl ab; nun schmiere den Rand des Blattes mit aufgeschlagenen Eiern, lege darauf einen zwei Finger breiten Teigstreifen und in die Mitte gib die Fülle, darüber lege ein zweites Blatt, schmiere es mit aufgeschlagenen Eiern und laß es auf Papier und Blech schön gelb backen. Man kann die Torte entweder so mit Zucker bestreut zur Tafel geben, oder sie mit weißer Glasur und Mandelbögen zieren; auch kann man aus dem Teig statt einer Torte Maultaschen machen.

534. Gesulzte Äpfeltorte.

Stoße 750 Gramm Zucker und siebe ihn durch, dann gib ihn auf einem Gefäß, welches nicht fett ist, auf Kohlen, drücke darein den Saft von zwei Pomeranzen und von zwei Lemonien, und laß ihn aufschäumen, bis er gelblich wird; hernach schneide 280 Gramm Borsdorfer Äpfel in Scheiben, gib sie in den Zucker und rühre es beständig, bis ein dickes Köchel daraus wird; dann drücke darein wieder den Saft von zwei Pomeranzen und von 2 Lemonien, füge hiezu die Schale von 3 Pomeranzen würflich und von 3 Lemonien auf Nudeln geschnitten, ferner 70 Gramm Pistazien, 140 Gramm Mandeln, 146 Gramm Citronat, alles auf Nudeln geschnitten, rühre es um und nimm es von der Glut; nun lege eine runde Tortenform, von welcher sich der Reif herabnehmen läßt, mit Oblaten aus, gieße darein von dem Köchel etwa auf 2 Finger hoch, glätte es zu, schmiere es mit kaltem Wasser, bestreue es reichlich mit feingestoßenem durchgesiebten Zucker, stelle es in eine lauwarme Röhre oder nach dem Brodbacken in den ausgekühlten Backofen und laß es dort 2 bis 3 Stunden austrocknen; dann nimm den Reif weg, ziere die Torte, bestreue sie mit Zucker und trage sie zur Tafel. – Diese Torte läßt sich an einem kühlen trockenen Orte längere Zeit halten.

535. Griestorte.

210 Gramm feingestoßenen Zucker, an einer ganzen Lemonie abgerieben treibe mit 6 Dottern flaumig ab, dann gebe 25 Stück feingeriebene Mandeln und von einer Lemonie den Saft dazu. Nun verrühre 105 Gramm feinsten Gries und zuletzt von 6 Klar den festen Schnee hinein. Streiche eine Tortenform mit Butter aus, staube sie mit Mehl und laß es langsam backen.

Man kann diese Torte als warme Mehlspeise, frisch aus der Röhre mit Fruchtüberguß, Schodoh oder Vaniliekrem servieren. Oder laß die Torte ganz auskühlen, schneide sie in zwei Blätter, bestreiche das untere Blatt mit Marillen- oder Himbeer-Eingesot-

tenem, lege das obere Blatt darauf, streiche abermals Eingesottenes darauf, mache einen Zuckerüberguß und laß ihn trocknen.

Oder theile und bestreiche die Torte wie es oben angegeben und streiche statt des Zuckerübergußes ein Drittel Liter festen Schlagschmettenschaumes mit genügend viel Vaniliezucker vermengt darauf. Diese Art Torte ist sehr zu empfehlen, da sie in jeder Art der Verwendung gut schmeckt und nicht theuer kommt.

536. Gewürz-Torte.

Schäle 280 Gramm süße Mandeln, die Hälfte schneide klein, die andere Hälfte länglich, hernach gib beiderlei auf eine Schüssel, dazu 570 Gramm gestoßenen Zukker, eine geriebene Muskatennuß, einige Gewürznelken, 5 Gramm Zimmet, beides gestoßen, ferner 35 Gramm länglich geschnittene eingelegte Pomeranzenschale, 20 Gramm geschnittene Pistazien, und mische alles wohl untereinander, dann füge hiezu von 6 Eiweiß einen festen Schnee und rühre es eine halbe Stunde ab; nun belege ein Tortenblättchen mit Oblaten, so auch den Reif, gib es darein, glätte es oben zu und laß es gemächlich backen; wenn die Torte auskühlt, beschichte sie mit der weißen Glasur, belege sie mit Eingesottenem und trage sie zur Tafel. – Man kann aus der Massa auch kleine Häufchen auf Oblaten machen und dann selbe unter das Zuckerwerk mischen.

537. Butter-Torte.

Nimm auf's Nudelbrett 500 Gramm feines durchgesiebtes Mehl, schneide darein 250 Gramm gut ausgewaschene Butter, gib dazu 105 Gramm gestoßenen durchgesiebten Zucker und von einer halben Lemonie die geschnittene Schale, schlage darein 2 ganze Eier und 1 Dotter, füge hiezu 2 Löffel voll saueren Schmetten und von einer Lemonie den Saft, mache davon einen Teig und arbeite ihn recht aus, dann zerwalge ihn 2 Messerrücken dick, mache so viel tellergroße runde Blättchen, als der Teig gibt, lege sie auf's Papier und Blech und laß sie backen; wenn sie gebacken sind, belege ein zweites Blatt auf einen Finger dick mit Eingesottenem, lege ein zweites Blatt darüber, belege es wieder mit Eingesottenem, und so fahre fort, bis alle Blätter aufeinander sind; das letzte Blatt drücke recht an, doch so, damit es nicht zerbricht, und laß es noch in einer lauen Röhre ein wenig anziehen; hernach ziere es mit weißer Glasur, Mandelbögen oder sonst mit verschiedenen Kleinigkeiten, laß es abtrocknen und trage es auf.

538. Pomeranzen-Torte.

Stoße fein 280 Gramm Zucker, worauf du die Schale von drei Pomeranzen abgerieben hast, dann gib den Zucker in einen glasirten

Topf, schlage darein 12 Eierdotter und treibe es eine volle halbe Stunde ab, zuletzt verrühre darein 180 Gramm feines durchgesiebtes Mehl und von 10 Eiweiß einen festen Schnee; nun schmiere eine, mit einem Reif versehene Tortenform mit Butter und streue sie mit geriebener gesiebter Semmel aus, gieße den Teig hinein und laß die Torte drei Viertelstunde gemächlich backen; hernach nimm den Reif ab und laß die Torte auskühlen. Den anderen Tag schneide die Torte entweder mit einem Faden oder mit einem großen scharfen Messer in zwei gleiche runde Fladen, laß 140 Gramm Zucker mit 3 Löffeln voll Wasser aufsieden, bis er sich zieht, drücke darein den Saft von den 3 Pomeranzen, füge hiezu 2 Löffel voll Punschessenz, und laß es noch ein wenig aufsieden, dann bestreiche damit inwendig einen Tortenfladen, lege beide Theile wieder zusammen, bestreiche die ganze Torte mit dem übrigen Zucker und laß sie abtrocknen; hernach kannst du sie mit irgend einem Eingesottenen zieren.

539. Pomeranzen-Torte auf eine andere Art.

Treibe 70 Gramm Butter flaumig ab, dann füge hiezu unter stetem Umrühren nach und nach 6 hartgesottene Eierdotter, 250 Gramm geriebene geschälte Mandeln, 250 Gramm auf der Schale von einer Pomeranze abgeriebenen gestoßenen Zucker, schlage darein ein ganzes Ei, drücke dazu von einer Pomeranze den Saft und treibe es recht ab. Nun lege auf ein rundes Blech einige Oblaten, schneide sie rund zu, bestreiche sie mit dem Teig, den Rand mache von einem festen Papier, kneipe ihn mit einer Spenadel zusammen, und laß die Torte gemächlich backen, dann auskühlen. Indessen gib in einen glasirten Topf 140 Gramm gestoßenen Zucker, drücke darein den Saft von 2 Pomeranzen und treibe es zu einer festen Glasur ab, dann bestreiche damit die ausgekühlte Torte und laß sie wieder abtrocknen, hernach ziere sie mit Eingesottenem.

Zuckerwerk

540. Vanilie-Spalteln.

Treibe in einem Porzellantöpfchen 140 Gramm Zucker mit 4 Dottern und recht viel feingestoßener Vanilie so lange, bis es dick und flaumig wird. – Dann mache von reinem Papier fächerartige Rinnen, lege dieselben auf das Blech, gib in jede Rinne einen Kaffeelöffel von der Massa, und laß es in einer lauwarmen Röhre trocknen, dann löse sie mit einem Messer langsam von dem Papier.

541. Vanilie-Busserln.

Gib auf eine Schüssel 210 Gramm gestoßenen gesiebten Zucker, wobei auch ein Stückchen Vanilie mitgestoßen werden muß, füge hiezu 3 Eiweiß, und treibe es so lange ab, bis es weiß wird (wenn du einen Löffel voll Lemoniesaft beifügest, so wird es schön weiß); dann schmiere ein warmes Blech mit Wachs, mache darauf von dem Gemisch haselnußgroße Häufchen, bestreue sie mit Zucker, den überflüssigen Zucker schüttle herab, und laß sie an einem lauen Orte eine halbe Stunde stehen, hernach wende das Blech mit den Busserln nach unten über eine heiße Platte, so werden sie schön glatt, dann gib sie erst in eine heiße Röhre und laß sie schön semmelgelb backen, so gehen sie schön auf und zerspringen nicht; wenn sie gebacken sind, nimm sie vom Blech, laß sie kalt werden und hebe sie an einem trockenen Orte auf.

542. Vanilíe-Busserln auf eine andere Art.

Mache in einem Topf von 3 Klar festen Schnee, gib hiezu 170 Gramm feingestoßenen Zucker und rühre es eine halbe Stunde, dann verrühre zuletzt 10 Gramm Zucker mit einem Stück Vanilie feingestoßen hinein. Schmiere ein warmes Blech mit Wachs, mache kleine Busserln und gib sie in eine heiße Röhre, jedoch achte darauf, daß sie schön weiß bleiben.

543. Lemonie-Häufchen.

Stoße 70 Gramm Zucker, mache von 2 Eiweiß einen Schnee und rühre ihn nach und nach in den Zucker, dann drücke darein von einer Lemonie den Saft und rühre es eine halbe Stunde ab; hernach füge hiezu von einer Lemonie die geschnittene Schale, 70 Gramm geschälte, länglich geschnittene Mandeln, und rühre es noch ein wenig ab; dann belege ein Blech mit Oblaten, mache darauf von dem Gemisch kleine Häufchen, bestreue sie mit gestoßenem Zucker und laß sie geschwind backen. Wenn die Massa zu dünn wäre, so kann man noch geriebene Mandeln beifügen.

544. Bröselteig-Kuchen.

Treibe 140 Gramm frische Butter recht flaumig ab, füge hiezu 70 Gramm Zucker, 3 hartgekochte feinzerriebene Dotter, feingehackte Lemonieschale, dies wird mit 170 Gramm Mehl schnell zusammengewirkt, ausgewalgt und dann mit einem beliebigen Ausstecher ausgestochen und in einer heißen Röhre gebacken.

545. Kleine Lebzetteln.

Treibe 50 Gramm frische Butter, füge hiezu 140 Gramm feingestoßenen Zucker, 10 Gramm gestoßenen Zimmet, einige gestoßene Gewürznelken, von einer halben Lemonie die geriebene Schale, 20 Gramm sammt der Schale geriebene süße Mandeln, schlage darein ein ganzes Ei, treibe es recht ab, und zuletzt verrühre darein 140 Gramm feines Mehl; hernach gib den Teig auf ein mit Mehl bestreutes Nudelbrett, zerwalge ihn zwei Messerrücken dick, schneide daraus etwas über zwei Finger breite längliche Vierecke, lege sie auf ein reines, mit weißem Wachs bestrichenes Blech, schmiere sie mit aufgeschlagenen Eiern, belege sie mit geschälten Mandelhälften und laß sie langsam backen.

546. Gewürzzetteln.

Gib auf's Nudelbrett 250 Gramm Mehl und ebensoviel feingestoßenen Zucker, füge hiezu 10 Gramm Zimmet, einige Gewürznelken, beides feingestoßen, von einer halben Lemonie die geschnittene Schale, mache den Teig mit 3 Dottern und dem Schnee von 2 Eiweiß an, und hebe ihn über die Nacht im Kühlen auf; den anderen Tag backe daraus entweder Zetteln oder andere Kleinigkeiten.

547. Ingber.

Gib auf eine Schüssel 280 Gramm gesiebten Zucker, schlage darein 2 ganze Eier und 2 Dotter, und rühre es eine halbe Stunde ab; hernach füge hiezu die feingeschnittene Schale von einer Lemonie, einen Eßlöffel voll gestoßenen durchgesiebten Ingber, 280 Gramm feines Mehl, rühre alles untereinander und arbeite es recht ab; dann zerwalge den Teig auf zwei Messerrücken dick, steche mit der Form kleines Ingbergebäck aus, lege es auf ein mit Wachs beschmiertes Blech und laß es in einer nicht gar heißen Röhre backen.

548. Dotter-Torteletten.

Nimm auf's Nudelbrett 350 Gramm Mehl, schneide darein 140 Gramm frische Butter und arbeite es mit einem Messer gut ab, dann füge hiezu 105 Gramm gestoßenen Zucker, etwas gestoßenen Zimmet und gestoßene Gewürznelken, 4 hartgesottene gut abgetriebene Dotter, vermische alles recht zusammen, mache es mit einem frischen Ei an und arbeite es aus; hernach zerwalge den Teig kleinfingerdick und steche mit einer Krapfenform runde Kuchen aus, theile sie in zwei gleiche Theile, aus der einen Hälfte steche die Mitte mit einer kleinen Sternform aus, die andere Hälfte bestreiche mit Eingesottenem, lege darauf die ausgestochenen Blätter, so auch die Sternchen, bestreiche sie mit abgesprittteltem Eiweiß, bestreue sie mit Zucker und laß sie gemächlich backen; dann bewahre sie an einem trockenen Orte auf.

549. Gewürzestümpfchen.

140 Gramm Zucker treibe flaumig mit 1 Ei und einem Dotter ab, dann füge hiezu 70 Gramm Citronat, 35 Gramm Mandeln, 35 Gramm Rosinen, von halber Lemonie die Schale, alles sehr fein gehackt, etwas Zimmet und Gewürznelken, feingestoßen, zuletzt verrühre 140 Gramm Mehl hinein, dann forme Stümpfchen und laß sie auf einem mit Wachs bestrichenen Blech langsam backen und glasire sie mit ein wenig gekochtem Zucker.

550. Pistazien-Prezeln.

Gib auf's Nudelbrett 140 Gramm feines Mehl, 90 Gramm frische Butter, 50 Gramm feingestoßenen Zucker, 70 Gramm geriebene süße Mandeln oder Pistazien, und arbeite alles mit den Händen recht ab, dann schlage darein 2 frische Dotter, mache den Teig an und arbeite ihn wohl aus; hernach mache davon kleine Prezeln, schmiere sie mit Eiweiß, bestreue sie mit Grobzucker und laß sie schön semmelgelb backen.

551. Zimmet-Patzeln.

140 Gramm gestoßenen Zucker, ein frisches Ei und einen Dotter treibe in einem Topfe eine halbe Stunde ab, dann füge hiezu 5 Gramm gestoßenen Zimmet, von einer halben Lemonie die geschnittene Schale, 140 Gramm Mehl und verrühre es zu einem dünnen Teig; nun bestreiche ein Blech mit Wachs, mache darauf von dem Teig kleine

Häufchen, belege sie mit länglich geschnittenen Mandeln, bestreue sie mit grobgestoßenem Zucker und laß sie gemächlich backen. Sie lassen sich an einem trockenen Orte lange erhalten.

552. Anis-Prezeln.

Nimm auf's Nudelbrett 140 Gramm feines gesiebtes Mehl, schneide darein 70 Gramm frische Butter, brösle es recht ab, gib dazu 140 Gramm gestoßenen Zucker, von einer halben Lemonie die kleingeschnittene Schale, ein bischen Anis und mische alles wohl untereinander, dann schlage darein 2 ganze Eier, mache den Teig an und arbeite ihn recht ab, hernach mache daraus kleine Prezeln oder Kränzchen, schmiere sie mit aufgeschlagenen Eiern, bestreue sie mit gröblich gestoßenem Zucker, lege sie auf ein mit Butter geschmiertes Papier und laß sie schön goldgelb backen; dann bestreue sie mit Zucker und trage sie zur Tafel.

553. Haselnuß-Busserln.

Stoße 140 Gramm Haselnußkerne mit 140 Gramm Zucker recht fein, dann gib es auf eine Schüssel und mache es mit 2 Eiweiß zu einem festen Teig an; nun bestreiche ein gewarmtes Blech mit Wachs und wische es ab, mache von dem Teig kleine Kügelchen, lege sie auf das Blech und laß sie schön semmelgelb backen; hernach löse sie vom Blech ab und bewahre sie auf. Sie sind sehr gut und lassen sich lange erhalten.

554. Chokolade-Kränzchen oder Busserln.

Von einem Eiweiß mache einen festen Schnee, füge hiezu 140 Gramm gestoßenen Zucker, 1 Täfelchen geriebene Chokolade, ein bischen Vanilie, und vermische es wohl, dann zerwalge es auf dem Nudelbrett recht dünn und steche davon kleine Kränzchen aus; nun schmiere ein Blech mit Wachs, lege darauf sowohl die Kränzchen als auch die ausgestochenen Busserln und laß sie backen.

555. Halbmonde von wälschen Nüssen.

70 Gramm Kerne aus wälschen Nüssen und 70 Gramm Zucker stoße zusammen recht fein, dann gib es auf's Nudelbrett, füge hiezu 35 Gramm kleingehackte Sultanrosinen und mache es mit einem Dotter an, hernach zerwalge den Teig halmdick und steche davon mit der Form entweder Halbmonde oder kleine Scheiben aus, lege sie auf ein mit Wachs bestrichenes Blech und laß sie nicht gar zu schnell backen, dann bestreiche sie mit weißer Glasur und laß sie wieder abtrocknen.

556. Kastanien-Brod.

Zerreibe 140 Gramm weichgekochte Kastanien, gib sie in einen glasirten Topf, schlage darein 6 Dotter, füge hiezu 140 Gramm gestoßenen Zucker, und treibe es faumig ab, zuletzt verrühre darein von den 6 Eiweiß einen festen Schnee und 52 Gramm feines Mehl, fülle mit dem Gemisch kleine Papierkapseln und laß es bei einer gelinden Glut backen.

557. Ungarisches Brod.

Zerreibe 140 Gramm Haselnußkerne, gib sie in einen glasirten Topf, füge hiezu 140 Gramm gestoßenen Zucker, schlage darein 6 Dotter und rühre es so lange, bis sich daraus ein fester Teig bildet, zuletzt verrühre darein von den 6 Eiweiß einen festen

Schnee und 35 Gramm feines Mehl, gieße es in eine ausgeschmierte Biskotenform oder in kleine Papierkapseln und laß es geschwind backen.

558. Kommißbrod.

Treibe 140 Gramm gestoßenen Zucker mit drei frischen Dottern faumig ab, füge hiezu 140 Gramm Mehl, 140 Gramm ganze ungeschälte Mandeln, 2 Täfelchen geriebene Chokolade, einige gestoßene Gewürznelken und ein bischen gestoßenen Zimmet, zuletzt verrühre darein von den 3 Eiweiß einen festen Schnee, dann schmiere es auf Oblaten und laß es gemächlich backen, hernach zerschneide es gleich warm auf fingerlange Stücke.

559. Ungarischer Zwieback.

Treibe 280 Gramm Zucker mit 6 Dottern auf einer Schüssel flaumig ab, gib nach und nach 280 Gramm Mehl hinein und treibe es so lange ab, bis der Teig Blasen wirft; 140 Gramm Citronat hacke ganz klein und rühre sie mit dem steifen Schnee von 8 Klar hinein. Streiche eine lange Zwiebackform mit Wachs aus, gib die Massa hinein und laß sie bei mildem Feuer langsam backen, bis sich eine gelbe Kruste bildet. Nun laß das Gebackene etwas auskühlen, stürze es auf ein Brettchen, schneide, ehe die Massa sich erhärtet, ½ Ctm. dicke Scheiben, die du auf beiden Seiten mit Vaniliezucker bestreuest und auf einem Backbleche in lauwarmer Röhre ¾ Stunde trocknest.

560. Verzuckerte Mandeln.

Laß 500 Gramm schöne ausgeklaubte Mandeln auf einer messingenen oder blechernen Pfanne, oder auch auf einem gut glasirten Reindel, welches nicht fett ist, eine Weile auf Kohlen rösten, bis sie schön resch sind. In einer anderen messingenen Pfanne oder Kasserolle laß 420 Gramm gestoßenen Zucker mit 2 Deciliter Wasser sieden, bis er sich zieht, dann wirf die gerösteten Mandeln darein und rühre so lange, bis sie überall mit Zucker überzogen sind. Indessen bereite Zucker und Zimmet, beides gestoßen; hernach nimm die Mandeln aus dem siedenden Zucker heraus, wirf sie in den gestoßenen Zucker und Zimmet, ballire sie darin und laß sie kalt werden. Damit der gestoßene Zucker und Zimmet an die Mandeln besser fange, kann es nicht schaden, wenn man in 140 Gramm Zucker 20 Gramm feines Mehl mischt.

561. Gebackene Mandeln.

Nimm auf ein Nudelbrett 180 Gramm feines Mehl, gib darein 90 Gramm geriebene süße Mandeln, 70 Gramm frische Butter, brösle alles wohl ab, füge hiezu 52 Gramm gestoßenen Zucker, ein bischen gestoßenen

Zimmet, ein bischen Gewürznelken, von einer halben Lemonie die geschnittene Schale, mache den Teig mit 4 Eierdottern und 2 Löffeln voll Wein an und arbeite ihn recht ab; zuletzt zerwalge den Teig 2 Messerrükken dick, steche davon mit der Mandelform die Mandeln aus und backe sie in heißem Butterschmalz; dann wirf sie gleich aus dem Butterschmalz in gestoßenen Zucker und Zimmet, ballire sie darin und laß sie kalt werden. Sie sind wie verzuckerte Mandeln und gesund.

562. Mandelbögen von rohem Teig.

Zerreibe 140 Gramm Mandeln oder Haselnüsse, vermenge sie mit 140 Gramm gestoßenen Zucker und mit einem Eiweiß, dann mache davon Bögen und laß sie nur trocknen.

563. Eiskrapfen.

Mache von 3 Eiweiß einen festen Schnee, mische darein 140 Gramm gestoßenen Zukker und treibe es recht ab, damit ein schönes weißes Eis daraus werde, dann verrühre darein 20 Gramm feines Mehl, von einer halben Lemonie die kleingeschnittene Schale, 70 Gramm geschälte, auf Nudeln geschnittene Mandeln, 20 Gramm Citronat und 20 Gramm Pistazien, beides ebenfalls auf Nudeln geschnitten; nun schneide Oblaten so groß wie ein Doppelthaler, streiche von dem Gemisch fingerdick daran und laß es in einer überkühlten Röhre gemächlich backen; am besten ist es, wenn es weiß bleibt.

564. Schinken von Zucker.

Schäle und reibe 140 Gramm süße und 70 Gramm bittere Mandeln, gib sie auf eine Schüssel, füge hiezu 140 Gramm gestoßenen Zucker, ein bischen Schnee und treibe es recht ab; dann lege den vierten Theil davon auf die Seite, in die drei Theile gib 2 bis 3 gestoßene Gewürznelken, 5 Gramm Zimmet, 5 Gramm Muskatennuß, 1 Löffel voll rothen pulverisirten Sandel und arbeite es recht ab; hernach mache daraus ein längliches Laibchen, das Weiße gib obenauf und drücke es zu; dann zerschneide es auf breite Schnitte, ordne sie auf ein Papier und laß sie abtrocknen. Es sieht sehr täuschend aus; um es noch täuschender zu machen, kann man statt Pfeffer und Salz geriebene Chokolade und gestoßenen Zucker auf den Tisch dazu geben.

565. Cervelatwurst von Zucker.

Stoße 140 Gramm Zucker, 10 Gramm Zimmet und 10 Gewürznelken, zerreibe 105 Gramm ungeschälte Mandeln und zwei schöne Täfelchen Chokolade, gib alles auf ein Reindel, füge hiezu 35 Gramm geschälte, überzwerch geschnittene Mandeln, dazu 35 Gramm ebenso geschnittenen Citronat und von einer halben Lemonie die geschnittene Schale, stelle es auf die Platte und rühre es gemächlich mit einem Kochlöffel um, damit es sich nicht anlege; wenn es recht heiß ist, schlage darein ein ganzes Ei und rühre es geschwind ab, damit es sich zu einem zwar festen, aber doch gelinden Teig vermenge; hernach bestreue das Nudelbrett mit gestoßenem Zucker, gib den Teig darauf und schlage ihn mit den Händen zusammen, damit er sich recht verbinde; dann rolle davon eine Cervelatwurst so lang und dick, als du willst, ballire sie in ein reines Papier ein und hebe sie auf; erst nach einigen Tagen schneide sie überzwerch auf Scheiben und richte sie so wie eine echte Cervelatwurst in einen Kranz auf den Teller an. Es sieht schön aus und ist ein guter Leckerbissen.

566. Branntwein-Kränzchen.

Gib auf's Nudelbrett 140 Gramm Mehl, 140 Gramm geriebene ungeschälte Mandeln, 140 Gramm Butter, 70 Gramm Zukker, ein bischen gestoßenen Zimmet, von einer halben Lemonie die kleingeschnittene Schale, vermenge alles gut zusammen, und mache mit einem Eierdotter und 2 Löffeln voll starkem Branntwein den Teig an, dann arbeite ihn gut aus, zerwalge ihn, steche davon runde Kränzchen aus, bestreiche sie oben mit Branntwein, bestreue sie recht hoch mit gestoßenem Zucker, gib sie auf's Blech und laß sie gemächlich backen.

567. Bitterpatzeln.

Reibe 140 Gramm süße geschälte und 140 Gramm bittere Mandeln, hernach gib sie auf die Schüssel, füge hiezu 280 Gramm gestoßenen Zucker, und verrühre darein von 6 bis 7 Eiweiß den Schnee, wie du siehst, damit es weder zu dünn noch zu dicklich werde; nun mache davon kleine Häufchen auf's Papier und Blech, und laß sie geschwind schön semmelfärbig backen; dann löse sie gleich heiß mit einem Messer vom Papier ab und richte sie auf einen Konfektteller an.

568. Bitterpatzeln auf eine andere Art.

Gib auf eine Schüssel 140 Gramm gestoßenen durchgesiebten Zucker, 70 Gramm feines durchgesiebtes Mehl, 105 Gramm geschälte, in einem messingenen Mörser feingestoßene bittere Mandeln, welche jedoch mit einem Stückchen Eiweiß gestoßen werden müssen, damit sie nicht ölig werden, füge hiezu von 2 Eiweiß den Schnee und treibe es ab, dann mache davon kleine Häufchen auf's Papier, bestreue sie mit Zuckergries und laß sie schön semmelgelb backen.

569. Mandel-Busserln.

Stoße 105 Gramm Zucker, siebe ihn durch, gib dazu von einem Eiweiß den Schnee, rühre es wohl ab, drücke darein den Saft von einer Lemonie, damit es wie ein Rindsköchel dicklich sei, dann füge hiezu 140 Gramm geschälte, länglich geschnittene süße Mandeln, und rühre es noch ein wenig ab; nun belege ein Blech mit Oblaten, mache darauf von der Massa kleine Häufchen und laß sie schnell backen, damit sie nicht auseinander rinnen.

570. Mandel-Spalteln.

Stoße 500 Gramm Zucker und siebe ihn durch, dann verrühre darein nach und nach von 5 Eiweiß den Schnee und rühre es eine halbe Stunde ab; hernach füge hiezu 500 Gramm geschälte, geriebene süße Mandeln, von 1 Lemonie die kleingeschnittene Schale, so auch den Saft, und rühre es wohl ab; nun belege ein Blech mit Oblaten, mache darauf von der Massa daumenbreite und fingerlange Streifen und laß es schön semmelgelb backen.

571. Mandel-Spalteln auf eine andere Art.

Wäge so viel gestoßenen Zucker ab, als 2 Eier wiegen, und auch eben so viel Mehl, dann schlage die 2 Eier in den Zucker und rühre es so lange, bis es dicklich wird; hernach füge hiezu 60 Gramm Sultanrosinen, 50 Gramm feingeschnittene Mandeln, 50 Gramm feingeschnittenen Citronat, mische alles recht durch und zuletzt verrühre darein das abgewogene Mehl; nun bestreiche ein Blech recht mit Wachs, schmiere das Gemisch dünn darauf und stelle es in die Röhre; wenn es halb gebacken ist, schneide es in zierliche Schnitzeln und laß es garbakken.

572. Mandelmaultaschen.

Nimm auf's Nudelbrett 280 Gramm feines Mundmehl und theile es in 2 Theile, in den einen Theil mache ein Grübchen, schlage in ein Töpfchen ein ganzes Ei und einen Dotter, gieße dazu anderthalb Eßlöffel voll süßen ungekochten Schmetten, sprittle es recht ab, gieße es in das Grübchen, salze es ein wenig, rühre den Teig zuvor mit dem Kochlöffel ab, dann arbeite ihn mit den Händen schön glatt aus, mache davon ein Laibchen und laß es liegen. In die zweite Hälfte des Mehles schneide 280 Gramm frische, gut ausgewaschene Butter, und arbeite es mit dem Nudelwalger recht ab. Nun zerwalge zuerst den abgerasteten Teig drei Strohhalme dick, dann ebenso auch die mit Mehl ausgearbeitete Butter, lege sie auf den Teig, diesen lege in drei Theile zusammen und zerwalge ihn, dann lege ihn wieder zusammen und zerwalge ihn wieder; so wiederhole es fünfmal; das fünftemal zerwalge ihn etwas weniger als kleinfingerdick, schneide daraus mit einem scharfen Messer drei Finger breite und drei Finger lange, schön viereckige Blätter und laß sie einige Stunden im Kalten liegen; hernach zerwalge jedes Blättchen so dünn, wie auf feine Nudeln, beschmiere jedes etwa daumenbreit vom Rande mit Eiweiß, gib auf ein jedes einen Eßlöffel voll Mandelfülle, lege sie in drei Theile zusammen, dann lege sie auf ein reines ungeschmiertes Papier auf's Blech und laß sie in einer heißen Röhre schön semmelgelb backen. Die Fülle bereite folgends: Gib in einen reinen glasirten Topf 140 Gramm feingestoßenen gesiebten Zucker, schlage darein 3 ganze Eier und 3 Dotter und rühre es ab, bis es schäumt, dann gib dazu 140 Gramm geschälte, auf einem kleinen Reibeisen geriebene süße Mandeln und rühre es wieder eine halbe Stunde ab, hernach füge hiezu von einer Lemonie die feingestoßene Schale und ein Stückchen mit Zucker gestoßene Vanilie, und rühre es noch eine halbe Stunde ab; dann fülle damit die Maultaschen, wie oben angezeigt ist; wenn sie gebacken sind, bestreue sie mit Vanilie-Zukker. Am besten ist selbe im Winter zu machen, denn im Sommer wird der Teig zu weich, außer man macht sie im Keller.

573. Mandelmaultaschen auf eine andere Art.

Schneide 420 Gramm frische Butter in 570 Gramm Mehl, mache es mit einem Ei, einem Dotter, 2 Löffeln voll Wein und 2 Löffeln Wasser ein, und salze es ein wenig; hernach nimm immer ein nußgroßes Stückchen von dem Teig auf's Nudelbrett, zerwalge es dünn, gib die Fülle hinein, und lege es wieder nach Belieben hübsch zusammen; dann schlage in ein Töpfchen ein Ei und ein Eiweiß, zerquirle es, bestreiche damit die Taschen, bestreue sie mit Zucker und backe sie am Blech. Die Fülle mache folgends: Stoße 140 Gramm geschälte Mandeln, 140 Gramm Zucker, menge es zusammen, füge hiezu von einer Lemonie die feingeschnittene Schale, schlage darein 2 ganze Eier und 3 Dotter und treibe es eine halbe Stunde ab; dann fülle damit die Taschen.

574. Weiße Leberwurst von Borsdorfer Äpfeln.

Laß auf einer Kasserolle 280 Gramm Zukker mit einem halben Becher voll Wasser abspinnen; schäle 12 schöne Borsdorfer Äpfel ab und schneide sie dünnblätterig, dann gib sie in den Zucker und laß sie unter

öfterem Umrühren zerkochen. Indessen schneide länglich 140 Gramm gebrühte geschälte Mandeln und hacke klein 35 Gramm Citronat und von einer ganzen Lemonie die Schale. Wenn die Äpfel mit dem Zucker zu einem durchsichtigen dicklichen Köchel verkocht sind, so stelle es von der Glut ab, verrühre darein das zubereitete Gemisch, und wenn es ein bischen auskühlt, gib es auf ein mit gestoßenem Zucker bestreutes Nudelbrett, mache davon drei oder vier längliche Würste, etwa so dick wie ein Cervelat, wälze sie in Zucker um, ballire sie in reines Papier ein und laß sie einige Tage an einem warmen Orte, aber nicht in der Röhre trocknen; hernach schneide sie so wie die Cervelatwurst in Scheiben und richte sie auf einen Teller an. Dieser Leckerbissen findet gewiß einen allgemeinen Beifall.

575. Mandelkrapfen mit Ribis.

Gib auf's Nudelbrett 250 Gramm feines Mehl, schneide darein 140 Gramm frische Butter, füge hiezu 140 Gramm gestoßenen Zucker, 50 Gramm gebrühte, geriebene Mandeln, von einer Lemonie die feingeschnittene Schale und mische alles recht durch, dann schlage darein 2 Dotter und drücke dazu den Saft von einer Lemonie, mache den Teig an und arbeite ihn aus; hernach zerwalge ihn auf einen kleinen Finger dick, steche davon mit einer Form runde Scheiben aus, lege sie auf ein ungeschmiertes Papier, bestreiche sie mit Eiweiß, bestreue sie mit Zuckergries und laß sie schön goldgelb backen; wenn sie dann auskühlen, schmiere immer ein Blättchen unten mit eingesottenem Ribis, drücke ein zweites Blättchen mit dem Boden daran, und fahre so fort, bis alle gar sind; hernach richte sie zierlich auf einen Konfektteller an, bestreue sie mit Zucker und trage sie zur Tafel.

Kremspeisen

576. Krem mit bitteren Mandeln.

In 5 Deciliter süßen Schmetten gib 20 Gramm geschälte, geriebene bittere Mandeln und laß es kochen; schlage in ein Töpfchen 9 Dotter und ein ganzes Ei, quirle es mit kaltem Schmetten ab, gib darein 70 Gramm gestoßenen Zucker, gieße daran den kochenden Mandelschmetten und quirle es recht ab, dann gieße es auf eine Schüssel, stelle es in siedendes Wasser in die Röhre und laß es im Dunste kochen; hernach bestreue es oben mit Zucker und laß es noch aufschäumen, dann bestreue es abermals mit Zucker und trage es zur Tafel. Man kann auch 18 Gramm länglich geschnittene süße Mandeln darein geben.

577. Vaniliekrem.

In 5 Deciliter süßen Schmetten koche ein Stück gestoßene Vanilie, gib darein 70 Gramm Zucker, quirle in einem Töpfchen 9 Dotter und ein ganzes Ei mit ein wenig kaltem Schmetten ab, gieße den kochenden Vanilieschmetten darein, quirle es ab, gieße es in eine Schüssel und laß es im Dunste kochen, dann bestreue es mit Zukker und trage es zur Tafel; oder schmiere eine Form mit Butter aus, lege darein eine Schichte Bitterpatzeln, gieße den Krem darüber und koche es im Dunste.

578. Chokoladekrem.

Laß 4 Tafeln geriebene Chokolade in 5 Deciliter Schmetten kochen, gib dazu ein Stückchen Vanilie, 35 Gramm Zucker, quirle in einem Töpfchen 9 Dotter und ein ganzes Ei mit ein wenig kaltem Schmetten ab, mische darunter kleingeschnittene verzuckerte Pomeranzenschale, gieße die kochende Chokolade daran, quirle es recht ab, gieße es in eine Schüssel und laß es im Dunste kochen, dann bestreue es mit Zukker und trage es zur Tafel.

579. Kaffeekrem.

Koche in 5 Deciliter süßen Schmetten 52 Gramm gebrannte abgewischte Kaffeekörner, quirle in einem Töpfchen 9 Dotter und ein ganzes Ei mit ein wenig kaltem Schmetten ab, gib darein 70 Gramm gestoßenen Zucker, ein Stückchen gestoßene Vanilie, gieße den kochenden Kaffee, der früher durchgeseiht werden muß, daran, quirle es recht ab, gieße es in eine tiefe Schüssel und laß es im Dunste kochen, dann bestreue es mit Zucker und trage es zur Tafel.

Alle diese Kreme können in Becher gegossen, im Dunste gekocht, dann kalt aufgetragen werden.

580. Brennender Krem.

Gib in ein Töpfchen 70 Gramm feines Mehl, schlage darein 12 Dotter, treibe es schön glatt ab, gib dazu 280 Gramm zerlassene Butter, 3 Löffel Rum, 280 Gramm gestoßenen Zucker und 7 Deciliter süßen Schmetten, quirle es recht ab, gieße es in eine reine Kasserolle und rühre es so lange über der Glut, bis daraus ein dickes Köchel wird, dann treibe es so lange ab, bis es auskühlt; hernach verrühre darein von 10 Eiweiß den Schnee und 1 Deciliter Rum, schmiere die Form mit Butter und streue sie mit geriebener Semmelrinde aus, gieße ein wenig von dem Köchel hinein, belege es mit eingesottenem Ribis, Weichseln oder Himbeersaft, darauf gieße wieder ein wenig Köchel, belege es wieder mit Eingesottenem, und zuletzt gieße darüber den Rest des Köchels; es ist für 2 Formen genug und langt für 20 und mehrere Personen; dann laß es langsam backen oder im Dunste kochen; hernach stürze es, begieße es vor der Thüre mit Rum, zünde es an und trage es brennend zur Tafel.

581. Krem mit feiner Bäckerei.

Schmiere eine Melonenform mit Butter und streue sie mit Biskotenbröseln aus, dann lege hinein eine Schichte Bitterpatzeln, darauf eine Schichte Biskoten, dann wieder Bitterpatzeln, darauf abermals Biskoten, und so fort, bis die Form fast voll ist, höchstens 2 Finger Höhe darf fehlen. Hernach nimm nach Verhältniß der Formgröße gekochten überkühlten Schmetten, damit du sicher bist, daß er nicht gerinnt; auf 4 Deciliter Schmetten nimm 8 Eierdotter und dazu 52 Gramm gestoßenen Zucker, quirle es recht ab, begieße damit das Backwerk, damit die Form bis auf einen Finger hoch voll werde, und laß es eine Stunde im Dunste

kochen; dann stürze es, bestreue es entweder mit weißem oder mit gefärbtem Grobzucker, oder begieße es mit Krem oder mit einem guten gewärmten Liqueur oder Malaga u. s. w.

582. Chokoladekrem mit Reis.

Koche 120 Gramm Chokolade in 4 Deciliter guten süßen Schmetten und laß es auskühlen. Wasche 105 Gramm Reis früher in kaltem, dann brühe ihn drei- bis viermal mit kochendem Wasser, und laß ihn darin eine Viertelstunde stehen, aber nicht an einem warmen Orte; dann seihe das Wasser ab, gib den Reis auf eine Kasserolle, gieße

Schmetten daran und laß es kochen: es muß jedoch gerührt werden, damit es nicht anbrenne, gib aber Acht, damit du den Reis nicht zerrührst und die Körner schön ganz bleiben; wenn es schon genug dick und bald weich ist, so gib es auf eine Schüssel, worin etwa 35 Gramm Butter abgetrieben sind, und rühre es wohl ab, zerdrücke aber den Reis nicht; nun schlage in ein Töpfchen 6 Dotter, gib dazu 35 Gramm gestoßenen Zucker, ein bischen Vanilie, zerrühre alles mit einem Löffel voll kaltem Schmetten, gieße darein die überkühlte Chokolade und quirle es recht ab, dann gieße es in den Reis, füge dazu noch 35 Gramm auf Nudeln geschnittenen Citronat, vermische es recht, schmiere die Form mit Butter aus, belege sie mit auf Nudeln geschnittenem Citronat, gieße es hinein und laß es eine Stunde im Dunste kochen; hernach stürze es, bestreue es mit Zucker und kleingeschnittener Lemonieschale, Mandeln oder Pistazien, und trage es auf.

583. Gerollte Kremspeise.

Laß in einem Töpfchen 35 Gramm Zukker zergehen, gib dazu 2 Löffel voll Mehl, schlage darein 2 ganze Eier, und treibe es recht ab, dann gieße hinein unter beständigem Rühren 4 Deciliter Schmetten, damit es wie ein glatter Strudelteig wäre, gieße es auf eine Kasserolle und laß es unter beständigem Rühren zu einem dicken Koch einsieden. Treibe 35 Gramm Butter auf einer Schüssel ab, gib den unter beständigem Rühren überkühlten Koch hinein, salze es ein wenig, gib dazu 52 Gramm gestoßenen Zucker, schlage darein 3 Dotter, rühre es gut ab, und schließlich verrühre darein noch den Schnee von den 3 Eiweiß; nun schmiere ein reines Blech mit Butter, streiche den Koch kleinfingerdick darauf, bestreue es mit kleingeschnittenen, mit gestoßenem Zucker gemischten geschälten Mandeln, ferner mit kleinen Rosinen und geschnittener Lemonieschale, und laß es schön semmelgelb backen; dann rolle es gleich auf dem Blech wie einen Strudel, schneide es in daumdicke Scheiben, stürze einen tiefen Teller auf eine runde seichte Schüssel, beschmiere ihn mit zerlassener Butter, lege darauf die Scheibchen schön zierlich nebeneinander, begieße es entweder mit Lemonie- oder Chokolade-Glasur und laß es in einer warmen Röhre abtrocknen; hernach belege es schön zierlich mit Eingesottenem, mache herum einen Kranz von Schodoh oder Chokoladefaum und trage es zur Tafel.

584. Grieskränzchen mit Krem.

Koche von 4 Deciliter süßen Schmetten einen dicken Grieskasch und laß ihn unter beständigem Umrühren auskühlen, dann schlage darein 6 Eierdotter, gib dazu von einer halben Lemonie die kleingeschnittene Schale und 35 Gramm gestoßenen Zucker, salze es ein wenig, und treibe es gehörig ab; hernach gib es auf ein mit feinem Mehle bestaubtes Nudelbrett, walze es in dem Mehle um, formire daraus kleine Kränzchen und backe sie in heißem Butterschmalz, dann richte sie auf eine Schüssel schön hoch an und begieße sie mit Krem. Diesen bereite also: Laß 4 Deciliter süßen Schmetten kochen, in einem Töpfchen zerrühre 4 Eierdotter mit einem Kaffeelöffel voll Mehl, 35 Gramm Zucker, ein wenig Salz und ein bischen kaltem Schmetten, würze es mit Muskatenblüte und Lemonieschale, gieße den kochenden Schmetten darein, und laß es unter beständigem Quirlen ein wenig aufwallen, dann gieße es über die Kränzchen. Man kann statt Lemonie sowohl zu den Kränzchen als zum Schmetten auch andere Würze geben, z. B. bittere Mandeln oder Vanilie; ebenso kann man die Kränzchen statt mit Schmettenkrem mit Chokolade oder Schodoh begießen, auch sogleich warm mit Zucker und Zimmet bestreut zur Tafel tragen.

585. Schodoh.

Schlage in einen etwa 2 Liter fassenden Topf 12 Dotter, gib dazu 140 Gramm gestoßenen Zucker, von einer halben Lemonie die ungeschnittene Schale, gieße daran 4 Deciliter guten österreicher Wein und quirle es recht ab, hernach stelle es in Kohlen und quirle es beständig so lange, bis es sich hebt und recht dicklich wird; dann trage es geschwind zur Tafel. Gieße es in die Schalen oder Krembecherln, oder benütze es entweder zu Schodoh-Körbchen, Pudding oder anderen Sachen, wie bereits an den betreffenden Stellen angeführt ist; auch kann man während des Kochens einige Löffel voll Arak darein geben, so ist es geistiger.

586. Lemonie-Schodoh.

Reibe 140 Gramm Zucker an der Schale von 2 Lemonien und gib ihn in einen 1⅓ Liter fassenden Bunzeltopf, drücke daran den Saft von den 2 Lemonien durch einen Seiher, gieße dazu 2 Deciliter guten österreicher Wein, und wenn der Zucker zergehet, so schlage darein 6 Eierdotter, quirle es recht ab, dann stelle es in glühende Kohlen und rühre es beständig, bis sich daraus ein dicker Schodoh bildet; nun richte es schön auf die Schüssel an und laß es auskühlen; hernach belege es in einen Kranz mit Vaniliebusserln und trage es zur Tafel.

587. Sliwowitz-Schodoh.

Schlage in einen 2 Liter fassenden Topf 12 Eierdotter, gib dazu 210 Gramm gestoßenen Zucker, von einer Lemonie die Schale, und quirle es mit 3 Löffeln voll Wein wohl ab; hernach gieße auf eine weiße tiefe Schüssel 3 Deciliter echten Sliwowitz, zünde ihn mit einem Stückchen reinen Papier an und laß ihn ein wenig ausbrennen, dann gieße ihn in das Abgerührte, stelle es in Kohlen und quirle es beständig, bis es dicklich wird und sich hebt; nun gib es entweder so in die Krembecherln, oder gieße es über eine in der Krebsform gebackene Mandeltorte und trage es geschwind zur Tafel.

Gefrorenes

588. Thee-Gefrorenes.

Auf 18 Gramm Thee gieße ⅔ Liter siedenden Schmetten und laß es eine Viertelstunde zugedeckt stehen, dann seihe es durch. In einem anderen Topf verrühre 12 Dotter mit 330 Gramm gestoßenen Zucker, bis es aufschäumt, dann gieße dazu den Thee-Schmetten und quirle es bei einem mäßigen Feuer, bis es dick wird; es darf aber nicht kochen; dann seihe es durch ein Haarsieb in ein reines Gefäß, und rühre es, bis es vollkomen auskühlt, hierauf gieße es in die Büchse und mache das Gefrorene.

589. Kastanien-Gefrorenes.

Zerreibe 250 Gramm gekochte oder gebackene abgeschälte Kastanien und treibe es zu einem Brei ab, gib sie in ⅔ Liter Schmetten und rühre es beständig ober der Glut, bis es zu kochen beginnt, dann stelle es gleich ab und gib dazu 210 Gramm bis zum dritten Grad gekochten geklärten Zucker, dann quirle in einem Töpfchen 6 Dotter mit etwas kaltem Schmetten ab, gieße daran den Kastanienabsud und quirle es noch ober der Glut recht, dann seihe es durch ein Haarsieb, gieße es in die Büchse und mache das Gefrorene.

590. Ananas-Gefrorenes.

Schäle eine schöne Ananas ab und zerreibe sie, dann gib dazu 140 Gramm gestoßenen Zucker und einige Löffel voll Wasser, treibe es zusammen ab und laß es zugedeckt sieden. Laß 570 Gramm Zucker mit 2 Deciliter Wasser zusammen kochen, bis es sich zieht, dann drücke darein den Saft von einer Lemonie, stelle es von der Glut ab, und wenn es ein wenig auskühlt, vermische es mit der Ananas, seihe es durch und rühre es solange, bis es auskühlt, dann gib es in die Büchse und mache Gefrorenes.

Kompotte

591. Kompot von Wald-Erdbeeren.

Laß in einem Deciliter Wein 150 Gramm Zucker aufsieden, und wenn es dicklich zu werden anfängt, gib darein 4 Deciliter überklaubte schöne Wald-Erdbeeren, schüttere damit sachte, bis alle untertauchen, laß nur einen Sud darüber gehen und stürze sie auf die Schüssel.

592. Himbeerenkompot.

Wird ebenso wie Erdbeerenkompot zubereitet; auch kann man einen Theil Himbeeren und einen Theil Erdbeeren zusammenmischen, es ist pikanter.

593. Kompot von Marillen.

Schäle 14 reife, aber noch harte Marillen ab, schneide sie entzwei, nimm die Kerne heraus, lege die Früchte neben einander in eine reine Kasserolle, gib dazu 140 Gramm gestoßenen Zucker, einen Becher voll Wasser, decke sie zu und laß sie langsam dünsten, bis sie weich werden; dann nimm sie auf eine Schüssel heraus, füge zu dem Saft die herausgenommenen und im Mörser zerstoßenen Kerne, laß es noch einkochen und begieße damit sodann die Marillen. Von den Kernen erhalten diese Früchte einen besonderen Geschmack.

594. Ein anderes Kompot von Borsdorfer Äpfeln.

Schäle Borsdorfer Äpfel ab, so viel, als du Kompot haben willst, schneide sie auf dem Gurkeneisen und laß sie mit Zucker auf einer Kasserolle unter fleißigem Umrühren recht zerkochen; hernach gib den Kasch auf eine Kompotschüssel und laß ihn ein bischen auskühlen; dann bestreue ihn oben recht mit Zucker, mache eine kleine Schaufel glühend und glasire damit das Kompot; lege sie nämlich immer auf den Zucker, welcher unter der Glut zusammenfließt und wie Eis wird. Hernach verziere das Kompot mit eingesottenem Obst; es darf jedoch nicht lange stehen bleiben, sonst möchte der Zucker feucht werden.

595. Kompot von frischen Äpfeln.

Schäle 12 schöne Borsdorfer Äpfel ab und lege sie in kaltes Wasser, daß sie nicht schwarz werden, dann schneide sie in Scheiben, die Kerngehäuse steche mit einer Blechform aus, richte die Scheiben auf eine Kompotschüssel an, drücke den Saft von einer Lemonie durch einen durchlöcherten Löffel daran, bestreue sie mit Zucker, woran du die Schale von dieser Lemonie abgerieben hast, und begieße sie mit Punschmassa; der Zierlichkeit halber belege die oberen Scheiben mit eingekochten Weichseln.

596. Kompot von dürren Zwetschken und Hagebutten.

Koche dürre Zwetschken im Bier mit einigen Gewürznelken, ein bischen Lemonieschale und ein Stückchen ganzen Zimmet; zugleich koche trockene Hagebutten im Wein mit Zucker und Lemonieschale; wenn beides gekocht ist, richte die Zwetschken schön hoch in die Mitte der Schüssel an, herum mache einen Rand von den Hagebutten.

597. Kompot von eingesottenen Gurken.

Nehme ½ Liter Wasser, ¼ Liter guten Weinessig, 100 Gramm Zucker und laß es kochen. Dann schäle Salatgurken, schneide das Inwendige heraus, mache beliebige Stükke, wäge 500 Gramm davon und laß es im Vorgenannten weich kochen, nehme dann die Gurken heraus, laß den Saft gänzlich ablaufen und die Gurken auskühlen. Gebe nun in den Saft 250 Gramm Zucker, 20 Gramm Citronat, 10 Gramm Zimmet, einige Gewürznelken und laß es kochen, bis es dick wird.

Die Gurken werden wieder hinein gegeben, bleiben darin, bis sie von dem Saft ganz durchgezogen sind, dann werden sie in ein Glas gegeben. Der Saft wird noch eine Weile gekocht, überkühlt über die Gurken gegossen und aufbewahrt.

598. Kompot von gelber Rübe.

Schabe einige saftige gelbe Rüben ab, zerschneide sie auf dünne Nudeln, gib sie auf ein Reindel mit 140 Gramm Zucker, woran du die Schale von einer Pomeranze abgerieben hast, gieße dazu etwa 2 Deciliter Wasser, drücke den Saft von der Pomeranze darein, decke es zu und laß es weich dünsten; du mußt aber fleißig zusehen, daß es nicht anbrennt, dann laß es auskühlen und gib es zur Tafel entweder als selbstständiges Kompot, oder mache davon einen Kranz entweder um die Preiselbeeren oder dürre gekochte Zwetschken oder ein anderes eingekochtes Obst herum.

599. Melonenkompot.

Schneide eine Melone in Hälften, nimm die Kerne heraus, die Melone schäle ab, schneide sie in gleiche Stücke und lege sie auf die Schüssel. Laß in 2 Deciliter Wasser 140 Gramm Zucker mit dem Safte von einer Lemonie aufsieden, und wenn es sich zu ziehen anfängt, begieße damit die zerschnittene Melone und laß sie ungefähr eine

Stunde stehen; dann gieße den Saft ab und laß ihn abermals aufsieden, die Melone richte auf die Kompotschüssel an, in den Absud mische einen Löffel voll Rum und begieße damit die Melone. Im Falle du eingesottenen Ribis hast, so kannst du es damit oben verzieren.

600. Kompot von Quittenäpfeln.

Schäle 8 oder 10 Quittenäpfel ab, schneide sie in Viertel, die Kerngehäuse nimm heraus und laß die Äpfel im Wasser weich kochen, jedoch so, damit sie nicht zerfallen. Indessen laß in 2 Deciliter Wasser 140 Gramm Zucker, ein Stück Zimmet und geschnittene Lemonieschale dicklich einsieden; hernach lege die Äpfel behutsam in den Absud und laß sie noch eine kleine Weile aufkochen, dann richte sie auf die Kompotschüssel an und gieße den Saft darüber.

601. Kastanienkompot.

Schäle von 250 Gramm Kastanien die obere harte Schale ab, dann gieße darauf siedendes Wasser und laß sie so lange darin, bis du auch die zweite Schale abschälen kannst; ist dieses geschehen, lege die Kastanien in ein Reindel, worin du 140 Gramm Zucker mit 2 Deciliter Wasser hast kochen lassen, und laß sie langsam weich dünsten, dann richte die Kastanien auf eine Schüssel an, drücke in den Zucker den Saft von einer Pomeranze, laß noch einen Sud darüber gehen und begieße damit die Kastanien.

Eingekochtes und Eingelegtes

602. Eingekochte Hagebutten.

Aus reifen Hagebutten, welche erst dann gepflückt werden sollen, wenn sie ein Frost bedeckt hat, löse die Kerne heraus, gib die Hagebutten in ein irdenes, wohl glasirtes Geschirr und gieße kochendes Wasser daran, seihe es jedoch gleich wieder ab, sonst möchten sie zu weich werden; hernach lege die Hagebutten auf eine reine Serviette, laß sie abtrocknen und gib sie dann in ein Glasgefäß. Auf 500 Gramm Hagebutten laß 500 Gramm Zucker mit 2 Deciliter Wasser sieden, bis er schäumt, dann laß ihn ein wenig auskühlen und gieße ihn über die Hagebutten; in 24 Stunden gieße das Zukkerwasser ab, laß es wieder aufsieden, und wenn es auskühlt, gieße es abermals über die Hagebutten; dieses wiederhole durch drei Tage, dann vermache das Gefäß gut und stelle es an einen kühlen trockenen Ort.

603. Eingekochte Weinbeeren.

Pflücke von den Trauben die schönsten, jedoch nicht ganz reifen Beeren ab, hierauf schneide jede Beere von der Seite mit einem kleinen Messer an, und nimm damit behutsam alle Kernchen heraus; dann gib die Beeren in heißes Wasser und laß sie zugedeckt darin so lange kochen, bis sie weich werden, dann nimm sie mit einem durchlöcherten Löffel heraus und laß sie abtrocknen. Auf 500 Gramm Beeren laß 500 Gramm Zucker mit ⅓ Liter Wasser bis zum dritten Grad einkochen, dann gib die Beeren in eine Schüssel, gieße den eingesottenen Zucker daran und laß es über die Nacht zugedeckt stehen. Den zweiten Tag gieße den Zucker in eine reine Kasserolle ab und laß ihn recht dick einkochen, wobei der sich bildende Schaum fleißig abgeschöpft werden muß, dann gib die Beeren hinein, laß einen Sud darüber gehen und stelle es von der Glut ab; wenn es gänzlich auskühlt, gib es in die Gläser und binde sie mit Papier um.

604. Eingekochte Melone.

Schneide eine völlig ausgewachsene aber nicht ganz reife Melone in zwei Hälften und nimm das Innere ganz heraus, dann schäle die Melone ab, zerschneide sie in gleiche längliche Stücke, lege sie auf ein Reindel, gieße daran mit dem Safte von einer Lemonie vermischtes Wasser, stelle es über die Glut und laß es nur einmal überwallen. Auf 500 Gramm Melone laß 500 Gramm Zucker mit drei Deciliter Wasser sieden, bis es sich ein bischen zieht, hernach nimm die Melone vorsichtig aus dem Safte heraus, lege sie in den Zucker und laß wieder nur einen Sud darüber gehen, dann stelle es von der Glut weg, decke es mit einem Papier zu und laß es so über die Nacht stehen. Den anderen Tag seihe den Zucker ab und laß ihn etwas stärker aufkochen, dann gib die Melone wieder hinein, laß es einmal überwallen und laß es wieder zugedeckt über die Nacht stehen. Dasselbe wiederhole auch den dritten Tag. Den vierten Tag gieße den Zucker nochmals ab und laß ihn recht dicklich einsieden, dann gib die Melone wieder hinein und laß noch einen Sud darüber gehen; hernach nimm es von der Glut weg, und wenn es gänzlich auskühlt, gib es in ein breites Gefäß, binde es gehörig um und hebe es auf. Da die Melone leicht schadhaft wird, so sehe in einiger Zeit nach, und im Falle du Anzeichen zum Verderben bemerken solltest, so mußt du es schnell noch einmal überkochen lassen.

605. In Wasser eingelegte Gurken.

Weiche gesunde mittlere Gurken im Brunnenwasser ein, dann lege den Boden von einem Fäßchen oder einem großen Topf mit Dillenblüte, Wein- oder Weichselblättern aus, darauf richte die Gurken eine neben der andern, dann gib wieder eine Schichte Dillenblüte und Blätter, darauf wieder eine Schichte Gurken, und so fahre fort, bis das Gefäß voll ist; obenauf muß Dillenblüte und Blätter kommen. Koche Brunnenwasser mit Salz und laß es auskühlen, dann gieße davon auf die Gurken soviel, daß es darüberreicht, obenauf lege ein rundes Brettchen, darauf einen hübsch großen Stein und stelle das Gefäß an einen lauen Ort. Bevor die Gurken nicht zu gähren beginnen, darf man damit gar nicht rühren, weil dadurch das Gähren unterbrochen würde und die Gurken verderben möchten; wo das Gefäß hingestellt wird, dort muß es ruhig stehen bleiben, bis der Schaum sich verliert und eine weiße Haut sich bildet, was in etwa 8 oder 10 Tagen geschieht; dann nimm die oben aufgelegten Blätter sammt der Haut ab, putze das Brettchen ab und gib es wieder auf die Gurken, lege einen kleinen Stein darauf, nur damit die Gurken in der Lake untertauchen, und stelle das Gefäß an einen kühlen Ort. Auf diese Art eingelegte Gurken halten genug lange aus, sind vortrefflich und weit gesünder als die in Essig eingelegten.

606. Eingekochte Kittenäpfel.

Schneide große, reife Kittenäpfel in lange gleiche Theile, schäle sie ab und nimm die Kerngehäuse und die Kerne heraus, dann gib sie in siedendes Wasser und laß sie weich kochen, hierauf nimm sie auf ein Sieb heraus und laß sie abtrocknen. Inzwischen laß auf 500 Gramm Kittenäpfel 500 Gramm Zucker mit ⅓ Liter Wasser einkochen, dann gib die Kittenäpfel auf eine Schüssel, gieße den gesottenen Zucker daran und fahre so fort gerade wie beim Einkochen der Melone.

Butter und Essige

607. Krebsbutter.

Koche 30 Krebse im Salzwasser, löse die Schalen ab und das Fleischige gib alles weg, dann stoße die Schalen in einem messingenen Mörser recht fein, lege sie mit 280 Gramm frischer Butter auf ein Reindel und rühre es über einer mäßigen Glut so lange, bis ein rother Schaum sich zeiget und alle Feuchtigkeit ausgedünstet ist; hernach seihe es durch ein reines leinenes Tüchlein und gebrauche es nach Belieben; was übrig bleibt, hebe auf; lange läßt sich jedoch die Butter nicht halten, höchstens an einem kühlen trockenen Orte 8 bis 10 Tage. Die Krebsbutter kann man sowohl an Fleisch- als auch an Fasttagen zu verschiedenen Speisen, wie schon angeführt ist, gebrauchen; nebstdem kann man sie sowohl zu allen Fleisch- und Fastensuppen zur Verzierung als auch wegen des guten Geschmackes anwenden, denn sowohl die Suppen als auch die Soßen bekommen darnach einen guten Geschmack und sehen sehr appetitlich aus.

608. Sardellenbutter.

Die Sardellenbutter ist in der Kochkunst ein höchst nöthiger Artikel, weil man die Sardellen fast zu jedem Gebrauche mit Butter zertreiben muß. Diese Butter wird folgends bereitet: Wasche 140 Gramm schöne frische Sardellen in kaltem Wasser von dem Salze und Schuppen rein ab, löse die Gräten aus und zerreibe die Sardellen mit dem Messer zuerst ohne Butter, dann nimm 140 Gramm Butter und zerreibe es zusammen wie eine Salbe; da aber nicht immer 140 Gramm Butter benöthigt wird, so werden zum geringeren Bedarfe nur eben so viel Gramm Butter als Sardellen genommen; nur wenn man die Sardellenbutter zum Spicken eines Kapauns oder Nierenbratens gebrauchen will, gibt man mehr Butter als Sardellen. Je glätter man die Sardellenbutter abreibt, desto besser sieht sie aus, daher darf man die Mühe nicht sparen.

609. Himbeer-Essig.

Auf 7 Deciliter schöne reife Himbeeren gieße 1⅓ Liter guten Weinessig und laß es gut zugedeckt ungefähr 6 Tage stehen, ohne es zu berühren; dann seihe den Essig durch eine reine Leinwand in ein anderes Gefäß, und wenn er sich setzt, seihe ihn wieder durch; hernach gieße ihn in kleine Fläschchen, verstopfe sie gut und hebe sie auf.

Auch kann der Himbeer-Essig auf folgende Art zubereitet werden: Wenn du den Essig abgießest, so drücke den Himbeer-Saft durch eine Leinwand in eine neue Kasserolle, füge hiezu 280 Gramm Zucker und laß es kochen, wobei du den Schaum fleißig abschöpfen mußt, dann verstopfe sie gut, übergieße sie mit zerlassenem Pech und hebe sie auf. – Auf diese Art zubereiteter Essig sollte in keiner Haushaltung fehlen, weil er zu vielen Speisen gebraucht werden kann und besonders für Kranke, mit Wasser vermischt, ein sehr erfrischendes Getränk bietet.

Erdbeeren-Essig wird ebenso zubereitet.

610. Ribis-Essig.

Zerdrücke ⅔ Liter Ribis, gieße daran 1⅓ Liter guten Essig und laß ihn vier Tage stehen, hierauf seihe ihn durch eine reine Leinwand und hebe ihn auf. Man kann ihn auch sowie den Himbeer-Essig mit Zucker einsieden.

611. Lemonie-Essig.

Schäle die Schale von vier Lemonien ab, dann zerschneide sie sowie auch das Mark derselben auf Würfel, gib es in eine gläserne Flasche, gieße daran 7 Deciliter guten Essig, verstopfe die Flasche und laß sie ungefähr zehn Tage an der Sonne stehen.

Auf diese Art wird auch Pomeranzen-Essig zubereitet.

612. Veilchen-Essig.

Gib in eine gläserne Flasche abgepflückte Veilchenblüte, gieße daran ein Liter Weinessig und stelle es auf die Sonne; den 14ten Tag seihe den Essig durch eine reine Leinwand durch und hebe ihn in kleinen Fläschchen auf. Auch dieser Essig zeichnet sich durch seine schöne Farbe und Geschmack aus.

Getränke

613. Gerstenwasser.

Reinige 250 Gramm Gerste, gieße daran 1⅓ Liter Wasser und laß es tüchtig kochen; wenn es zu stark kochen würde, kann Wasser zugegossen werden; dann seihe es durch, und im Falle du Honig hast, so versüße es mit demselben nach Belieben; hast du jedoch keinen Honig, so versüße es mit Zucker und drücke darein den Saft von einer Lemonie. Dieses Getränk ist besonders für Kranke sehr zweckmässig.

614. Reismilch.

Wasche 70 Gramm überklaubten Reis in einigen siedenden Wässern ab und laß ihn mit einem Stückchen Zimmet und einem Stückchen geschnittener Lemonieschale in 1⅓ Liter guter Milch recht zerkochen; dann seihe es durch ein Haarsieb, zerrühre 6 Dotter mit 2 Deciliter kalten Schmetten und mit 70 Gramm gestoßenen Zucker, quirle es mit der kochenden Reismilch und schenke es bei Abendgesellschaften entweder in kleine Gläser oder Schalen ein.

615. Chokolade.

Auf 4 Deciliter guten süßen Schmetten reibe 3 Täfelchen Chokolade, sind die Täfelchen größer, also weniger; wenn der Schmetten kocht, gib die geriebene Chokolade hinein und quirle es beständig, inzwischen nimm immer mit einem Löffel den Schaum ab und gibt ihn in die Becherln; wenn ein Becherl voll ist, nimm eine glühende Schaufel oder Kohle und halte sie über den Schaum, so bekommt es ein braunes Rändchen; hernach rühre in ein wenig gekochten kalten Schmetten einen Eierdotter ab, gieße die übrige Chokolade darein und quirle es recht ab; dann trage die Schaumbecherln zur Tafel und die Chokolade in einer Kanne zur Nachguß. Der Schaum kann auch in die Schodohkörbchen gegeben werden, die Chokolade aber zum Begießen eines Puddings und anderer Sachen gebraucht werden.

616. Mandelmilch.

Schäle und stoße in einem messingenen Mörser 140 Gramm süße und vier Stück bittere Mandeln, doch mußt du während des Stoßens immer einen Löffel voll Wasser nachgießen, damit sie nicht ölig werden; wenn sie gestoßen sind, gieße daran einen Liter Wasser, wie stark als du die Milch haben willst, seihe es durch ein reines leinenes Tüchel, und gib darein so viel Zucker, als nöthig, damit es gehörig süß sei. Es ist ein kühlendes und besonders in einigen Krankheiten ersprießliches Getränk.

617. Bischof.

Nimm drei Pomeranzen, schneide sie auf und laß sie auf einem Reindel ein wenig abbacken, dann gib sie in einen Topf, gieße daran zwei Flaschen rothen Wein, füge

hiezu ein Stückchen Zimmet und einige Gewürznelken, decke es zu und laß es ungefähr 6 Stunden an einem warmen Orte stehen; es muß jedoch von Zeit zu Zeit damit gerührt und mittelst eines Löffels der Saft aus den Pomeranzen ausgedrückt werden, kochen darf es aber nicht; dann seihe es durch eine reine Serviette, gib dazu 570 Gramm feingehackten Zucker, und wenn dieser an einem warmen Orte sich auflöset, so gieße es in die Gläser.

618. Punsch.

Laß 570 Gramm Zucker mit einem Deciliter Wasser in einer neuen Kasserolle zusammen kochen, und wenn es sich zieht, füge hiezu den schon vorbereiteten, aus drei Lemonien und einer Pomeranze ausgedrückten und durchgeseihten Saft, dann stelle es gleich von der Glut ab, damit es nicht bitter werde, gieße darein unter fortwährendem Rühren 4 Deciliter guten Rum und hebe es in Flaschen auf. Daß diese, so wie jede andere Massa mit kochendem Wasser gemischt, in Punschgläsern präsentirt wird, ist wohl jedem bekannt. Dieser Punsch ist einfach aber gut und verursachet keine Kopfschmerzen.

Sachregister

Die Zahlen verweisen
auf die Rezeptnummern

Domácý
Kuchařka,
aneb
Pogednánj o masytých a po:
stnjch pokrmech
pro
dcerky České a Morawské
od
M. Retikowy.
Pogednánj
o
Telecjm Mase.
Každému, komu se přegjdá,
wěnowáno
od
Magdaleny Dobr. Rettigowy.